シリーズ◈世界の思想

ルソー
エミール

永見文雄

角川選書
1005

はじめに

ジャン＝ジャック・ルソー（一七一二〜七八）の『エミール』（一七六二年）という作品は、ふつう教育学の古典として知られています。たしかに、ある婦人から息子の教育のための著作を依頼されたのが執筆のきっかけとなりました。また著者のルソーは、若い頃貴族の家庭教師をつとめたことがあり、ロックの教育論を勉強したりもしていましたから、教育に対して並々ならぬ関心を寄せていたのも事実です。しかし『エミール』はたんなる教育論の枠には収まらない作品です。それには以下のような事情があります。

この作品はルソー自身が「二十年の瞑想《めいそう》と三年をかけた執筆の成果」（『告白』第八巻）と述べているように、著者が持てる知見のすべてを注ぎ込んででき上がった作品です。ルソーの思想の歩みを集大成した著作と言ってもよく、先行する作品群で示された哲学・思想を綜合《そうごう》した、いわば生涯の思索の頂点に立つ作品なのです。ですからこの作品の真意を知りその目的と方法を理解するのは、必ずしも容易なことではありません。できればルソーの他の作品とつき合わせて、ルソーの哲学、とりわけその人間学を考えてみる必要があります。

しかしそうなると、ルソーの先行著作を読んでからでないと『エミール』にとりかかってはいけないのかと思われるかもしれませんが、そんなことはないでしょう。物事にはきっかけということがあります。興味を持ったら躊躇《ちゅうちょ》することはありません。本書は、日本語に訳した抜粋を、その前後に簡単な説明を入れてつないでゆく形を取っていますので、抜粋を読み進めると関連する事項や概念にもある程度目配りできるはずです。いつ読んでもわからないことだらけの難しい作品ですが、何とか物語として通読できるようにするつもりですので、ともかく全体の流れを大雑把にでもつかんで、『エミール』入門の第一歩としてください。

『エミール』は短い「序文」に続いて全部で五編から成っていますが、アベ・プレヴォーの一人称小説『マノン・レスコー』(一七三一年)やルソー自身の書簡体小説『ジュリー、あるいは新エロイーズ』(一七六一年)のように主人公の名前を表題に持っている点で、小説を思わせます。内容から見ても、エミールと名付けられる架空の少年を、その誕生から伴侶《はんりょ》ソフィーを得て結婚するまでのおよそ二十五年の間、教導者としての「私」が見守り、助言し、導くという独特の形式を取っていますから、教育を主題にした小説のようにも思えます。しかし生徒と先生の間には現実にはあり得ないような不思議な関係が想定されており、そこから、架空の物語の形のもとに人間の形成過程を考察した一種の思考実験の試みではないのか、と考えられることともなります。自然に拠《よ》って「人間の理論」の構築を目指した人間研究の書とみなされ、その際のキー概念が「自然の歩み」(「序文」)という言葉で示されるということだけを、とりあえずここでは頭に入れておきましょう。『エミール』は大きく豊饒《ほうじょう》な世界です。いっぺんにすべてを理解するのは誰にとっても難しいことですが、愉快なところ、楽しいところもたくさんあります。少しでも面白いところが見つかったら、それを手掛かりにして先に進み、いつかは是非全編を通して読んでみてください。

永見《ながみ》　文雄《ふみお》

目　次

表作成／小林美和子

凡例

一、本書に収録するルソーの作品はガリマール社のプレイアッド叢書『ルソー全集』を、書簡については原則として『ルソー書簡全集』を底本としました。『エミール』は、同『ルソー全集』第四巻所収の、パリのデュシェーヌ版の初版本に拠《よ》っている *Emile ou de l'éducation* を使用しています。

一、各テキストは新訳のうえ必要箇所を本文中に抜粋しました。なお「……」は省略箇所を示し、〔 〕は訳者注釈として補ったものです。

一、抜粋または引用にあたって、底本の該当部分を、たとえば『ルソー全集』（OCと略記）第四巻百頁なら「OCⅣ-100」のように、『ルソー書簡全集』（CCと略記）書簡番号一〇なら「CC-10」のように、各テキスト文末に追記しました。

人と作品

パリに生きる異邦人

『エミール』の著者ジャン＝ジャック・ルソーは一七一二年六月二十八日にジュネーヴで時計師の次男として生まれ、一七七八年七月二日、パリの北東四〇キロのエルムノンヴィルにある庇護《ひご》者ジラルダン侯爵の館《やかた》で亡くなり、庭園内のポプラの島に埋葬されました。享年六十六です。出生地のジュネーヴは当時人口二万四千人ほどの独立した共和国でしたが、ルソーはこのジュネーヴ共和国に生まれた市民としての誇りを――共和国との関係に紆余《うよ》曲折があったものの――生涯持ち続けた人でした。

ルソーの肖像（モーリス・カンタン・ド・ラ・トゥール画）

とはいえ、ルソーが実際にジュネーヴで暮らしたのは六十六年の人生のうち合計して十六年ほどにすぎません。すなわち、一七一二年の誕生から十五歳で祖国ジュネーヴを飛び出すまでの少年時代の十五年九か月と、一七五四年の夏に著名な作家にして評判のオペラ作曲家としていわば凱旋《がいせん》帰国し、一時滞在した四か月です。ジュネーヴ出奔のあとはサヴォワ公国（アヌシーとシャンベリー）などで十四年過ごし（途中何度も出入りがありました）、三十歳でパリに出ると一七六二年の『エミール』の焚書《ふんしょ》によるスイス亡命まで約二十年はパリと郊外のレルミタージュやモンモランシーで暮らしました。晩年の一七七〇年六月にパリに戻って七八年五月にエルムノンヴィルに移るまでの八年間も合算すれば、パリとその近郊に通算二十八年近く暮らしたことになります。その他、マブリ家の家庭教師としてリヨンに一七四〇年四月から一年余り、外交官としてヴェネツィアに一七四三年九月初めから翌四四年八月末まで一年近く、六二年以降の亡命時代にスイスに三年半、英国に一年四か月、そしてフランス各地に三年間となります。

つまりルソーは、生涯の多くの時を祖国ジュネーヴ以外の外国、分けてもカトリックの君主国フランスに暮らし、著作家として名を成したのもパリとその近郊においてで、そこで異邦人として生きていたのです。この六十六年の生涯のうち、五十三歳までのことは本人が自伝『告白』の中で詳しく語っています。その内容は生涯の主な出来事、作品執筆の経緯《いきさつ》やその環境、出版の事情、同時代人との交流と不和・軋轢《あつれき》など、ルソーの人生と作品を知るには無視することのできない事柄ばかりですから、ルソーに親しむにはこれを読むに越したことはありません。

書く人ルソー

こうしたルソーの漂泊の生涯ですぐにも気づかれるのは、一七三五年頃から、すなわち二十代になってから先のルソーが、たえず何かを書いていた人間であったということです。「メルキュール・ド・フランス」誌への投稿（サヴォワ時代）に始まり、家庭教師先の子供の教育プラン（リヨン時代）や百三十通もの外交文書・公電（ヴェネツィア時代）、『百科全書』のための四百二十項目とも言われる音楽項目の執筆（一七四九年）を経て、二度の懸賞論文の執筆・刊行（パリ時代）に至り本格的な作家活動に入りました。

書簡形式の論文（その多くは論争書簡、摂理に関するヴォルテール宛、スペクタクルに関するダランベール宛、パリ大司教の教書に反論するボーモン宛、ジュネーヴ検事総長トロンシャンの『野からの手紙』を論駁《ろんばく》する『山からの手紙』、宗教に関するフランキエール宛、など）、想像上の手紙（『ジュリー、あるいは新エロイーズ』の登場人物ジュリーやクレールやサン＝プルーらの間でやり取りされる手紙）、そして日常的に書き続けた手紙（現存するだけでも二千七百通）、特別な意味を込めた手紙（サン＝ジェルマン宛やドゥードト夫人宛『道徳書簡、あるいはソフィーへの手紙』、『サラへの手紙』など）、さらには、作品のコピー（草稿の他に、アムステルダムの出版業者レイに送った完成稿、またドゥードト夫人やリュクサンブール元帥夫人のため、そして自分自身のために作った『ジュリー』のコピー、『告白』なども何度もコピー）、生活の糧を得て自立するための楽譜のコピー、手紙の日常的なコピー（送る前に必ずコピーを作っておく）など、執筆活動は日常茶飯事と言ってよく、そのジャンルや形式も枚挙にいとまがありません。

逃亡の馬車の中でも（『エフライムのレビ人』）、寝室の扉にも（ある夏のブールグワンで）、町行く人に配るパンフレットにも、来客中にも（楽譜のコピー）、そして散歩のさなかにトランプカードの裏にも（『孤独な散歩者の夢想』）、書き続けていました。死の直前まで、『夢想』と、『エミール』の続編である小説『エミールとソフィー、あるいは孤独な人たち』と、オペラ『ダフニスとクロエ』の原稿を手元において書いていたのです。電話もメールもコピー機もない時代ですから、自分の手を使ってペンとインクで書くことの必要性は現代人には想像もつかないことですが、それにしてもルソーが書くことに費やした時間は膨大なものになるでしょう。ルソーは自分について無為を好む怠惰な人間のように言っていますが、とんでもない。執筆に対する執心は驚くばかりです。

天職にあらず

ところがルソーは、書くことが自分の天職であるとはけっして認めませんでした。『告白』第一巻の最後で、もしもジュネーヴでもっとよい親方に恵まれていたら、自分は一生ジュネーヴにとどまってひとかどの職人として幸せな人生を送っていただろうと述べていますし（OCI-43〜44）、また第一論文『学問芸術論』執筆の契機となった「ヴァンセンヌのイリュミナシオン（啓示）」を回想する二つの資料、すなわち、マルゼルブ宛第二書簡（一七六二年一月十二日付）と『告白』第八巻（一七六九年十一月から一七七〇年二月末までの間に執筆）でも、いかにして「我が意に反して」書く人間になってしまったかを、そしてまた「ヴァンセンヌのイリュミナシオン」が自分を否応《いやおう》もなく作家とし、その必然的な結果として、後のすべての不幸の原因となったことを、殊更に強調しています（OCI-1135〜1136; OCI-351）。書くことに人生の大半を費やしたルソーが、その自伝的作品で自分の一生を振り返って作家は天職でなかったと言い張るのは、大きなパラドックスと言ってよいでしょう。

ヴァランス夫人
（『Album Rousseau』ガリマール社）

ルソーは何になりたかったのか

ではルソーは本当のところ何になりたかったのでしょうか。ルソーの若い頃からの夢は音楽家になることでした。二つ目の音楽劇『新世界発見』を構想した一七三九年はルソーが恩人で愛人のヴァランス夫人の世話になっていた頃ですが、そこにはシャンベリー郊外の夫人の別荘レ・シャルメットにおける牧歌的な生活が反映されています。当時ルソーはほとんど音楽のことしか考えていなかったと言ってもよいほどです。一七三五年の秋の終わり頃レ・シャルメットから父に手紙を書いた時ルソーの頭にあった将来の希望は、貴族の秘書や家庭教師になること以上に、音楽家として身を立てることでした（CC-11）。一七四二年夏にパリに上った時に期待していたのは、独自に考案した数字を用いた記譜法の発表による音楽理論家としての成功でした。ヴェネツィアに向かう少し前の一七四三年一月には『近代音楽論究』を出版していますし、一七四九年に『百科全書』のために多くの項目を執筆したのも音楽の専門家としてでした。『音楽辞典』も長く書き続けて、生前の出版にこぎつけました（一七五三〜六四年執筆、六七年刊）。音楽家になる夢はある程度は実現したと言えます。オペラ『村の占い師』が一七五二年十月十八日にフォンテーヌブロー宮においてルイ十五世の御前で演奏され、大成功を博したからです。

挫折した作品『国家学概論』

では著作家としての名声の確立のためにルソーが最も期待した作品は何だったでしょう

か。ヴェネツィア滞在時に構想が芽生えたものの、結局は挫折《ざせつ》した『国家学概論』という幻の作品です。一七五六年四月にデピネー夫人の厚意でレルミタージュに転居した当時を回想する中で、「すでに久しく熟考し、一番関心をもって従事し、畢生《ひっせい》の仕事にしたいと思い、これで自分の名声が完全になるというつもりでいたのは、『国家学概論』である」と述べています（『告白』第九巻、OCI-404）。

しかしルソーが直ちに政治哲学にのめり込んだわけではありません。そうした仕事に打ち込むことになるのはおそらく一七五〇年代に入ってからです。同じ『告白』第九巻で、レルミタージュに転居した当時、この作品にとりかかってもう五～六年になるのに一向に進んでいないと述懐しています（OCI-404）。ヴェネツィア滞在以後いつからかルソーは、ドイツの法学者プッフェンドルフの主著『自然法と万民法』（原著は一六七二年、バルベーラックによる仏訳は一七〇六年刊行）のような大著を書こうという大きな野心を抱いたに違いありません。この大きな野心が『国家学概論』の完成・出版を意味していたわけですが、最終的には放棄せざるを得ませんでした。

デュパン夫人（『Album Rousseau』ガリマール社）

野心がもたらした作品群

とはいえ、この野心の実現のために行っていた読書や備忘録作り、またデュパン夫人の秘書として夫人に頼まれて多くの作品の抜粋を作った経験は（この幻の資料は「デュパン文書」と呼ばれますがすべて散逸しました）、同じく執筆を断念した幻の著作『感覚的道徳、あるいは賢者の唯物論』（『告白』第九巻と第十巻にルソーの証言があるだけで、草稿などはまったく残されていません）とは違って、多くの作品――いわば野心の副産物――を生み出すことに貢献しました。『国家学概論』の着想に触れて、「以来、私の視野は道徳の歴史的研究によって大いに広がった。すべては根本的に政治に起因すること、どんな方法をとろうと、あらゆる国民はその政府〔統治〕の性格のしからしめるものにしかなれないことを私は知った」と回想している通りです（『告白』第九巻、OCI-404）。こうして残されたのは、第一論文『学問芸術論』、第二論文『人間不平等起源論』（その第一部が自然法の研究に相当します）、『百科全書』第五巻に寄稿した「エコノミー（モラル・エ・ポリティック）」の項目（タイトルは「社会と国家の管理運営」の意。のち一七五八年に『エコノミー・ポリティック論』として出版）、『社会契約論』の「ジュネーヴ草稿」、『戦争法の諸原理』、『サン＝ピエール師の永久平和論抜粋と批判』、そして『社会契約論――国制法の諸原理』確定版（一七六二年四月刊）でした。以上に挙げた作品は、『社会契約論』確定版を除いていずれも一七四九年秋から一七五六年春の間に執筆されたと考えられています。

　こうした事情を踏まえて誤解を恐れずにあえて言えば、ルソーはいわばプッフェンドルフばりのジュスナチュラリスト（自然法学者）になろうとして失敗した音楽家だったのです。しかし挫折したとはいえ、この音楽家はたいへんな勉強を積み重ねてジュスナチュラリストたちを根柢《こんてい》から批判し、大著こそ残しませんでしたが、彼らの枠をはるかに超えて、ホッブズに肩を並べる独創的な政治哲学の構築に成功したのでした。

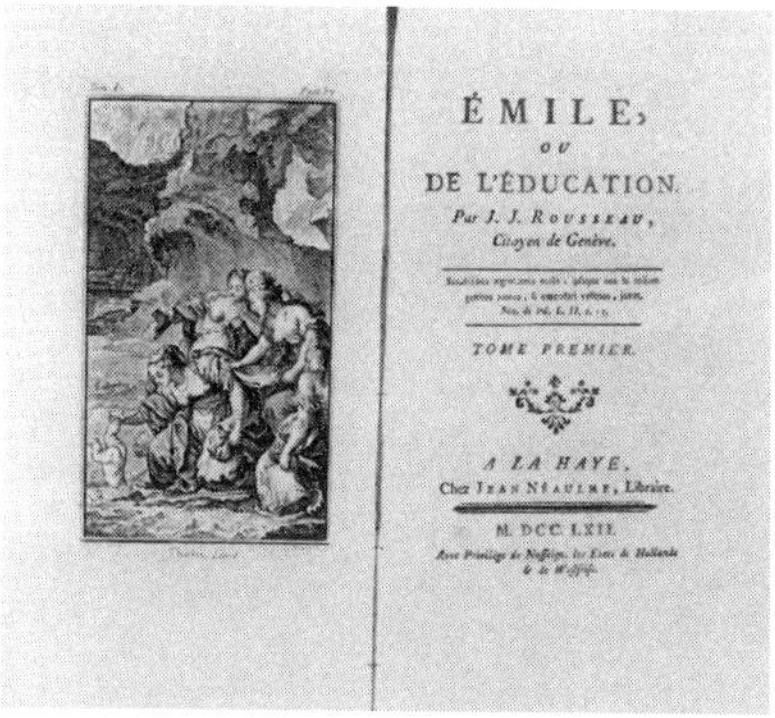

『エミール』初版本

最良の作品

　音楽家志望の青年が在ヴェネツィアフランス大使秘書としての経験から政治に目覚め、自然法学者としての仕事を思いつき、そのうちたまたまディジョンのアカデミーが募集した懸賞論文に当選する僥倖《ぎょうこう》に恵まれて三十八歳で遅まきながら作家デビューを果たし、さらにオペラの作曲家としても世間を驚かせ、『ジュリー、あるいは新エロイーズ』（一七六一年刊）に至ってついに世紀の大ベストセラー小説の作者となったわけですが、それではルソーは、自分の完成した作品の中でどれを最も恃《たの》みとしていたのでしょうか。

それは『エミール』です（最終稿、すなわち印刷に付されることになるコワンデ草稿の完成はブリュノ・ベルナルディらによれば一七六〇年夏の終わり、出版は一七六二年五月）。その証拠に『告白』第十一巻で『エミール』を「私の最も価値のある最良の書物」と呼んでいます（OCI-568）。しかしこの作品は本人が期待したほどの評判はとりませんでした。「この書物の刊行には私のすべての著作の刊行に伴ったような華々しい喝采《かっさい》は起こらなかった。私的には非常な称賛を受けながら、これくらい公的な賛同を得られなかった作品もなかった」と述懐しています（『告白』第十一巻、OCI-573）。『エミール』第四編に登場する助任《じょにん》司祭の大胆で危険な信仰告白の巻き添えとなって災いを招くのを避けたいと、多くの人が考えたからに違いありません。事実ソルボンヌ（パリ大学神学部）の告発を受け、パリ高等法院の逮捕令が出るに及んで、ルソーはモンモランシーから逃亡し、以後八年間にわたる流浪の生活に追い込まれたのでした。

同時代人にとってのルソー

同時代の人たちはルソーをどう見ていたでしょうか。おそらく『学問芸術論』と『人間不平等起源論』の哲学者である以上に、『村の占い師』の作曲家であったでしょう。しかし作曲家である以上に、何よりも『ジュリー』と『エミール』の作家でした。この二作には熱狂的なファンが大勢現れました。そしてまた、すでに述べたような、書簡形式を駆使して論争書をものした雄弁きわまりない、妥協を知らない論客でもありました。マルゼルブ宛四書簡や『告白』、『ルソー、ジャン＝ジャックを裁く――対話』、そして『孤独な散歩者の夢想』といった自伝作品はいずれも死後出版されたものですが、中でも死後ほどなく刊行された類例のない自伝作品『告白』は生前の文学者としての名声を損なうことがなかったどころか、むしろ賛美者たちの共感をいや増すことになりました。そして最後にフランス大革命が『社会契約論』のルソー、政治的近代の創始者ルソーを見出《みいだ》したのです。

よく見られる誤解

ルソーや同時代人のルソー観と現代の我々が抱くルソー像が異なるのは当然です。現代の辞典類では困ったことにいまだにルソーを啓蒙《けいもう》思想家の範疇《はんちゆう》に入れているようですが、これは間違いです。厳密にいえばルソーはディドロらいわゆる啓蒙のフィロゾフたちからの離反者であり、「啓蒙の内部の敵」（アルチュッセル）あるいは「啓蒙の異端者」（ベルナルディ）と呼ぶ方が適切です。もう一点、同じく多くの辞典類ではいまだにルソーを「自然に帰れ」と主張した人だと述べているようですが、これも正しくありません。ルソーは自然に帰れと言ったことは一度もありません。よく読めば、ルソーは人間の自然（本性）を尊重して文明を作り直すことを主張したと考えるのが正しいのです。〈この文明ではなく、別の文明を！〉これがルソーの真意です。問題は人間の自然（本性）をどう定義するかということになります。

主要著作をつなげるには

それなら、どのようにすればルソーの主要著作を論理整合的につなげることができるでしょうか。以下にひとつの読解を試みてみます。

第一論文『学問芸術論』はディジョンのアカデミーが提出した課題「諸学と技芸の復興は習俗を純化するのに寄与したか」に答えた論文です。学問・芸術についてまず歴史的に検討し、次いでそれ自体において吟味し、こうした二重の検討を通じて文明批判を展開した作品で、西欧近代文明は習俗を堕落させ人間の徳性を損ねたと筆鋒《ひっぽう》鋭く論難しています。啓蒙主義に特徴的な楽天的進歩史観を覆し、道徳的観点から政治社会のあり様の再考を迫った著作と言えます。

同じアカデミーの懸賞課題「人々の間における不平等の淵源《えんげん》は何か、またそれは自然法によって認められるかどうか」に答えたのが第二論文『人間不平等起源論』です。人間の自然状態あるいは自然状態の人間（自然人）という理論的仮構を用いて人間の本性（自然）を明らかにし、人類が自然状態から社会状態へと移行する過程と結果を描いて、ルソーの哲学的人間学と歴史哲学を明らかにしています。〈自己充足〉という言葉をルソー自身は特に概念化して用いているわけではありませんが、この作品を読む時に自己充足（auto-suffisance）という考え方を導入するとわかり易くなります。自然状態において他者を必要とせず、したがって社会（国家）を作ることもなく孤立して、自己充足的に自由と幸福を享受していた人間が、もともと人間の内部に潜在していた自己完成能力がある偶然によって顕在化した結果、諸能力を発達させ、自然の欲求は文化的欲望へと変質し、相互に依存し合う、非充足性に刻印された、隷従と悲惨を特徴とする社会状態へと移らざるを得なくなるのです。本来、社会指向性を持たない人間が、なぜ、どのようにして、政治社会（国家）を作ることになったかがこうして説明されます。土地の私的所有が政治社会成立の原点に姿を現します。

第二論文をこのように自己充足性の概念を立てて理解すると、人間学と政治哲学、『不平等起源論』と『社会契約論』のつながりが判然とし、後者の意図が明瞭《めいりよう》になります。一言でいえば、自然状態の自己充足性の内実を構成する肯定的な諸価値（自由と幸福）を回復させることができるような政治社会をいかにしたら作れるのか、その諸原理を明らかにすることと、これが『社会契約論』の目指すところです。肝心なのは、ルソーの政治哲学がどのようにその人間学に立脚しているかを知ることで、自己充足の概念を手掛かりにしてそれが可能になるのです。

しかし『社会契約論』で明らかにされた原理――国制法の諸原理――に基礎づけられた政治社会が直ちに実現するわけではありません。ルソーは構成員全員が主権者となるような政治体を創設する道を原理的に示すだけで、実現の具体的な方法を示してはいませんし、現実にはヨーロッパに君臨する国の多くは君主国です。知人から依頼を受けて「教育のひとつの体系」（『告白』第九巻、OCI-409）の提示を目論《もくろ》んだ『エミール』について、ルソーは、ある時は「人間の理論」と呼び（『ボーモンへの手紙』、OCIV-941）、またある時は「人間の本源的善性に関する論文」と呼んでいますが（『ルソー、ジャン＝ジャックを裁く――対話』中の「第三対話」、OCI-934）、政治的な観点に立てば、この作品は、共和国の主権者である市民（公民）とはなり得ない人間が、それにもかかわらずどんな国制の下で生きようとも自由と幸福を享受できるようになるための「人間を形成する技術」（OCIV-241）を、ひとりの男の子の成長を通じて明らかにしたものとみなすことができるのです。

最後に、五名の主要登場人物を中心にしてやり取りされる合計百六十三通の手紙から成る書簡体小説『ジュリー、あるいは新エロイーズ』は、後半部の展開を見れば、人間の本源的善性を体現するような善良な人たちがヨーロッパの片田舎（スイスのレマン湖北東岸）

で小さな家父長的共同体を作って純朴な田園生活を営み、ささやかな幸福を実現する物語です。これもまた、『エミール』とは別な意味で、どんな政治体制の下でも現実に生きていかなければならない人間というものが、既存の条件下にあって、できる範囲で自由と幸福を手作りで実現する、ひとつの実験的物語と考えることができます。

自伝的作品群は以上に述べた作品とは執筆の意図が異なり、自己弁明・自己正当化が主な目的となりますので、ここからは外します。

作品間の照応について、ルソーは『告白』第九巻で次のように述べています。『エミール』における助任司祭の信仰告白は『ジュリー』における、死に際してのジュリーの信仰告白とまったく同じであり、『社会契約論』における大胆な所論はすべてそれ以前に『不平等起源論』の中にあり、また『エミール』における大胆な所論はすべてそれ以前に『ジュリー』の中にあったのだ、と（OCI-407）。私の読み方とこのルソーの説明に共通するのは、ルソーの主要著作のそれぞれを、ジャンルが異なる互いに無関係な作品とみなすことはしないという姿勢です。

パンテオンへ

最後に「人と作品」をまとめてみると、次のようになるでしょうか。ルソーは、スイスのカルヴァン派プロテスタントの小共和国で彫金師としての徒弟修業を放棄して、わずか十五歳で祖国を飛び出し、放浪の青春を経て自己教育を重ね、三十歳で出世を夢見てパリに出てきた、独学者にして野心溢《あふ》れる青年でした。作家・思想家、さらには音楽家として爆発的なデビューを遂げ、多数の知識人・哲学者たちと交際を重ね、百科全書派に名を連ねながら、やがては彼らと離別し、孤独な田園で独自の著作に没頭しました。主要著作を書き上げ出版したところで、仮借ない検閲制度の犠牲となり、スイス、英国、フランス各地をさすらい、庇護者の助けを借りながら亡命生活を余儀なくされた人でした。陰謀の強迫観念にとり憑《つ》かれ、迫害妄想におびえながら、ひたすら自己の生を回想の中で生き直して最後の日々を過ごしました。自然と文化の二律背反を、実存と思想の双方に引き受けた人でした。新しい感性に裏打ちされた非凡な小説家、揺ぎなく首尾一貫した共和主義の政治哲学者、それまでにない革命的な自伝を生んだ自伝作家は、多岐にわたる豊饒《ほうじょう》な作品群に見合った波乱万丈の生涯を送り、今は共和国の偉人を祀《まつ》るパリの霊廟《れいびょう》パンテオンに眠っています。

序　文

人間を形成する技術

『エミール』には全五編に先立って短い「序文」が付されています。短いけれどもとても大切な内容を含んでいます。もちろん本文全体が書かれたあとに執筆されたものです。「私」と名乗る著者は「ジュネーヴ市民、ジャン＝ジャック・ルソー」の名前で読者に語り掛けます。執筆のきっかけと経緯《いきさつ》に簡単に触れたあと、あらゆる有益な事柄のうち一番有益なのは「人間を形成する技術（l'art de former des hommes）」（OCⅣ-241）であるが、人々はそのことを忘れている、と指摘します。この「人間を形成する技術」を知ることが本書の目指すところを示していると考えられますが、一体「人間を形成する」とはどういうことを意味するのでしょうか。

自然の歩み

人は子供時代（l'enfance）というものをまったく知らない、子供時代について間違った観念を持っている、子供の中に大人を探し求めるのだと述べたあと、次のように「人間を形成する技術」を探求するための方法とおぼしきものを提示します。

体系的な部分と人が呼ぶであろうものについては、それはここでは〔『エミール』という著作では〕自然の歩み（la marche de la nature）以外のものではないのであるが、それが読者を最も困惑させるところだろう。またこの点で人は必ず私を攻撃するだろう。そして多分それも無理のないことであろう。人は教育論を読むというより、ひとりの妄想家の夢想を読んでいる気になるだろう。だがどうすればいいのか。私が書くのは他人の考えについてではない。自分の考えについてなのだ。私はけっして他の人たちのようにはものを見ない。久しい前から私はそれを非難されている。けれども他の目を自分に与えたり、他の考えを自分に割り当てたりすることが、私にできるだろうか。……私は自分の精神の中で起こることを正確に述べるのだ。（OCIV-242）

これから読者が目にする『エミール』という著作は「人間を形成する技術」を巡って展

開され、そこには読者から見て体系的に見える部分が存在するが、それは「自然の歩み」に他ならない、と書かれています。しかし、こうして「序文」で一度だけ登場するこの「自然の歩み」という言葉が一体何を意味するのかについては、ここでは何の説明もありませんし、ましてや「人間を形成する技術」とどういう関係があるのかについても、ここではまったく説明されていません。すべては第一編以降を読み進めるうちに理解する他ありません。しかしこの「自然の歩み」という言葉が『エミール』という著作を理解するキータームとして用いられていることは、ここですでにはっきりと感じ取れるはずです。

自分の考えの独自性を強調するこの引用のあと、自分の計画は人類の幸・不幸に関わる原則にも類するものであると述べ、さらに計画の実現性について考察される中で、自分の提案は個別の特殊な状況のためにあるのではなく、人間の生まれるどんな場所にも適用できればそれで十分だと述べて、著者は「序文」を結んでいます。

人間の生まれるところならどこでも、人々を私の提案するようなものにすることができれば私にとってはそれで十分だし、また人々を私の提案通りのものにして、彼らにとっても他の人々にとっても最良のことをしたというのであれば、それで十分だ。
（OCⅣ‐243）

第一編　乳児期（誕生〜一歳）

作品全体の構成

　第一編に入る前に、『エミール』という作品全体の構成を見ておくことにしましょう。『エミール』には「教育について」という副題があり、先ほど紹介した短い「序文」に続いて第一編から第五編までの五つに分かれています。大雑把に言えば、最初の三編で全体の四割強、第四編が三割、第五編が三割弱の分量となっており、第四編の中ほどに「サヴォワの助任司祭の信仰告白」と題された、一見独立した論考が挿入されています（これだけで第四編の三分の一の分量を占めます）。最後の第五編は冒頭すぐに「ソフィー、あるいは女性」と題された叙述が始まり、第五編の大部分を占めています。そのあと、「旅について」と題された記述が続き、さらに、主に『社会契約論』の要約によるルソーの政治哲学の説明があります（ただし、これには特にタイトルは付されていません）。

　子供の成長という観点から作品の構成を見ると、だいたい次のようになります。第一編は誕生から一歳を迎えて言葉を発するようになるまでの、いわゆる乳児期が対象となっています。続く第二編は一歳から十二歳くらいまでの、いわゆる幼児期を扱い（この時期が時間的には一番長くなります）、さらに第三編は十二歳から十五歳くらいまでの、いわゆる少年期を考察しています。ここまでが子供時代（l'enfance）ということになります。第四編に入ると十五歳から二十歳までの、青年時代（la jeunesse）の前半（青春期／l'adolescence）を対象とし、最後の第五編は二十歳から二十五歳までの、青年時代の後半（思春期／la puberté）を扱っています。当時は二十五歳を成人年齢とする考えが一般的でした。第四・五編の青年時代は子供から大人への移行期になります。青春期や思春期の用語は日本語の語感とややずれている印象を与えるかもしれませんが、以上の区分と用語は主に第三編冒頭の表現を参考にしたものです（OCⅣ-426）。

子供時代（理性の眠りの時期）				
第一編	乳児期	誕生〜一歳	感覚中心の世界	事物との物理的関係で自己を認識
第二編	幼児期	一歳〜十二歳		
第三編	少年期	十二歳〜十五歳	感覚的（小児的）理性の芽生え	
青年時代（子供から大人への移行期）				
第四編	青春期	十五歳〜二十歳	知的（人間的）理性の発達	他者との道徳的関係で自己を認識
第五編	思春期	二十歳〜二十五歳		他者との社会的・政治的関係で自己を認識

『エミール』の構成

第一編の構成

それでは第一編はどのような構成となっているのでしょうか。『エミール』第一編は大きく二つの部分に分かれていると考えられます。初めのうちはエミールという名前はまったく出てきません。最初に述べられるのは「自然の歩み」を原理とする教育の方法論的考察です。ルソーの哲学の基本概念や、何をもって自然と呼ぶのか、また教育の分類といったことが示されています。

後半になってやっと「私の生徒」であるエミールとの契約や師弟関係に入る条件が提示され、誕生から言葉を発することができるようになる一歳くらいまでの生徒すなわちエミールに対する、先に述べられた方法論の具体的な適用が語られます。とりわけ、心身の自由を確保して感覚器官を鍛錬する必要が力説されるのです。理性が未発達のこの段階では、外界の事物について判断するには感覚に頼るしかないからです。

人間の本源的善性

『エミール』はルソー哲学の第一原理の提示から始まります。

万物を創造する者の手から出る時にはすべては良いが、人間の手に渡るとすべては堕落する。（OCⅣ-245）

『エミール』冒頭のこの印象的な一句は、『社会契約論』第一編第一章冒頭の「人間は自由なものとして生まれたが、いたるところで鉄鎖に繋《つな》がれている」（OCⅢ-351）という一節と紛れもなく響き合っている有名な言葉ですが、大切なのはこれがルソーの思想の根本原理を端的に表現しているということです。人間も神が創造した万物のひとつに他なりませんが、するとその人間は、本来善なる存在であって、人為によって悪くなったという考え方で、人間に対するこうした考えを人間の本源的善性（あるいは自然の善性）(la bonté originelle (ou naturelle) de l'homme）と呼びます。本来善なる存在であるとは、公正さと秩序への愛を生まれながらに持っているということだと、後に『ボーモンへの手紙』（一七六三年三月刊）という作品でルソーは敷衍《ふえん》して述べています（OCⅣ-935）。

ここから様々な考え方が生まれます。創造主によって作られたばかりの人間が善なる存在であるとすれば、現実に存在する様々な悪は人為、すなわち人間の手によってもたらされたものに違いなく、そこから社会あるいは政治制度が問題とされねばなりません。これが政治哲学の方向です。また、人間を含めた万物を善なる存在として創造した神が悪い本性の持ち主であるはずはなく、ここから神の善性という観念が導き出されます。あるいは、現世における悪の存在を根拠にして神の摂理に疑問を呈する考えを論駁《ろんばく》する議論、すなわち神義論《しんぎろん》（弁神論《べんしんろん》）を準備します。これが宗教哲学の方向です。ルソーの仕事の中にもこの二つの方向がはっきりと見て取れます。

コラム①ヴァンセンヌのイリュミナシオンと人間の本源的善性

ヴァンセンヌのイリュミナシオン（啓示）と呼ばれる出来事は、一七四九年十月に起こりました。ルソーが人間の本源的善性を確信した原点に位置する特異な内的体験で、ルソーの思想を考える上でとても大切です。

無神論的な著作『盲人書簡』（一七四九年六月刊）で逮捕され、七月末以来パリの東のヴァンセンヌの獄中にあった親友のディドロを見舞うため、ルソーは週に何度もパリからヴァンセンヌまで八キロの道のりを徒歩で往復して訪ねていました。十月のある暑い日のこと、いつものようにヴァンセンヌに行く途中、持ってきていた「メルキュール・ド・フランス」誌上で「諸学と技芸の復興は習俗を純化するのに寄与したか」と題したディジョンのアカデミーの懸賞課題を眼にしたルソーは、突如として激しい霊感に襲われます。この時の体験は『告白』第八巻でも回想されていますが、ここでは「マルゼルブへの第二の手紙」における回想を参照することにしましょう。

　私は当時ヴァンセンヌに囚《とら》われていたディドロに会いに行くところでした。ポケットに「メルキュール・ド・フランス」誌を入れていたので、道すがらそれをパラパラとめくり始めました。ディジョンのアカデミーの懸賞課題が目に入ります。私の最初の著作〔『学問芸術論』のこと〕のきっかけになった課題です。突然の霊感にも似た何かがもしあるとすれば、それを一読した時に私のうちに起こった動きがそれです。突如として私の精神は無数の光に照らされ、目の眩《くら》む思いがします。生き生きとしたおびただしい数の想念が力強く、同時に混沌《こんとん》として、精神に沸き上がり、私を名状しがたい混乱のうちに投げ込みました。酔いにも似ためまいに頭がとらえられるのを感じます。激しい動悸《どうき》が私を締め付け、胸を持ち上げます。もう歩きながら呼吸をすることもできなくなって、並木道の木の下に身を投げるままとなり、そこで半時間ほど過ごすのですが、あまりの興奮の激しさに、再び立ち上がった時には、そうと知らずに流した涙で上着の前の方がすっかり濡《ぬ》れているのに気付いたほどでした。ああ、あの木の下で私が見たこと、感じたことの四分の一でも書くことができたら、私は社会システムのあらゆる矛盾をどれほどはっきりと示していたことでしょう。私たちの制度のあらゆる弊害を、どれほど力をこめて述べていたことでしょう。人間は生まれつき善良であること、人々が悪くなるのはただその制度のためであることを、どれほど簡明に証明していたことでしょう。十五分の間にあの木の下で私に啓示を与えてくれた無数の偉大な真理のうちから私が捉《とら》えることができたことのすべては、まったく弱々しい形で、私の三つの主要著作の中に散らばっています。それは、あの最初の論文と不平等についての論文と教育論で、これら三つの著作は分けられないもので、同じひとつの全体を形作っているのです。(「マルゼルブへの第二の手紙」一七六二年一月十二日付、OCI-一一35〜一一36)

『エミール』を弾劾したパリ大司教クリストフ・ド・ボーモンの「教書」(一七六二年八月二十日付)に反論した『ボーモンへの手紙』の中で、ルソーは第一論文『学問芸術論』から『社会契約論』に至るまでの自らの著作の歴史を振り返っていますが(OCIV-935〜937)、その中心的思想は、ヴァンセンヌのイリュミナシオンで直感しその後彼の哲学の第一原理となった「人間の本源的善性」という考え方です。これについて、ルソーは次のように述べています。「私が私のすべての著作においてそれに基づいて推論してきたところの、そしてこの最新作(『エミール』)でできうる限りの明晰《めいせき》さをもって私が展開したところの、およそ一切の道徳の根本原則、それは、人間というものは公正さと秩序を愛する生まれつき善良な存在であり、人間の心には本源的な邪悪さはなく、自然の最初の動きは常に正しい、ということです」(OCIV-935〜936)。

では人間の本源的善性と人為による悪を前提とした場合、教育についてはどう考えるべきでしょうか。ルソーは生まれたばかりの人間が社会に置かれる状況を「道の真ん中に偶然生えた灌木《かんぼく》」に喩《たと》えてこう言います。

様々な偏見と権威と必要と先例と、そして我々がその中に飲み込まれているすべての社会制度は、人間の内なる自然を窒息させ、その代わりに何物ももたらさないだろう。自然はそこ〔既存の社会〕では道の真ん中に偶然に生えた灌木のようなもので、通行人にあちらこちらから踏みつけられ、四方八方に折り曲げられて、やがて枯れてしまうのである。（OCⅣ-245）

教育の必要と目的

ルソーの比喩《ひゆ》を用いれば、この灌木を、若木を、枯れる前に水を注いで守ってやるのが教育の目的ということになります。「人々は植物を栽培によって作り、人間を教育によって作る」（OCⅣ-246）のです。生まれたばかりの弱い人間には教育による助けが必要なのです。人間の形成における教育の重要性は次のように強調されています。

我々は弱いものとして生まれる。我々には力が必要だ。我々は何も持たないものとして生まれる。我々には援助が必要だ。我々は愚かなものとして生まれる。我々には判断力が必要だ。我々が生まれた時には持っておらず、成長して必要となるものはすべて、教育によって与えられる。（OCⅣ-247）

三つの教育

人間の弱さを強調し、人間が生きる上で必要な一切を与えてくれる教育の重要性を指摘したルソーは、教育を行う主体に着目することによって教育を三種類に分けて考えます。（一）〈自然が行う教育〉は我々の能力と器官の内的発達です。（二）この発達をどう利用するかは〈人間が行う教育〉です。最後に、（三）我々に影響を与える事物について我々が得る経験は〈事物による教育〉です。自然の教育は我々の力ではどうにもならず、事物の教育は一部しか我々には左右できない、我々が真に自由にできるのが人間の教育です。これら三つの異なる教育の目的は、「自然の目的」そのものに他ならず、人間の教育と事物の教育を自然の教育（すなわち、我々の能力と器官の内的発達）に協力する方向へと導かねばならない、とルソーは言います。ではルソーの言う自然とは一体何でしょうか。

ルソーの考える自然とは

我々は感性を備えたものとして生まれる。そして生まれるやいなや、我々は周囲の事物から様々な仕方で影響を受ける。我々が自分の感覚をいわば意識するようになるとすぐに、それらの感覚を生み出す事物を追求したり避けたりするようになる。我々がそうするのは、第一にその感覚が快いか不快であるかによってであり、次に我々と事物の間に適合性が認められるか否かによって、最後に理性が我々に与える幸福あるいは完成の観念に基づいて我々がこれらの事物について下す判断によってである。このような素質は我々の感性が発達し、啓発されるにつれて、ますます広がり確固としたものとなってゆく。しかしそうした素質は我々の習慣に縛られるし、我々が抱く意見によって多かれ少なかれ変質する。その変質以前の素質を、私は我々の内なる自然と呼ぶのである。（OCⅣ-248）

この引用には留意すべき点が少なくとも三つあります。第一に感覚重視、第二に三つの判断基準、そして第三に人間の内なる自然です。順番に説明しましょう。

感性的存在

最初に留意すべきは、ルソーが子供の教育に当たって（もっと広く言えば、人間という存在を研究する上で）感覚を重視しているということです。「感性を備えたものとして（感性的存在として）生まれる」というのは、すなわち人間は生まれながらに感覚器官を備えており、この器官を通じて外部の刺激を受け止めることによって感覚が形成される、ということを意味しています。さらに言えば、人間の形成を、もっぱら感覚を出発点とする認識の発達段階によって、また発達の過程によって説明しようとする、前世紀のロック（一六三二～一七〇四）や同時代のコンディヤック（一七一五～八〇）らの感覚論哲学の立場にここでルソーも立っている、ということです。ルソーの友人のコンディヤックは主著『感覚論』（一七五四年）の中でいわゆる「彫像の思考実験」を行い、感覚も観念も一切ないタブラ・ラサ（tabula rasa／白紙状態）にある人間が感覚器官を通じて徐々に感覚を獲得し、そこから、次第に認識を形成してゆく様子を描いています。感覚論哲学は当時の支配的な哲学でした。事実ルソーも、第一編の少し先の方でタブラ・ラサとしての彫像のような人間を思い描いています。ちょっと長くなりますが、一部引用してみましょう。

我々は学ぶ能力を持ってはいるが、何も知らない、何も認識しないという状態で生まれてくる。不完全で半ばしか形作られていない器官の中に閉じ込められた魂は、自分の存在の感覚すらも持っていない。生まれたばかりの子供の運動や泣き声は、認識も意志も欠いた、純粋に機械的な作用である。

仮に子供が生まれる時、大人の身長と力を持っていると仮定してみよう。……母親の胎内からいわばすっかり武装して出てきたものとしよう。その場合この大人＝子供は完全な愚か者であり、一個の自動機械であり、身動きもできずほとんど何も感覚できない影像のようなものであろう。何も見えず、何も聞こえず、誰も知らず、見る必要のあるものに向かって目を向けるすべも心得てはいないだろう。外界のいかなる事物も知覚しないばかりか、自分に事物を知覚させる感覚器官に何ひとつ伝えることもできないだろう。目に色はまったく映らず、耳には音がまったく聞こえず、物体に触れてもまったく自分の身体に感じられず、自分が身体を持っていることさえわからないだろう。（OCⅣ-279～280）

三つの判断基準

次に留意すべきは、感覚の元となり、感覚を生み出す外部の事物に人間が対処する場合（求めるか避けるか）の判断基準に三種類あると指摘されていることです。第一に感覚の快・不快（外界の事物を快く感じるか否か）、第二に外界の事物が自分に適合するかどうかの適・不適、最後に、理性によって得られる幸福あるいは完成の観念（l'idée de bonheur ou de perfection）に照らして下す判断、です（OCⅣ-248）。

ところで、この三つの判断基準は人間の成長に応じて変化してゆくのです。『エミール』全体における子供の成長の見取り図の中にこの三種類の判断基準を置き直してみると、快・不快の基準は第一、二編で、適・不適の基準は第三編で、そして幸福あるいは完成の観念に基づく判断は第四、五編で扱われていることがわかります。というのも、（少し先走って言えば）、第一、二編（乳児期と幼児期）では人間はもっぱら感覚の段階にあり（感覚もルソーによれば二種類に分けられ、第一編では情動的感覚（la sensation affective）が、第二編では表象的感覚（la sensation représentative）が問題となります。OCⅣ-282）、第三編（少年期）では感覚的理性あるいは小児的理性（la raison sensitive ou puérile）の段階に至り、そして残る第四、五編（青春期と思春期）になってようやく知的理性あるいは人間的理性（la raison intellectuelle ou humaine）の段階に達するとされているからです。

感覚的（小児的）理性とは、複数の感覚の協力によって単純観念を形成する能力、知的（人間的）理性とは、複数の単純観念の協力によって複合観念を形成する能力を言います（第二編 OCⅣ-370, 417、第三編冒頭 OCⅣ-426）。また情動的感覚と表象的感覚は、引き起こされた感覚の原因が外部にあることを認識できるかどうかによって区別されます。この区別についてルソーは第一編の少し先で次のように述べています。

子供たちの最初の感覚は純粋に情動的なものである。子供たちは快楽と苦痛しか知覚しない。歩くことも手でつかむこともできないのだから、外界の事物を示してくれる表象的感覚を少しずつ形作るためにも長い時間を必要とする。（OCⅣ-282）

要するに『エミール』で行われる「思考実験」としての人間の形成（認識の発達）の諸段階は、感覚器官を通じて外界の刺激を受けてできる感覚と、その感覚の鍛錬に伴って次第に発達する理性の分類の組み合わせによって構成されているということを、あらかじめ頭に入れておきましょう。

人間の内なる自然

先ほどの引用部分において最後にもうひとつ留意すべきことがあります。ルソーは変質する以前の上述の原初の素質を人間の内なる自然と定義していますが、ここで「序文」において『エミール』の体系的部分は「自然の歩み」であるとルソーが述べていたことを思い出しましょう。自然の歩みを尊重し、自然の歩みに沿って、自然の歩みを妨げることなく、子供の各時代の身体的・知的能力の発達に応じて子供の成長の手助けをするにはどうしたらよいか、それが『エミール』という著作の目的であるとしたら、この自然の歩みとは上述の、人間にもともと備わった素質の成長・発達を意味するということに思い当たるのではないでしょうか。このもともと備わった素質について更に考えてみれば、要するに自然の歩みとは、換言すれば、人間の諸器官、諸感覚、諸能力の自《おの》ずからなる内的な発達のことではないでしょうか。人間が生きるということも、この自然の歩みに沿って考える必要があります。

人々は自分の子供を無事に守ることしか考えないが、それでは十分ではない。……生きるとは呼吸をすることではない。活動することだ。我々の諸器官、諸感覚、諸能力を、そして我々に存在の感情を与えてくれる我々自身の〔身体の〕あらゆる部分を使うことである。最も長く生きた人間とは、最も多くの歳月を数えた人ではなく、生を最も感じた人である。（OCⅣ-253）

しかしながら、人間の教育に当たってすべてをこの原初の素質に引き戻さねばならないとしても、上述の三つの教育（自然の教育・人間の教育・事物の教育）が必ずしも一致するとは限りません。

したがって、一切をこの原初の素質に引き戻す必要があるだろう。そしてそれは我々の三つの教育が単に異なるものであるというだけのことなら、可能なことでもあろう。しかしその三つの教育が対立している場合には、人間をその人自身のために育てる代わりにほかの人たちのために育てる場合には、どうすべきだろうか。その場合には、三つの教育の一致は不可能である。自然と戦うか社会制度と戦うかを強いられて、人間（l'homme）を作るか市民（le citoyen）を作るか、どちらかを選ばねばならなくなる。というのも、同時に両方を作ることはできないからだ。（OCⅣ-248）

人間を作るのか、市民を作るのか？　自然人を作るのか、社会人を作るのか？

ここで唐突に出てくる人間と市民の対立（区別）はルソーの思想にとって本質的なものである点に注意しましょう。共同体（政治体、国家）の中で共同体のために生きる市民に対して、共同体成立以前の、あるいは共同体という枠を越えた存在が人間ですが、これは社会人（l'homme civil）と自然人（l'homme naturel）の対立と言い換えてもよいものです。

自然人は自分にとって自分がすべてである。彼は数の単位であり、絶対的な全体であって、自分自身かその同類としか関係を持たない。社会人は分母に付属する分数の一単位に過ぎず、その価値は全体、すなわち社会体との関係の中にある。よい社会制度とは、人間をもっともよく脱自然化し、その絶対的存在を取り除いて相対的存在を与え、「自我」を共通の統一体の中に移し替えることのできる制度である。そんな風にして、各個人はもはや自分を一個の個体とは考えず、統一体の部分と考え、全体の中でしか感じることがなくなってしまう。ローマの市民とはカイウスでもルキウスでもなく、ひとりのローマ人であった。彼は自分よりも専ら祖国を愛しさえしたのだった。（OCⅣ–249）

人間を作るか市民を作るか、自然人を作るか社会人を作るか、この異なる目的に応じて教育の形態も異なってくるのは当然のことです。

このような必然的に対立する二つの目的から二つの相反する教育形態が出てくる。ひとつは公共的で共同の教育形態であり、もうひとつは個人的で家庭的な教育形態である。（OCⅣ–250）

公教育か、家庭教育か

要するに公教育と家庭教育のことですが、この二つの形のうち、ルソーは前者の見本としてプラトンの『共和国』（『国家篇』）を挙げています。この作品は一般に考えられているような政治学の著作ではなく教育論だというのがルソーの主張です。しかしながら、ルソーによれば、今日では公教育は存在しえない。祖国のないところに市民は存在しえないからです。ここでルソーが祖国という言葉で意味しているのは、単なる生まれ故郷としての故国（母国）のことではありません。そうではなく、構成員全員が主権者であるような共和政体としての共同体＝国家のことです。故国のジュネーヴ共和国を離れてフランスの絶対王政下に生きるルソーにとっては、そうした意味での祖国とそこに生きる市民は存在するはずもなく、そうした市民を育てる公教育も、存在すべくもないのです。さらにルソーは、当時の西欧社会における中等教育機関としてのコレージュにも批判の矛先を向けています。イエズス会やオラトリオ会などが経営するコレージュは、ルソーからみれば公教育の機関であるどころか、「笑うべき施設」ということになります。社交界の教育も同様。そうであるとすれば、『エミール』で考察される教育とは、市民でなく人間を、社会人でなく（社会で生きる）自然人を作る家庭教育、ということになるしかありません。

最後に残るのが家庭の教育、あるいは自然の教育である。しかし自分のためにだけ育てられた人は他の人たちにとってどうなるのだろうか。もしも人が自ら目指す二重の目的がひとつの目的に統一され得るとすれば、人間の様々な矛盾を取り除くことによって人間の幸福を妨げる大きな障害は取り除かれることになろう。それを判断するためには、すっかり形成された人間を見なければならないだろう。こうした人間の性向を観察し、その進歩を見、その歩みをたどっておかなければならないだろう。一言でいえば自然人を知らなければならないだろう。人がこの本を読み終わった時にはこうした探求の中へいくらか踏み込んでいるだろうと、私は信じている。（OCⅣ-251）

引用した言葉は、『エミール』全編を読む上でたいへん示唆に富んでいると思われます。祖国なくして市民はないのだから、エミールの場合、祖国のために市民を形成することは問題になりません。そこでもっぱら自分のために育てられる人間、社会人ではなく自然人の形成に携わることになりますが、そうはいっても、エミールは社会に生きる自然人にならなければなりません（このことが最初に明言されるのは、第三編末尾においてです。OCⅣ-483〜484）。その時、最大の懸念は、他者との関係はどうなるのか、という点です。人間を作るのか、それとも市民を作るのか、この二つの目的がひとつに統合されることがあれば、人間が抱える矛盾は除去され、幸福に一層近づけるでしょう。そうなるかどうかを知るには、「すっかり形成された人間」を見る必要がある。つまり、社会の中の自然人の歩みを描く『エミール』全編を最後まで読み通せばわかるはずだ、というのです。『エミール』という著作に対するルソーの大きな自負、自信のようなものが、この一節には読み取れるようです。

人間という職業

しかし自然人を知り、自然人を作ると言ってもあまりに抽象的に過ぎますから、ルソーはこの作るべき自然人をこの先でもう少し具体的に縷々《るる》説明し直しています。まず、特定の職業人を作るのが目的ではないこと、どんな職業に就いても困らないような人間を作ること、真の研究は「人間の境遇の研究」なのだから、人生のあらゆる出来事に晒《さら》された「抽象的な人間」を考察する必要があること……。「人間の境遇」とは、世界の中で人間が占める位置、その置かれた立場のこと、また「抽象的な人間」とは、個別・具体的な現実の個々人ではなく、人間一般と考えればいいでしょう。

自然の秩序のもとでは人間はすべて平等であるから、その共通の天職は人間という職業である。だから人間という職業のためによく育てられた人なら誰でも、人間に関する職業をうまくできないはずはない。私の生徒を〔ここで初めて「私の生徒」という言葉が登場します！〕軍人にしようと聖職者にしようと弁護士にしようと、そんなことはほとんど問題にならない。自然は両親の天職以前に、まず人間の生活へと私の生徒を呼び招いている。生きることこそ、私が彼に教えたい仕事なのだ。私の手から離れれば、彼は為政者にも兵士にも聖職者にもならないだろう。彼は第一に人間になるだろう。……

我々の真の研究とは、人間の境遇の研究である。我々のうちでこの人生の善と悪を最もよく耐えるすべを心得た者が、私の見るところ、最もよく育てられた者である。その結果、真の教育は教訓にではなく、訓練にあるということになる。……

したがって我々の物の見方を一般化し、我々の生徒の中に抽象的な人間、人間生活のあらゆる偶発事に晒された人間を考察しなければならない。（OCⅣ-251～252）

産衣の批判

作るべき自然人をこのように説明したあとで、いよいよこのあたりから「私の生徒」、すなわちエミールの具体的な育て方の説明へと入って行きます。それはまず、自然の歩みを妨げる一般の偏見や世間の習慣を批判する言説の形を取って始まります。まっさきにやり玉に挙げられるのが、子供の手足の自由を奪う産衣《うぶぎ》の使用です。産衣こそ、ルソーから見れば、子供の自然の自由を奪い、自然の歩みを妨げる悪弊を象徴するものだからです。またそれに伴って乳母（里親）という存在もやり玉に挙げられます。というのも、とりわけ貴族の間では、母親が自分で授乳して子供を育てる代わりに、子供を里子に出して乳母に育てさせるのが当時の一般的な習慣だったからですし、他方、乳母は自分の自由な時間を確保するために乳児を産衣にくるみ、手足を動かせないようにして、子供から解放されたいと思うのが一般的だったからです。金で雇われた人間に教育は任せられない、傭兵《ようへい》に祖国の防衛を任せられないのと同じだ、というのがルソーの基本的な考えでした。

およそ我々の知恵とはすべて卑屈な偏見から成っている。我々のすべての習慣は屈従と束縛と強制に他ならない。社会人は奴隷状態のうちに生まれ、生き、そして死ぬ。生まれると産衣にくるまれ、死ぬと棺桶《かんおけ》に閉じ込められる。人間の形を保っている間は、我々の制度によって縛られている。……生まれたばかりの子供は、長い間手足を糸まりのように丸められていた麻痺《まひ》状態から抜け出そうとして、手足を伸ばしたり動かしたりする必要がある。……子供の手足を不活動と束縛の状態に留《とど》めておくことは血液と体液の循環を妨げ、子供が強くなり成長するのを邪魔し、体質を悪くするだけのことしかできない。……こんなにひどい束縛が子供の体質や気質に影響しないで済むだろうか。……こんな不合理な習慣はいったいどこから生まれたのだろうか。不自然な習慣からだ。母親たちがその最初の務めを軽んじて、もう自分の子供を養おうとしなくなってからは、金で雇われた女たちに子供を預けなければならなくなった。ところがこの女たちは、こうして他人の子供の母親となっても、子供に対して自然の愛情を少しも感じないので、ただ骨折りを避けることしか考えなかったのだ。子供を自由にしておけば、絶えず監督していなければならなかったはずだ。しかししっかり縛っておけば、泣き声に煩わされることなく片隅に放っておける。（OCⅣ-253～255）

育児を放棄する母親の批判

ルソーは乳母の問題に拘泥してこの先でも長々と論じていますが、それは一方で当時の不自然な習慣を批判する意図があったためであるのと同時に、他方、架空の生徒を育てることになる「私」は男性ですから、しばらくの間は乳母の世話にならなければならない、という事情があったからでもあります。ですからエミールの乳母の選択に当たって乳母が育った環境や乳母の乳によい食物の詮索《せんさく》など、事細かに言及するのも当然のことでした。それはともかく、乳母は乳を与えることはできても母親らしい繊細な気遣いは望めないわけで、乳母への批判の矛先は当然、母親にも向けられることになります。

各人をその最初の義務に立ち戻らせたいと望むなら、まず母親から始めたらよい。あなた方は自ら引き起こす変化に驚くだろう。何もかもこの最初の堕落から次々と起こっているのだ。道徳的秩序はすべて損なわれる。自然さはすべての人の心から消え去る。家の中には以前のような活気がなくなる。生まれつつある家庭の心を打つ光景ももはや夫を引き付けず、他人にも尊敬の念を呼び起こさない。子供の姿が傍に見られない母親は尊敬されなくなる。家庭は休息の場ではなくなる。血の繋がりも、習慣によって強められることもなく、父も母も子供も兄弟も姉妹もいなくなる。誰もがお互いにほとんど知らない仲になる。そんな人間同士がどうして愛し合ったりするだろうか。各人が自分のことしか考えていないのだ。家というものが寂しい独居の場となれば、よそに浮かれに行くのは当然のことだ。（OCⅣ-257～258）

家庭生活の魅力

ところが女性が自ら子供を育てることになれば、家庭生活の魅力は甦《よみがえ》るのです。

しかし母親が自ら進んで子供を育てることになれば、習俗はおのずから改まり、自然の感情がすべての人の心に目覚めてくる。国の人口も増えてくる。この最初の点が、この点だけが、一切を再び結びつけるだろう。家庭生活の魅力は悪い習俗に対する最良の解毒剤だ。煩わしいと思われる子供たちの騒がしさも、愉快なものとなってくる。父と母は互いにますますなくてはならないものとなり、互いにますます愛《いとお》しいものとなり、夫婦の絆《きずな》は一層固くなる。家庭が生き生きとして活気があれば、家庭の世話は妻にとってこの上なく大切な仕事となり、夫にとっては何よりも心地よい楽しみとなる。こうしてこのたったひとつの弊害を正しただけで、やがて全体の改革がもたらされ、自然はそのすべての権利を取り戻すだろう。ひとたび女性が母に帰れば、やがて男性も再び父となり、夫となるだろう。（OCⅣ－258）

父親の務め

このように心を打つ家庭の情景が語られるのですが、ルソーは母親のみならず父親の務めも忘れていません。本当の乳母は母親だとすれば、本当の教師は父親なのです。

父親が子供をもうけて養っている場合、それだけでは自分の務めの三分の一を果たしているにすぎない。父親は人類からは人間を預かっており、社会からは社会的人間を、国家からは市民を預かっているのである。この三重の債務を支払う能力がありながらそれを実行しない者はみな罪があり、それを中途半端にしか実行しない場合は、おそらく一層罪が重いだろう。（OCⅣ-262）

子捨て事件の告白

この引用に続けてルソーは、かつて若い頃に子供を自分の手で育てなかったこと（ヴォルテールが後に世間に暴露することになるいわゆるルソーの「子捨て事件」）を次のように告白してしまうのです。

父親としての義務を果たすことのできない者は、父親となる権利はない。貧困も仕事も世間への気兼ねも、自分の子供を自分の手で養い育てる義務を免れさせることはできない。読者よ、私の言葉を信じてよい。温かい心を持ちながらこれほど神聖な義務を怠る人に私は予告しておく、そういう人は誰でも、自分の過ちに長いあいだ苦い涙を流し、しかも決して慰められることはないだろう、と。（OCⅣ-262〜263）

これが著者の内面の吐露であることを知るには少し解説が必要です。次のコラムをご覧ください。

コラム②ルソーの「子捨て事件」

ルソーがまだ無名のボヘミアン時代のこと、一七四五年に九歳年下のテレーズという娘とパリで知り合い、終生のパートナーとなるのですが、一七四六年末から一七五二～五三年頃にかけて五人の子供をもうけました。ところがルソーは五人とも次々に孤児院へと預けてしまったのです。経済的に貧しかったこと、仕事に集中したかったことなどがその理由ですが、このことが後に一生の痛恨事となり、『エミール』という著作の執筆の深刻な内的動機のひとつとなりました。また、一七六四年の年末には匿名のパンフレット「市民の見解」が出てルソーの「子捨て事件」が暴露されますが、これは自伝執筆の引き金となったとされています。「市民の見解」を執筆したのはヴォルテールでした。

しかしながら十八世紀のフランスでは、経済的に困窮した親が孤児院（les hospices des Enfants-trouvés）に子供を託すことは、親が道徳的な資質を問題とされるような、いわば特別に目くじらを立てねばならないほど異常なことではなかった、という点には注意が必要です。当時パリにはふたつの孤児院がありました。ひとつは市立病院（l'Hôtel-Dieu）の近くのヌーヴ・ノートルダム街、もうひとつはフォーブール・サン＝タントワーヌ街です。十八世紀を通じて孤児院に預けられる子供の数は増加の一途をたどりました。一七四〇年から四九年まではその数合計三万二千九百十七名だったのが、一七五〇年から五九年にかけて、その数四万四千五百七十四名に達しました。これは出生数に対してかなりの割合になります。事実一七五〇年のパリでは、洗礼を受けた二万名近くの子供のうち実に三千八百名近くが孤児院に預けられたと言います（『ルソー書簡全集』の編者リーによる。第二巻一四五頁、ただし数字を一部修正）。

とはいえ『エミール』の先ほど見た箇所であのように暗に言及しているほどですから、振り返ってルソーには殊の外辛《つら》い体験だったに違いありません。偉そうに教育論などを執筆しながら、現実には自分の子供をみんな捨ててしまったではないかとルソーはしばしば非難されますが、若い頃のやむにやまれぬ体験があったからこそ『エミール』のような作品が書けたのだと考える方が、真実に近いのではないでしょうか。ルソーには、直接の主題ではなくとも作品中で暗に自己に言及することが時々見られます。第四編の「サヴォワの助任司祭の信仰告白」の箇所でも一七二八〜二九年にトリノを放浪していたころの体験への言及があります。

子供と契約を結ぶ

さて、いよいよエミールとの父子契約となります。といっても赤ん坊が契約を結べるわけがありませんから、実際の契約のことではありません。教育の対象としてどういう子供を想定するか、という問題です。良い教師となれるのはできるだけ若い、賢明な、実の父親であり、それが無理なら友人を探すことだ、自分は教師という仕事の重大さと自分の無能力をよく知っているので、現実に誰かの教師となるつもりはない、そこでペンによって実行してみたいと断った上で、架空の生徒を自分に与えることにします。その条件は、その生徒の教育に携わるにふさわしい年齢と健康状態、知識とあらゆる才能が自分にあるものと仮定すること、父母のすべての権利を受け継ぐものと仮定すること、生徒の誕生の時から一人前になって自分自身以外に導き手を必要としなくなるまで、その教育を導くものと仮定することです。子供に教える学問は唯《ただ》ひとつ、人間のもろもろの義務をおいては他にないのだから、こうした仕事は、教える（instruire）というより導くこと（conduire）である、したがってそれに携わる者は、家庭教師（le précepteur）というより、師傅《しふ》（あるいは教導者／le gouverneur）と呼びたい、とも言います。他方生徒についての条件は、金持ちで（貴族の出でもよく）、孤児であること、強壮で健康な体のしっかりした子供であること、そして「私」にだけ服従すること、二人の同意がなければ二人が離れることはないこと、です。孤児という点には微妙な意味合いがあります。両親がいても構わないとされているからです。親のすべての義務が教導者である「私」に託されているという意味で孤児なのだ、ということでしょうか（OCⅣ-267）。

そこで私は自分に架空の生徒を与え、その教育を行うにふさわしい年齢と健康と知識とすべての才能が自分にあるものと仮定し、生徒が生まれた時から大人になって自分以外に導き手を必要としなくなるまで、その教育を導くことに決めた。この方法は自分の力に自信を持てない著者が幻想に迷い込まないために有効なものと思われる。というのも、著者が普通の教育方法から離れるや否や、自分の方法をその生徒に試してみさえすればいいのであって、子供の進歩と、人間の心にとって自然な歩みに従っているかどうかをやがて著者は感じるであろうし、または読者が著者に代わって感じてくれるだろうから、である。（OCⅣ-264〜265）

この引用の直後に「私のエミール」という形でエミールの名前が初めて登場します。エミールは温帯地方、たとえばフランスから探す、ともされています。

自然の道に留まるための四つの格率

こうして生徒を選んだあとは、長々と医学批判が続きます。医学を精神的な側面から考察した時、医学はそれが治療すると称するあらゆる病気よりさらに有害な、偽りの技術であり、エミールのためにはけっして医者を呼ばないし、その必要のない生徒を自分に与えてもらいたい、と批判は激越です。しかしそれも、産衣の批判の場合と同じで、自然の歩みを妨げる人為の代表格として医学が捉えられているからでしょう。また、ルソーが生涯病気に悩まされた人であったこととも関係があるかもしれません。生来虚弱なルソーは、特に泌尿器の機能障害による慢性尿閉《にょうへい》症の疾患を抱えていました。症状は時に激しく、何度か死を覚悟したこともありました。二十五歳の時、医学部で名高い大学町である南仏のモンペリエにわざわざ何か月か滞在して治療に専念しましたが、何の効果もありませんでした。その時を振り返ってルソーは自伝『告白』の第六巻でこう述べています。「神学者とは正反対に、医者と哲学者は自分で説明できることしか真実と認めず、自分の理解力を可能なことの尺度としている」(OCI-258)。

医学批判に続いて、エミールの乳母の選択に際して乳母の乳を健康なものとする植物性食物の推奨、都会よりは田舎の生活の推奨、お湯に浸すより水浴の推奨、子供に無益な恐怖心を抱かせないためにクモのような醜い動物に慣れさせること、仮面を見ても怖がらなくなるようにさせること、感覚器官の鍛錬では特に触覚と視覚を重視すること、子供の泣き声についての考察、などが述べられます。理性が眠っているこの時期には（OCⅣ-344）、外部の事物を判断するには感覚に頼るしかありませんから、感覚器官の鍛錬はとても大切です。この問題は第二編の後半部で改めて詳しく論じられますが、ここで特に注目すべきは、自然の道にとどまるための四つの格率（行動指針）が示されることでしょう。

子供たちは余計な力を持っているどころか、自然の要求することをすべて満たすのに十分な力さえ持っていないのである。だから自然が子供に与えた力、しかも子供には乱用できそうもない力を、十分に使わせるようにしなければならない。これが第一の格率。身体的な必要に属する一切において、子供を助け、知性においても体力においても子供に不足しているものを補ってやらなければならない。これが第二の格率。子供を助けてやる場合、実際に役立つことだけに限定し、気まぐれ、すなわち理由のない欲望に対しては、何も認めてはならない。というのも気まぐれは自然から生まれるものではないのだから、人々が気まぐれを起こさせるのでなければ子供は気まぐれに悩まされることは少しもないだろうからである。これが第三の格率。注意して子供の言葉や仕草を研究しなければならない。そうすれば、感情を少しも偽り隠すことのできない年齢では、子供の欲望のうち直接に自然から来るものと人々の意見から来るものを見分けられるからである。これが第四の格率。以上の規則の精神は、子供により多くの真の自由を与え、より少ない支配力を与え、子供が自分でより多くのことを行い、他人にはより少なく要求するようにすることである。こうして、早くから欲望を自分の力の程度に制限することに慣れると、子供は自分の力の及ばないものにはほとんど欠乏感を持たないようになるだろう。(OCⅣ-290)

以上が、子供の身体と手足を自由にしておいてやるべき新たな、大きな理由となります。このうち特に第三と第四の格率が、第二編のとりわけ前半部で個人的なエピソードの具体的な紹介を通して詳細に説明されることになるでしょう。

第一編の結び

この後、離乳食について触れ、また言語の形成と子供の最初の言葉についての考察が展開されます。話すことの第一の掟《おきて》は自分の言うことを分からせることだから、抑揚をつけることの重要性が強調され、はっきりと発音することの大切さが説かれます。このように多岐にわたる内容のあと、「人生の最初の時期」を扱った第一編は次のように結ばれます。

子供の初期の様々な発達は、ほとんどすべて同時に行われる。子供は話すこと、食べること、歩くことをほぼ同時期に覚える。これこそまさに子供の人生の最初の時期である。それ以前は、子供が母親の胎内にあったのと少しも変わりがない。何の感情も観念も持たない。僅《わず》かに感覚があるだけだ。自己の存在さえも感じていないのである。（OCⅣ-298）

第二編　幼児期（一歳〜十二歳）

第二編全体の流れ

　第二編は言葉が喋《しゃべ》れるようになり、歩行もできるようになる一歳から、長じて十二歳くらいまでの、かなり長い期間の子供を対象としています。第一編の倍以上の分量がありますが、第一編同様、フランス語の原文には章分けも小見出しもまったくありません。しかも「序文」で著者が、『エミール』を読む読者は「教育についての妄想家の夢想」を読む気がするだろうと予告しているとおり（OCIV-242）、叙述があちこちに飛んでいるので、論理的な脈絡を追うのが楽ではありません。

　いずれにしてもこの時期（幼児期）の子供は乳児期の子供と同じく、まだ理性が発達する以前の感覚の段階にとどまっていますが、単なる情動的感覚の段階を経て徐々に表象的感覚が芽生えてきます。暑い・寒いなどの感覚の原因が外部にあることを認識し、感覚を通して外部の事物の存在を感じ始めるのです。そうは言ってもまだ感覚の段階にあるので、教育は前編と同じようにやはり身体を鍛え、五感を鍛錬することが中心となります。

第二編の前半部では、意志と力（あるいは欲望と能力）の関係によって自由と幸福を定義する独特の哲学がまずもって提示されます。教育の規則はすべてこの哲学に由来するとされ、特に子供が気まぐれを起こさないようにするにはどうしたらよいか、気まぐれを起こした時にはどう対処するかについての考察が、この哲学を根拠に展開されます。興味深いよく知られたエピソードがいくつか登場して、具体的に話が進められていきます。この編では「気まぐれ」（la fantaisie, le caprice）がキーワードになりますが、気まぐれとは、著者によれば自然の欲求を超えた欲望、不必要なあるいは自ら満たすことのできない欲望に由来するとされます。以上の考察を通して、教育こそ子供を真に自由で幸福にするものでなければならないという考えが明らかとなります。

後半部では（最後の三分の一くらいで）五感と各感覚器官について順次詳細な検討が加えられ、最後にいわゆる第六感（共通感覚）にまで言及して、第三編への橋渡しとしています。

個人の生活の始まり

人生の第二の時期（le second terme de la vie）を特徴づける二つの進歩の指摘から、第二編は始まります。ひとつは言葉を話し始めること（言語の習得）、もうひとつは歩き始めること（体力の増強）です。この二つの進歩によって、子供は以前ほど泣かなくなります。なぜなら子供が泣くのは、助けを求めるためだからです。泣いても何の役にも立たず何の得にもならないことを子供に教える必要があります。また体力の向上によってけがをしたり痛い目に遭ったりしても、それを耐えることを学ばせなければなりません。ひとりで解決し、ひとりで耐える——この時から、本当の意味で「個人の生活」が始まるのです。

〔言語の習得に加えて〕もうひとつの進歩のおかげで子供たちは以前ほど泣いて訴える必要がなくなる。それは体力の進歩〔発達〕だ。自分ひとりで前よりも多くのことができるので、他人に助けを求める必要もより少なくなる。体力と並んで知識も発達するので、その知識によって体力を正しく用いることができるようになる。固有の意味で個人の生活が始まるのは、この第二の段階においてである。この時、個人は自分を意識することになる。記憶が、同一性の感情（le sentiment de l'identité）を自分の実存のあらゆる瞬間の上に広げてくれる。彼は真にひとつの存在、同一の存在となり、したがってすでに幸福あるいは悲惨を感じることができる。だからここで彼を一個の精神的存在（un être moral）とみなし始めることが重要となる。（OCⅣ-301）

ルソーの時代には大人になる前に命を落とす危険は今と比較にならないほどでした。したがって不確実な未来のために現在を犠牲にするような教育であってはなりません。子供にできるだけ人生を楽しませ、子供を子供として扱わなければならないとルソーは言います。

人間よ、人間的であれ

人間よ、人間的であれ。それがあなた方の第一の義務なのだ。あらゆる身分の人、あらゆる年齢の人、およそ人間に無縁でないすべてのものに対して、人間的であれ。人間愛を離れて、あなた方にとってどんな知恵があるというのだろう。子供を愛するがよい。子供の遊びや楽しみや、愛すべき本能を応援してやるがよい。口元にはいつも笑みを浮かべ、魂はいつも穏やかなあの年頃を、時に名残り惜しく思い返さなかった者が、あなた方の中にいるだろうか。なぜあなた方は、この幼い無邪気な者たちから、たちまち過ぎ去るあまりにも束の間の楽しみと、彼らが乱用することもできないあまりにも貴重な幸せとを取り上げたいと思うのか。あなた方にとっては再び戻ってくることはあり得ない、子供たちにとっても二度と戻ってはこない、あんなにすぐ終わってしまう最初の数年を、なぜあなた方は苦々しいことや苦痛でいっぱいにしたいと思うのか。父親たちよ、死があなた方の子供たちを待ち受けている時を、あなた方は知っているのだろうか。自然が子供たちに与えているこのわずかの時を子供たちから奪うことによって、後悔の種を作るようなことをしてはならない。子供たちが存在する喜びを感じられるようになったらすぐに、それを楽しませてやるがよい。いつ何時、神が子供たちを呼んでも、人生を味わうことなく死ぬようなことのないようにしてやるがよい。……

空想を追い求めないようにするために、何が我々の境遇にふさわしいかを忘れないようにしよう。人間は事物の秩序の中にその地位を占めている。子供時代は人生の秩序の中にその地位を占めている。大人を大人において、子供を子供において、考察しなければならない。各人にその地位を指定し、そこに固定し、人間の情念を人間の成り立ち（la constitution de l'homme）に即して秩序づけることが、人間の安寧のために我々にできることのすべてだ。それ以外のことは、我々の力の及ばない外部の原因に依存している。（OCⅣ-302～303）

真の幸福への道

子供を自由で幸福な存在にするのが教育の目的であるとするなら、そもそも何をもって自由といい、幸福というのかが明らかになっていなければなりません。ルソーによれば人間の幸・不幸は相対的なものであり、しかも互いに相関的であると考えられているようです。彼はまず幸福を、我々の欲望と能力、意志と力の関係によって定義し、真の幸福への道を次のように提示します。

我々は、絶対的な幸福あるいは不幸がどんなものかを知らない。この人生では一切が混じり合っている。どんな純粋な感情も味わうことはないし、同じ状態には一瞬しかとどまることはない。我々の魂の情動は肉体の変化と同じように、たえざる流れの中にある。善と悪〔幸福と不幸〕は万人に共通であるが、ただその程度が違うのだ。最も幸福な人とは最も少ない苦しみに悩む人であり、最も悲惨な人とは最も少ない喜びを感じる人のことだ。いつも快楽に比べて苦痛の方が多い。この差は万人に共通のものだ。この世における人間の至福はしたがって消極的な状態にすぎない。至福はその人が悩む苦しみの最小量によって測られねばならない。

およそ苦痛の感情はすべて、それから免れたいという欲望と切り離すことができない。およそ快楽の観念もすべて、それを楽しみたいという欲望と切り離せない。およそ欲望はすべて、欠乏を前提としており、人々の感ずる欠乏はいずれも苦痛なものである。したがって、我々の欲望と能力との不均衡にこそ、我々の悲惨があるのである。

感性的な存在で、その能力と欲望が等しい存在は、絶対的に幸福な存在であろう。

それでは人間の知恵、すなわち真の幸福への道はどこにあるのだろうか。それはまさに我々の欲望を減らすことではない。というのも、欲望が我々の力以下であれば、我々の能力の一部は何もすることがなくなり、そうなると我々は我々の全存在を楽しむことにはならないだろうから。またそれは我々の能力を拡張することでもない。というのも、もし我々の欲望が同時にもっと大きな割合で拡張されれば、我々はそのためにもっと悲惨になるだけだからである。それはただ、能力に対する過度の欲望を減らすことであり、力と意志を完全に等しい状態に置くことである。そうなってこそ初めて、すべての力が活動しながら、しかも魂は穏やかなままにとどまり、人間は正しく秩序づけられている自分を見出《みいだ》すことだろう。（OCⅣ-303～304）

強いか弱いか、自由かそうでないか

このようにして、人間の幸福はルソーによれば欲望と能力（意志と力）の関係によって捉《とら》えられるのですが、人間が強いか弱いか、あるいは自由かそうでないかも、同じ考え方の延長線上にあります。そもそも人間は自己保存に必要な欲望とそれを満たすに足る能力だけを自然によって与えられていたのに、潜在的な能力が顕在化して諸能力のひとつである想像力が発達したせいで、余計な欲望を持つことになり、欲望と能力の均衡が崩れたのだ、と説明されます。


　すべてを申し分なく作る自然は、人間を最初このようにして作ったのだ。自然は人間に対して、直接的には自己保存に必要な欲望と、それを満足させるのに十分な能力だけを与えている。それ以外の能力はすべて必要に応じて発達させるために、予備として魂の奥底にしまっておいた。この原初の状態においてのみ、力と欲望の均衡が見出され、人間は不幸ではないのだ。潜在的な諸能力が活動し始めるや、すべての能力のうちで最も活動的な想像力が目覚めて、他の能力に先行することになる。想像力こそ、善においても悪においても、我々のために可能なことの限度を広げ、したがって様々な欲望を満足させるという期待によって欲望を掻《か》き立て、育てるのである。……

　反対に人間がその自然の境遇の近くにとどまっていればいるほど、能力と欲望の差は小さくなり、したがって幸福から遠ざかることも少なくなる。……

　人間は弱いものだと人々は言うが、それは何を言いたいのだろうか。この弱さという言葉はひとつの関係を、それが適用される存在のひとつの関係を、示している。力が欲求を超えるものは、たとえ昆虫でも虫けらでも、強い存在だ。欲求が力を超えるものは、たとえ象でも、ライオンでも、征服者でも、英雄でも、たとえ神であっても、弱い存在だ。……

すべての動物はちょうど自己保存に必要なだけの能力を持っている。人間だけが余分な能力を持っている。この余分なものが人間を悲惨にする道具だとは、まことに奇妙なことではないか。……

自分の意志を行う人だけが、それを行うために自分の腕の先に他人の腕を継ぎ足す必要のない人だ。その結果、あらゆる善のうちで第一の善は、権威ではなく、自由だということになる。真に自由な人間は自分にできることだけを望み、自分の気に入ったことをする。これが私の根本的な格率だ。問題はこれを子供に適用することだけである。そして教育のすべての規則はそこから生じてくるのだ。（OCⅣ-304〜309）

自由と幸福

以上のように人間の幸福、強さ、自由を欲望と能力の関係で定義した後、ルソーは自由が幸福の前提となることを次のように強調しています。

偏見と人間の制度が我々の自然の性向を変質させないうちは、子供の幸福も大人の幸福も自分の自由を行使することにある。けれども子供の自由はその弱さのために限られている。自己自身で充足しているなら、自分の欲することを行う人は誰でも幸福だ。それが自然状態に生きている人間の場合だ。欲求が力を超えているなら、自分の欲することを行う人は誰でも幸福ではない。それが同じ自然状態における子供の場合だ。子供はたとえ自然状態にあっても、社会状態にある大人たちが享受している自由に似た不完全な自由しか享受していない。我々は各人がもう他人なしでは済まされないから、その点では再び弱く惨めになっているのだ。我々は大人になるために作られていたのに、法律と社会が我々を子供の状態に突き落としたのである。（OCⅣ-310）

自己充足と自己保存

最後の引用箇所には自然状態・社会状態の二分法的表現が見られるなど、ルソーの第二論文『人間不平等起源論』、さらには政治哲学の著作『社会契約論』を前提とし、これに接続する問題を含んでいます。自然状態（l'état de nature）（厳密には、純粋な自然状態／le pur état de nature）とは、人間が政治社会（＝国家）を作る以前の仮説的・理論的状態を言います。ルソーの考える自然状態では、大人は自己自身で充足していて（他者を必要とせず自分ひとりで用が足りる状態にあって）、欲望と能力の均衡が取れていますが、子供は非充足の状態にある。ところが、人間の潜在的能力（ルソーはこれを自己完成能力／la perfectibilité=la faculté de se perfectionner と呼びます）が顕在化して社会状態（l'état civil）に移行すると、人間は大人も子供と同じ非充足の状態に陥り、欲望と能力の均衡が破れ、自然の自由を失い、悲惨になるのだ、と言っているのです。自然状態を規範として社会状態を批判する形を取るわけです。

自己保存（la conservation de soi）という言葉についても説明しておきましょう。ルソーによれば人間にとって自然な唯一の情念は自己愛（l'amour de soi）で、自己保存の配慮とも呼ばれます。ルソーの人間学における最重要概念のひとつです。

ややこしい話になりましたが、しかし今は、幸福と自由の観念がルソーにおいては一体のものとして捉えられている（その背後には自己充足という概念が存在する）、このことを確認するだけで満足しましょう。以上、第二編の最初の方で展開される幸福論を長々と紹介してきましたが、問題は、こうした欲望と能力の関係理論を踏まえて子供の自由と幸福を実現する教育をどのように展開できるかということです。以下、特に子供の気まぐれにどう対処するかを中心として、かなり具体的な手段をめぐって考察が続けられます。

気まぐれとは何か

次の引用は、社会状態への移行が人間を以前より弱い存在にし、それゆえ人間はより多くの欲望を持つことになったのだと、これまでの考えを総括しながら、最後に子供が起こす気まぐれとは何かを説明しています。

社会は人間から、人間が自分自身の力に対して持っていた権利を奪い取るだけでなく、とりわけその力を人間にとって不十分なものにすることによって、人間を一層弱いものにした。だからこそ人間の欲望はその弱さとともに増大するのであり、また大人に比べて子供が弱いのもそのためである。大人が強い存在であり、子供が弱い存在であるとすれば、それは大人が子供よりも絶対的な力をより多く持っているからではなく、大人が本来〔自然のままでは〕（naturellement）自己自身で充足できるからであり、子供にはそれができないからである。したがって大人は一層多くの力を持つに違いなく、子供は一層多くの気まぐれを起こすに違いない。この気まぐれという言葉を、私は真の欲求でないすべての欲望、他人の助けなしでは満足させることのできないすべての欲望の意味で使っている。（OCⅣ-309～310）

きっぱりと拒絶すること

気まぐれについては、第一編の最後に出てくる「自然の道」に留《とど》まるための四つの格率の中で触れられていたことを思い出しましょう（本書五十八〜五十九頁）。第二期（十二歳頃まで）の子供は知力も体力も劣りますから大人の助けを必要とすることは言うまでもありませんが、その際大切なことは本当に助けが必要な欲求と理由のない欲望（すなわち気まぐれ）をはっきり見分け、後者に由来する要求はきっぱりと拒絶することだと、ルソーは繰り返し力説しています。

子供があれこれとものを手に入れようとして泣く時には、どうしなければならないかはすでに述べた。ただひとつ、それに付け加えて言えば、子供が自分の欲しいものを口に出して要求できるようになるやいなや、またそれをより早く手に入れるために、あるいは断られても自分の要求を無理に通すために、涙に頼って要求するようになるやいなや、その要求は直ちにきっぱりと拒絶されなければならない。もしも子供が必要〔真の欲求〕から口をきいているなら、あなたはそれを知って、すぐに子供の要求することをしてやらなければならない。けれども涙に負けて何かを与えるのは子供にわざわざ涙を流させるようなものだし、子供にあなたの善意に疑いを持たせ、愛他心をそそるよりはむしろうるさく言った方があなたに対しては効果があると信じ込ませるようなものだ。もしも子供があなたのことを親切だと思わなければ、やがて子供は悪くなるだろう。子供があなたのことを弱い人間だと思えば、やがて子供は頑固に意志を通すようになるだろう。拒絶したくないことは、その素振りを見せたらすぐに、いつでも与えてやることが大切だ。拒絶を乱発してはいけないが、しかし拒絶したら、けっして取り消してはならない。……

子供を悲惨なものとする最も確実な方法は何かをあなたは知っているだろうか。これは子供をなんでも手に入れることに慣れさせることである。というのも、子供の欲望は容易に満足させられるために絶えず大きくなって、遅かれ早かれあなたでは力が及ばないようになり、やむを得ず拒絶しなければならなくなるからだ。そしてこんな拒絶に慣れていないために、子供は自分の欲しいものが手に入らないことよりも、一層大きな苦しみを感じるようになるからだ。最初子供はあなたが持っているステッキを欲しがるだろう。やがて時計を欲しがるだろう。次に飛んでいる鳥を欲しがり、星が輝くのを見れば欲しがり、目に見えるものは何でも欲しがるだろう。神でもない限りどうやって子供を満足させることができるだろう。（OCⅣ-312, 314）

よく規制された自由と必然の軛

それでは子供を導き教育するには、どういう方法・手段・道具を用いたらいいのでしょうか。ルソーはそれについても繰り返し述べています。ネガティブに言うと、通常教師が用いる方法はすべて退けられます。服従の義務を説くのも、理屈や道理で説得するのも、よくありません。言葉を用いて言い聞かせる、あるいは子供と議論するのは、避けるべきです。まだ理性の段階に達していないからです。

人間のあらゆる能力の中で、理性はいわば他のすべての能力の複合体に他ならず、発達が最も困難で最も遅いものである。ところがそれを他の能力の発達のために使おうというのだ！　よい教育の傑作とは、理性的な人間を作ることである。それなのに、理性によって子供を育てようというのだ！　これでは終わりから始めるに等しく、作品から道具を作ろうと望むようなものだ。子供に理性〔理屈〕がわかるなら、教育してもらう必要などないだろう。（OCⅣ-317）

叱ったり、罰したり、説教したり、禁止したり、勧告したりするのもいただけません。また、競争心、嫉妬《しっと》心、羨望《せんぼう》の念、虚栄心、貪欲《どんよく》、卑屈な心配といった、この上なく危険な情念に訴えることも避けなければなりません（OCⅣ-321）。

ではどうしたらよいのでしょうか。ポジティブに言えば、「よく規制された自由（la liberté bien réglée）」を唯一の手段として、必然の絆《きずな》（le lien de la nécessité）、事物の力（la force des choses）に訴えるのだとされます（OCⅣ-321）。必然の重い軛《くびき》（le pesant joug de la nécessité）が課せられていることを、ただ経験だけから子供に理解させる必要がある、と言うのです。

あなた方の生徒をその年齢にしたがって扱うがよい。まず生徒をその位置に置き、しっかりとそこにとどめおいて、もうそこから抜け出そうとはしないようにするのだ。そうすれば、知恵とは何かを知る前に、知恵の最も重要な教えを実行することになるだろう。けっして何も命令してはならない。どんなことでも絶対にいけない。あなた方が生徒に何らかの権威を持っていると思っていると、生徒に想像さえもさせてはならない。生徒はただ、自分は弱くてあなた方が強いということを知ってさえいればよいのだ。そして自分の状態とあなた方の状態から、生徒は必然的にあなた方の考え次第になるのだということを生徒にわからせるがよい。以上のことを生徒に知らせ、学ばせ、感じさせるがよい。昂然《こうぜん》と上げた生徒の頭上に、自然が人間に課す厳しい軛（le dur joug）のあることを、そしておよそすべての有限な存在がその前に膝《ひざ》を屈しなければならない必然の重い軛があることを、早くから感得させるがよい。またその必然を事物の中に見させるべきであって、けっして大人の気まぐれ［わがまま］（le caprice des hommes）の中に認めさせてはならない。……

人々はあらゆる手段を試みたが、ただひとつ試みないものがある。それはよく規制された自由という、まさしく成功可能な唯一の手段だ。可能なことと不可能なことについての法則だけに頼って子供を望むところに導くことができないなら、子供の教育に手を出してはならない。可能なことと不可能なことの範囲は、どちらも子供にはまだわからないのだから、人々はその範囲を子供の周りに思うままに広げたり狭めたりできる。ただ必然の絆だけによって子供を束縛したり、押し立てたり、抑制したりするので、子供は不平を漏らすことはない。また事物の力だけで子供を従順におとなしくするので、どんな悪徳も子供の中に芽を出す機会がない。というのも、情念は、何の効果もない限りけっして刺激されることはないからだ。（OCⅣ-320〜321）

事物への依存

このあたりの引用を理解するには、人間は必然の厳しい掟《おきて》に逆らってはならないという思想に加えて、依存には人間への依存と事物への依存の二種類あって、事物への依存は自然の自由を妨げることはなく、子供は事物への依存状態にとどめておくべきだという考えが前提としてある、ということを知っておく必要があるでしょう。少し前の方から二か所続けて引用します。

ああ、人間よ、君の実存を君の内部に閉じ込めよ。そうすれば君はもう悲惨ではなくなるだろう。自然が様々な存在の連鎖の中で君に指定した地位にとどまるのだ。そうすれば何ものも君をそこから立ち退かせることはできないだろう。必然の厳しい掟（la dure loi de la nécessité）にけっして逆らってはならない。まして、それに抵抗しようとして力を使い果たしてはならない。天が君に力を授けたのは、君の実存を拡大し延長するためではなくて、ただ単に、天の気に入るとおり、また天の気に入る限り、君の実存を保存するためなのだ。君の自由、君の能力は、君の自然の力の範囲内で発揮されるだけで、それ以上に及ぶものではない。それ以外のものはすべて、奴隷状態と幻想と幻惑にすぎない。……

……依存状態には二種類がある。すなわちひとつは事物への依存で、これは自然に基づいている。もうひとつは人間への依存で、これは社会に基づいている。事物への依存はいかなる道徳性もないのだから、自由を妨げることは少しもなく、悪徳を生み出すこともまったくない。人間への依存は無秩序なものだから、あらゆる悪徳を生み出す。そして主人と奴隷がお互いに相手を堕落させるのは、この依存関係のためなのだ。

……

子供をただ事物への依存状態にとどめておくがよい。そうすればあなたは子供の教育の進展において自然の秩序に従ったことになるだろう。子供の無分別な意志〔気まぐれのこと」に対しては、物理的な障害か、または行動そのものから生まれる罰だけを与えるのがよい。そうすれば子供は機会あるごとにそれを思い出すものだ。子供に悪いことをするのをやめさせたりせずに、それを妨げるだけで十分なのだ。経験、あるいは無力であることだけが、子供にとって法の代わりとなるべきだ。子供が求めるからといって、その欲望をけっして認めてはならない。必要な場合にこそ認めるべきだ。子供が何かする時に、服従とは何かということを知ってはならないし、子供のために何かしてやる時、子供は支配力とは何かということを知ってはならない。子供は自分の行動にもあなたの行動にも、同じように自由を感じなければいけない。子供に不足している力を補ってやる場合、子供が横柄な態度を取るためではなく、自由であるためにちょうど必要なだけにとどめるがよい。あなたの援助を一種の屈辱の気持ちで受け入れることによって、子供があなたの援助なしで済ませる時を、立派に自分で自分の用が足せるようになる時を、待ち望ませるようにするがよい。(OCⅣ-308, 311~312)

ある雪の日のエピソード

この最後の引用では、前に出てきた「よく規制された自由」が何を意味しているのかがわかるのではないでしょうか。子供の気まぐれに直面した時、子供を理屈や議論によって導くのではなく、現実を実際に経験させることによって教育し、人間への依存でなく事物への依存にとどめ、事物の力を感じ取り必然の軛に従うことを感得させる必要がある。しかしそのためには、できるだけ子供を自由なままにしておかなければならないのです。ルソーは自身の体験に基づくエピソードを『エミール』に織り込んで読者を魅了するすべを心得た作家で、後で紹介するデュパン夫人の息子シュノンソー君の面倒を見た時の苦労話もそのひとつですが、ここではある雪の日の短いエピソードを紹介しましょう。ルソー研究者（ジマック）が明らかにしたところによれば、一七六〇年一月二十日に、執筆中の部屋の窓から目撃した雪景色の光景をもとにした逸話だそうですが、苦しむ子供をほっておくのは子供を現実に不幸にすることだという読者からの想定される非難に応《こた》えて、ルソーはこう述べています。

そんなことはない。というのは、私が私の生徒に与える自由は、生徒に味わわせるわずかな不快さを十分に償っているからだ。私は腕白小僧たちが雪の上で遊んでいるのを眺めている。皮膚は紫色になり、凍えて、ほとんど指を動かすこともできない。自分から温まりに行こうと思えばできるのに、いっこうにそうしない。無理にそうさせれば、子供は寒さの厳しさを感じるよりも、束縛の厳しさを百倍も強く感じるだろう。だからあなた方は一体何が不服なのか。自分で承知して我慢しようとしている苦痛を味わわせているのにすぎないのに、あなた方の子供を私が悲惨にすることになるのだろうか。私は子供を自由なままにしてやることによって、現在の彼を幸せにしているのだ。また私は、子供が耐え忍ばなければならない苦しみに対抗する力を与えることによって、将来の彼の幸せを準備しているのだ。もしも彼が私の生徒になるか、あなた方の生徒になるかを選ぶことができるなら、ほんの一瞬でも彼がためらうとあなた方は思うだろうか。（OCⅣ-313）

コラム③モンモランシーのプチ・シャトーで『エミール』を執筆

デピネー夫人の招きで一七五六年四月以来暮らしていたパリ郊外のレルミタージュも、百科全書派の人たちとの不和から退去せざるを得なくなったルソーは、一七五七年暮れに近くのモン・ルイの家に移りました。改築のため短期間その家を離れたことがあります。一七五九年五月六日のこと、モンモランシーの城館の持ち主である名門貴族リュクサンブール元帥夫妻の招きで彼らの敷地の庭園内にあるプチ・シャトーに一時的に落ち着いたのです。同年七月末には、改築を終えたモン・ルイの家に戻ることになるのですが、固い友情で結ばれた元帥夫妻からプチ・シャトーの鍵《かぎ》を預かったルソーは、そこを自分の別荘のように自由に使って、『エミール』の執筆に励んだようです。『告白』第九巻に次のような回想があります。

私は、この離れた建物の中にある四つの完備されたアパルトマンのどれかひとつを選ぶようにと言われたのであった。その他階下には舞踏室、ビリヤード室、それに調理場があった。調理場の上にある一番小さく一番簡素なアパルトマンを私は選んだ。調理場も使うことができた。そのアパルトマンは魅力的な清潔さを保っており、そこに置かれている調度は白と青だった。この奥深い、快い孤独境にあって、森と水とのただ中で、あらゆる種類の鳥の歌声を聞きながら、オレンジの花の香りに包まれて、私は絶えることのない陶酔のうちに『エミール』の第五編を書き綴《つづ》ったのであるが、その十分に新鮮な色彩は、主としてそれを書いた場所の生き生きとした印象によるのである。

毎朝太陽の昇る時、私はどんなにいそいそと柱廊の上にある香りに満ちた空気を吸いに駆けつけたことだろう！　そこでテレーズ（ルソーの内縁の妻）と向かい合って、何というおいしいカフェ・オ・レを飲んだことだろう！　私の牝猫《めすねこ》と牡犬《おすいぬ》が仲間に加わった。これだけの付き添いがあれば、私の全生活にとって十分で、一瞬たりとも倦怠《けんたい》を覚えることはなかったろう。私はそこで地上の楽園にいたのだ。そこにいるのと同じだけの穢《けが》れのない生活をし、そこにいるのと同じ幸福を味わったのだ。（OCI-521）

消極的教育

ルソーは第二編の冒頭で一歳から十二歳までの人生の第二期を「個人の生活が始まる」時期と位置付けていましたが、それはまた「人間の生涯で最も危険な時期」でもある、とも言っています（OCⅣ-323）。なぜならこの時期は誤謬《ごびゅう》や悪徳が芽生えてくるにも拘《かか》わらず、魂が十分な能力を獲得する以前の子供には、それに対抗する手段がないからです。そこでルソーによれば、教育全体の最も偉大で最も重要で最も有益な規則は、「時を稼ぐことではなく、時をむだにすることだ」と逆説的な言い方をします。これはどういうことでしょうか。乳飲み子の時期から理性の時期に慌てて一挙に飛ぶのではなく、自然を信頼し、自然の歩みに従って、この時期には魂に何もさせないようにしろ、ということなのです（OCⅣ-323）。同じことをルソーは少し先でこうも述べています。「子供の教育とは、時を稼ぐために時をむだにすることを心得ていなければならない仕事なのだ」（OCⅣ-394）。

こうした考えは、次の言葉と響き合っているでしょう。「自然の働きに逆らうことになるといけないから、自然に代わってあなた方が手を出したりする前に、長い間、自然の働くままに任せておくがよい。……子供時代は理性の眠りの時期だということを考えるがよい」（OCⅣ-343～344）。

「時をむだにしろ」という発想から、ルソーの教育論を特徴づけるテーゼ「消極的教育」

（l'éducation négative）が出てきます。この考え方は第一編冒頭で説明した「人間の本源的善性」の思想の論理的帰結と言ってよいでしょう。人間が生まれながらにして善なる存在であるなら、教育の役割はそこに何かを付け加えることではなく、悪徳が外部から侵入するのを妨げることにあるのは、理の当然だからです。著者はこの「時をむだにしろ」と勧める引用箇所に続けて、消極的教育を次のように説明しています。

だから最初の教育は純粋に消極的なものでなければならない。その教育は、美徳や真理を教えることではなく、悪徳から心を、誤謬から精神を守ってやることにある。もしあなた方が何もすることができず、また何もさせることができないなら、もしあなた方が生徒を十二歳まで健康でたくましい体にして導くことができるなら、たとえ生徒が自分の右手と左手を区別できなくとも、最初の授業から生徒の悟性の眼は理性に向かって開かれることだろう。そして偏見も習慣も身に付けていないのだから、生徒の中にはあなた方の世話の効果を妨げるものは何ひとつないだろう。やがて生徒はあなた方に導かれてこの上なく賢い人間になるだろう。そして何もしないことから始めて、あなた方は素晴らしい教育を行ったことになるだろう。（OCⅣ-323〜324）

『エミール』を断罪したパリ大司教クリストフ・ド・ボーモンに反論した『ボーモンへの

手紙』でも、ルソーは消極的教育こそ、最良の教育、または唯一の良い教育であることを力説しています。人間は自己の外部の何かがその本性を変質させない限り善良なままでいるはずであり、またもし人間が邪悪な存在であるとすれば、その邪悪さは外から来たものだ。したがって悪徳に対して門戸を閉ざすことが教育の最大の目的となり、消極的教育こそ最良の教育、あるいは唯一の良い教育なのだ、と（OCIV-945）。これに続けて、積極的な教育と消極的な教育の具体的な内容を、次のように説明します。

しかるべき年齢に達する以前に精神を形成し、人間の義務に関する認識を子供に与えようとする教育を、私は積極的教育と呼びます。我々に知識を与える前に、そうした知識の道具である諸器官を完成させ、諸感覚の訓練によって理性を準備するような教育を、私は消極的教育と呼びます。消極的教育は無為ではありません。むしろ反対です。この教育は美徳を与えはしませんが、悪徳を予防します。真理を教えませんが、誤謬から守ってくれます。この教育は子供が真実を理解できるようになった時に子供を真実に導き、また子供が善を愛することができるようになった時に子供を善に導くことができるあらゆるものに、子供をなじませておくのです。（同）

デュパン夫人の子供を預かったエピソード

子供の気まぐれ（la fantaisie, le caprice）にいかに対処すべきかという主題のまとめとして、若い頃ルソーがパリでデュパン夫人の子供を預かったエピソードが登場します（OCⅣ-364～369）。美しいデュパン夫人は徴税請負人（旧体制下の平民階級の最上層ブルジョワ）の妻で、当時のパリ社交界の花形でした。ルソーは御多分に洩《も》れずこの女性に恋をしていました。一七四三年五月頃のことですが（シュノンソー少年十六歳、ルソー三十歳）、『告白』第七巻でルソー自身こう回想しています。「……思いがけない気まぐれで、デュパン夫人が、一週間か十日ほど、息子の監督に来てほしいと言ってきた。この息子は、家庭教師が代わって、この間だけひとりになるというのだ。この一週間は、デュパン夫人の言いつけに従うという楽しみによってやっと耐えられたものの、まるで責め苦のような思いで過ごした」（OCⅠ-292～293）。『エミール』での書き出しは次のようです。「私はある子供の世話を何週間か引き受けたことがあった。その子供はいつも自分の思ったとおりにするだけでなく、自分の思ったことを誰にでもさせる癖がある。したがって気まぐればかり起こしている子供であった」（OCⅣ-364）。

話はお芝居のように（あるいはゲームのように）進行します。第一日、場所は少年の寝室。少年は家庭教師代理となった私が自分の言いなりになるかどうか確かめようと、真夜中に起き出し、ぐっすり眠っている私を呼び起こす。私は起き上がって灯《あか》りをつける。少年は満足して寝てしまう。二日後、同じ寝室。少年は同じことをする。私は落ち着いて、「そういうことをするのは、もうおやめなさい」と言う。その翌日。また同じ寝室。少年は再度同じことをし、眠れないのだと訴える。灯りをつけてほしいと頼まれるが、私はじっとしたままベッドから動かない。少年は自分でやろうとするが、火打石をうまく扱えない。私が知らん顔を決め込むと、部屋の中を走り回って大声をたてたり、家具にわざとぶつかったり。私の忍耐心を試そうと、大騒ぎをやめないので、私は何も言わずに起き上がり、灯りをつけ、少年を隣の小部屋に閉じ込めて、真っ暗な中を朝までほっておく。翌朝、少年が長椅子の上でぐっすり眠っているのを発見して一安心。

ここで母親（デュパン夫人）が舞台に登場。前夜の出来事を知った母親は心配して医者を呼ぶ。子供はいい仕返しの機会と思って、病気の振りをするが、医者はおどけ者で、私に任せてほしい、病気の振りをする子供の気まぐれをすぐに直してあげましょう、と私に言う。食養生と安静を指示し、薬を処方する。私は母親から手厳しく非難され、少年はデュパン家の唯一の相続人なのだから、何でも子供の言うとおりにしてほしいと申し渡されるが、私は冷ややかな態度で応じる。それまで少年は小さな暴君として、家庭教師をさんざん悩ましてきたことがわかる。教師が一番忙しい時をわざわざ選んで外出しようとする。すると教師は、子供のあとについていかねばならない。夜の仕返しを昼間しようと決心した少年は、私に対しても同じような強制を試み、私も最初は言いつけに従ったが、そのうちやり方を変えることにして、一策を講じた。

初めに、家の中で楽しい遊びに夢中にさせる。それを見計らって、一回り散歩をしようと提案するが、案の定少年は受け入れない。翌日、今度は少年をわざと退屈させておく。私はわざと忙しそうにする。思ったとおり少年は散歩に連れて行ってほしいと言い出す。私が断ると、「では僕はひとりで外出します」と言う。「お好きなように」と言って、好きなようにさせておく。少年は服を着替え、私に挨拶《あいさつ》するが、私はそっけなく「行ってらっしゃい」というだけで、取り合わない。ついてくるように言った従僕も、前もって私が言い含めてあったので、お供を断る。自分がひとりで外出させられることなど経験したことのなかった少年は、自分の弱さを感じて不安になるが、強情に支えられて出かけていく。以下、万事あらかじめ準備されていたとおりに進行する。父親デュパン氏の同意も得ていた。それは「公開の芝居のようなものだった」（OCⅣ-367）。五、六歩も行かないうちに近所のおばさんたちが若様のひとり散歩を見て聞こえよがしに陰口をたたき、同じ年くらいの腕白小僧からもからかわれたり馬鹿にされたりする。自分がみんなのなぶりものになり、立派な服も人々の尊敬をかきたてないのを知った少年は驚愕《きょうがく》する。次に私の友人が登場。見事な役者ぶりで少年の軽はずみな行動がどんなに無分別なものかを少年にわからせ、きまりが悪くて顔を上げることもできなくなった少年を家に連れ帰る。芝居の総仕上げに父親が登場。外出のため家から出てきた父親とばったり出くわした少年は、なぜ私と一緒にいないのか、どこに行っていたのかを父親に説明しなければならなくなり、穴があれば入りたいような気持ちになる。父親のとどめの言葉。ひとりで外出したいなら好きなようにすればいい、ただし私はならず者を家には置きたくないので、そうしたいなら、もう戻って来なくていい。翌日、少年は前日ひとりで歩いている少年を見て馬鹿にした人たちの前を、私と一緒に意気揚々と歩いたものだった。以上のエピソードのまとめとして、ルソーはいささか得意げに次のように述べています。

こういう方法やそのほか似たような方法によって、この子と過ごしたほんの僅《わず》かの間に、私は何ひとつ命令しないで、なにひとつ禁止しないで、お説教もしないで、何かを勧めもしないで、無益な教訓を並べて退屈がらせもしないで、自分の望んだとおりのことをさせることに成功した。だから私が話している間は、彼は満足していた。しかし私が黙っていると、彼は心配になった。何か具合の悪いことがあるのが彼には分かっていたのだ。そしていつも教訓は、事物そのものからやって来たのである。
(OCⅣ-368〜369)

行為の道徳性についての観念を与える試み

すでに説明したとおり（本書二十九頁の表を参照）、第二編が扱う一歳から十二歳までの幼児期は、人間の成長についてのルソーの分類では、「理性の眠りの時期」（OCIV-344）である「子供時代」の第二期に相当します。感覚の段階の二番目の段階で、表象的感覚が芽生える時期ですが、次の少年期（第三編、十二歳から十五歳）から理性の段階に移行するための、準備期間でもあります。理性の時期の到来以前のこうした段階では、「人は道徳的存在や社会的関係についてのいかなる観念も持つことはできないだろう」とルソーは言います（OCIV-316）。「善と悪を知り、人間の様々な義務の理由を感じ取ることは、子供にできることではない」とも述べています（OCIV-318）。あるいはまた、子供の行為には どんな道徳性も欠如しているのだから、道徳的に悪いことは何もできない、とも主張します（OCIV-321）。こうした主張の背後には、映像と観念の違いという考え方が存在していると思われます。「理性の時期以前には、子供は観念（des idées）ではなく映像（des images）を受け取る。そして両者の間には、映像が感覚的な対象の絶対的な画像であり、他方観念は、様々な関係によって規定された対象の概念であるという違いがある」（OCIV-344）。要するに、対象についての概念に他ならない観念、とりわけ複雑な観念は、まだこの時期の子供は持つことができない、と言っているわけでしょう。

ところがまったくそうでもない。著者は突然、次のように宣言します。「社会の内部にあっては、十二歳になるまで子供に人間対人間の関係や人間の行為の道徳性についての何らかの観念を与えることなく、子供を育てることは不可能だと私は考える」（OCⅣ-329）。ただし、それらの必要な観念は、できるだけ遅く与えるように、また現在の効用・有用性（l'utilité présente）を考慮に入れる限りで与えるように、そして子供の資質によって与える時期を早めたり遅くしたりするように、と注文を付けています。思うに第二期の子供と言っても一歳から十二歳頃までのかなり長い期間を指しており、ここでは第三期に移行する直前のエミールを念頭に述べていると考えたらよいでしょうし、また、「子供があらゆるものの主人だと考えたり、それと知らずに平然と他人に害を加えたりしないようにするため」（同）という、はっきりした理由があるからだとも思われます。こうして著者は、所有の観念と、約束の誓いの神聖さ（約束を守る義務）について、具体的な実例を提示して説明することになります。『エミール』の中でも最もよく知られたそら豆のエピソードと、窓を割る子供のエピソードが相次いで登場します。

そら豆のエピソード

なぜ所有の観念を最初に与える必要があるのでしょうか。ルソーの説明を少し補足しながら（補足部分は括弧《かっこ》でくくります）紹介すると次のようになります。我々の第一の義務は自己に対する義務である。我々の原初の感情は我々自身に集中する。我々の自然の動きは我々の自己保存と安寧に関係する。したがって最初の正義の感情は、我々が他者に対してなすべき正義からではなく、我々に対してなされるべき正義から生まれる。それゆえ子供には、通常なされているのとは逆に、義務ではなく、自分の権利について話してやるべきである。ところで子供は人間にぶつかるのでなく、物にぶつかる。（人間を大切にすることは経験によって自然に学べるが、）物は自分で身を守ったりしない。したがって、子供に与えねばならない最初の観念は、自由の観念よりもむしろ所有の観念ということになる（なぜなら、所有の観念があれば、自分の物を大切に扱うからだ）。ところで、所有の観念を持つことができるためには、自分で何かを所有してみなければならない（そこで、エミールに所有の経験をさせてみることにしよう）（以上、OCⅣ-329〜330）。こうした前置きのあとで、所有の原理を説明する実例の紹介に入ります。問題は所有の起源に遡《さかのぼ》ることです。

ところで、そら豆のエピソードは前に紹介した気まぐれを起こすシュノンソー少年のエピソードのように、ルソーが庭師ロベールと予《あらかじ》め企《たくら》んで仕掛けたものでしょうか。どうもそうではないようです。エミールが自分から思い立ってそら豆を育てることになるらしい。ルソーの説明はこうです。エミールは田舎で暮らしているから田園の仕事（畑仕事）についてすでに何らかの観念を持っているだろう。庭園を耕し、種を播《ま》き、野菜が芽を出して成長するのを一度でも見れば、自分でもやってみたくなるはずだ。そこで教導者である「私」はそれを奨励し、一緒に働き、作男の役割を引き受けてエミールのために土地を耕すことにする。エミールはそこにそら豆を植えて、その土地を占有することになる（OCIV-330)。あくまで、「私」はエミールがしたいことを手助けする形を装っています。事態がどう進展するのか、見てみましょう。エミールと「私」と庭師ロベールによる三人芝居の趣きです。

場面は畑。「私」とエミールは毎日そら豆に水をやりに来る。そら豆が大きくなるのを見て、生徒は嬉《うれ》しくてたまらない。「私」はエミールに、「これはあなたのものです（cela vous appartient)」と言って彼の喜びをさらに大きくしてやりながら、「あなたのもの(appartenir)」という言葉の意味を次のように説明し、所有の観念が労働に根拠を持つことをわからせます。「私は彼に、彼がそこに自分の時間と労働と労苦を、つまりは自分自身を注ぎ込んだのだということを、そしてこの土地には自分自身に属する何かがあって、それを誰に対しても主張できるのだということを、感じ取らせる」（OCIV-331)。ところがある日思いがけない事件が勃発《ぼっぱつ》してエミールを悲嘆のどん底に突き落とすのです。ルソーの説明をそのまま引用してみます。

ある日彼は如雨露《じょうろ》を手にしていそいそとやって来る。ああ、何という光景だろう！

何という痛ましいことか！　そら豆はみんな引き抜かれ、畑は一面掘り返され、その場所さえ見分けがつかなくなっている。ああ、私の労働、私の仕事、私の世話と汗の甘美な果実は、どうなってしまったのか。誰が私の財産を奪ったのか。誰が私のそら豆を取ってしまったのか。幼い心は憤慨する。不正に対する最初の感情が、そこに悲しく苦い思いを注ぎにやって来る。涙がとめどなく流れてくる。悲嘆に暮れた子供は呻《うめ》き声と泣き声であたりを満たす。私は彼の苦痛と憤りに同情する。色々調べ、事情を聞き、追求する。とうとう、庭師の仕業だということがわかる。庭師をその場に来させる。（OCⅣ-331）

ここから先は「私」（ジャン＝ジャック）とエミールと庭師ロベールの三人の会話です。舞台は相変わらず畑。ロベールの登場で意外な事実が判明します。エミールと「私」の苦情を聞いたロベールの言い分はこうです。むしろあなた方こそ私の仕事を台無しにしたのです。貴重なマルタ種のメロンを植えておいたのに、すっかり芽を出していたメロンが無《む》茶苦茶《ちゃくちゃ》にされた。取り返しのつかない損害だ、と。ロベールの労働の成果をすっかり駄目にしたことを知ったジャン＝ジャックは気の毒なロベールに許しを請い、改めてマルタ種を取り寄せ、今後は誰かが手を付けていないか確かめてから畑を耕すと弁明すると、ロベールの言うには、皆さんがご覧になっている土地はもうずっと前から空いてなんかいないんですよ、私は親父が手を加えた土地を耕しているんでね。そこでエミールが、ではメロンが駄目にされることはよくあるのかと尋ねると、ロベール、隣人の畑に手を出す人なんていませんよ、誰だって他人の仕事を尊重するものだよ。だけど僕には畑が少しもないんです（Mais moi, je n'ai point de jardin.）と畳みかけるエミールに、そんなこと、私にはどうでもいいことだよ。最後にジャン＝ジャックが、収穫の半分を差し上げるから畑の片隅を耕すのを許してほしいと提案し、無条件で許すと述べるロベールの言葉で、幕となります。最後に著者はこうまとめています。「子供たちに初歩的な概念を飲み込ませる方法のこうした試みにおいてわかるのは、所有の観念がどのようにして、最初に占有した者の権利にまでおのずと遡るかということだ」（以上、OCIV-331〜333）。

誰にも害を与えないこと

このそら豆のエピソードで、それと知らずに他人の権利を侵害してしまうことになったエミールは、三つのことを感じ取ったことでしょう。（一）所有権は労働に根拠を持つこと（この考えそれ自体は英国の哲学者ジョン・ロックに由来します）、（二）所有の観念は労働による最初の占有者の権利に遡ること（最初の占有者の権利の尊重）、さらに、これはここではルソー自身が明示的には述べていないことですが、（三）地球上の土地は有限だから、誰かに所有の権利をひとたび認めれば、必然的に土地を持てる人と持てない人が生ずること、です。この（三）の考え方は、同じルソーの第二論文『人間不平等起源論』や『戦争法の諸原理』といった著作にも通じる思想で、土地にありつけない人のことをルソーは第二論文第二部で「定員外の人（les surnuméraires）」と呼んでいます（OCⅢ-175）。政治社会の起源は土地の私的所有にあり、政治社会は必然的に「定員外の人」を生み出すのです。「だけど僕には畑が少しもないんです」というエミールの訴えは、「定員外の人」の意識せざる自己確認の言葉だったということになるでしょう。

いずれにしてもそら豆のエピソードで重要な点は、こうした教訓ができるだけ遅く子供に与えられるべきだということです。必要と子供の資質に応じて、それも特に、意図しないで他人に迷惑をかけるのを防ぐという目的をもって与えられる必要があることを、ルソーは繰り返し強調しています。少し先の次の言葉にも注意しましょう。「子供にふさわしい唯一の道徳上の教訓で、またどんな年齢の人にとっても最も重要な教訓は、けっして誰にも何の害も与えない（ne jamais faire de mal à personne）ということだ」（OCⅣ-340）。『エミール』を読む楽しみのひとつは、そら豆のエピソードのような物語におけるルソーの巧みな語り口にある、と言ってもよいかも知れません。

窓を割る子供のエピソード

人の物を取ってはいけないという教訓を導く所有の観念をめぐる実例に続いて、人間の行為の道徳性についての観念を与えるもうひとつのエピソードが出てきます。約束は守らねばならないという教訓を導く、約束の神聖さの観念を感得させる実例です。

あなたの気難しい子供が何でも手当たり次第ぶち壊すとします。腹を立ててはいけません。ぶち壊す可能性のあるものを、子供の手の届かないところに置けばいい。子供が自分の家具をぶち壊すとします。すぐ代わりの物を与えてはいけない。それがなくなったために生じる損害を子供に感じさせることです。子供が部屋の窓をぶち壊すとします。昼間でも夜でも風の吹き込むままにしておくがいい。子供自身に困った状態を感じ取らせるがいい。そのあとで、文句は言わずに、ガラスを入れ替えさせればよい。それをまた子供が壊したら、さあ、どうしたらいいでしょうか。

その時はやり方を変えるのです。そっけなく、しかし怒ったりしないで、こう言う。「窓ガラスは私のものです。私が手間をかけて入れ替えさせたものです。私はそれを守ってやりたい」そうして、子供を窓のない薄暗い場所に閉じ込めてしまう。子供の反応は？ まず泣き叫び、暴れまわる。誰も耳を貸さない。次に嘆息したり、呻いたり。召使が現れます。子供は出してほしいと頼むが断られる。「私にも割られたくないガラスがありますので」何時間も閉じ込められて子供がうんざりしてきた頃を見計らって、もうガラスを壊さないから自由を返してほしいとあなたに申し出るようにと、誰かが子供に勧めます。願ってもないことなので、子供はあなたに会いに来てほしいと頼んでくる。あなたは会いに行き、子供の申し出を即座に承諾し、こう言ってやる。「それは実にいい考えです。私たちは二人とも得をすることになるでしょう。なぜそんないい考えをもっと早く思いつかなかったんですか」こうして喜んで子供を抱擁し、直ちに部屋に連れ帰り、この取り決めを神聖で犯すべからざるものとみなす。子供との一連のやり取りを説明したあと、ルソーはこう結んでいます。「こうしたやり方をすれば、子供は約束の誓約とその効用についてどんな観念を持つようになると、あなたは考えるだろうか。すでに堕落してでもいない限り、こういう扱いの試練を経ても、そのあとでわざと窓ガラスを壊そうと思いつくような子供がこの世にたったひとりでもいるとしたら、私は思い違いをしているのだ」（以上、OCⅣ−333〜334）。

有用性だけでは不十分？

この説明でルソーは、子供が約束を守る保証について、約束を守る義務を順守するのは、効用の認識にあると考えているようです。つまり、約束を守った方が自分にとって得だと悟るからだとしているのですが、しかしそれだけでは心配になったと見えて、このエピソードの最後に註《ちゅう》をつけ、仮に効用の認識（約束を守ることが自分の役に立つという認識）が約束を守らねばならないという義務を確かなものとしなくとも、やがて芽生える内面の感情が良心の掟として、また生得的な原理として、その義務を子供に課すはずだ、と説明を変えています（OCⅣ-334の脚註）。良心とは、善悪を判断する生得的な原理で、人間なら誰でも生まれながらに心の奥底に備わっているものとされています。第一論文『学問芸術論』以来、ルソーの人間学の最重要概念のひとつですが、この良心については、第四編の「サヴォワの助任司祭の信仰告白」であらためて詳細に論じられるでしょう。

若い教師たちへ

以上に紹介した、道徳的観念を子供に与える試みについての二つのエピソードは、ルソーが推奨する教育手段・方法に即したものであったことを、最後に確認しておきましょう。いずれも理屈や言葉で教えるのではなく、「経験を通して」（しばしば自分に不利益をもたらす辛《つら》い経験を通して）教えること、そして教訓は「事物そのものからやって来る」ようにすべきことを、具体的な事例を示すことによってわかり易く諭しているのです。そら豆のエピソードの最後に、ルソーは若い教師たち（jeunes maîtres）に向かって次のように訴えています。

若い教師たちよ、どうかこの実例を考えていただきたい。そして何事につけても、あなた方の教訓は言葉でよりも、行為で与えられなければならないことを、覚えておいていただきたい。というのも、子供たちは自分の言ったことや人から言われたことは容易に忘れてしまうものだが、自分がしたことや人からされたことは忘れないものだからだ。（OCⅣ-333）

嘘をついても罰してはいけない

こうして子供は道徳的世界（le monde moral）の入り口に立つことになるわけですが、これに続けてルソーは、嘘論とも言うべき議論を展開しています。子供がよくないことをしても、けっして罰を罰として加えてはならない、罰はいつも自分の悪い行動の自然の結果（une suite naturelle）として与えられねばならない、嘘をついた場合も同じだ。

だからあなた方は口やかましく嘘を非難してはいけないし、また嘘をついたからといってそのために子供を罰してはいけない。そうではなく、子供たちが嘘をついた時には、嘘のあらゆる結果、例えば真実を言っても少しも信じてもらえないとか、悪いことをやってもいないのに、いくら弁解しても非難されるとかいうようなことを、子供たちの頭上に降りかかからせるようにするがよい。（OCⅣ-335）

ルソーによれば嘘には二種類あります。（一）過去についての事実の嘘（したことをしなかったと言う、など）と、（二）未来にかかわる当為（まさになすべきこと）の嘘（守るつもりのない約束をする、など）です。どちらも子供にとっては自然なものではない。（一）は子供に服従を強いる時に起こる、何故なら子供は差し迫った利害（l'intérêt présent）しか頭にないから。また（二）については、する・しないの約束は契約行為に当たるが、子供の約束はそれ自体無効だ、なぜなら子供の視野は現在より先には広がらないから。以上の結果として、「子供の嘘はすべて教師の仕業ということになる」（OCⅣ-336）。

この嘘論それ自体も興味深いものですが、ここでは嘘をつくことがルソーの強迫観念になっていたことを指摘しておきましょう。『エミール』のこの箇所では個人的な体験についてはまったく言及されていませんが、一七二八年、十六歳のジャン＝ジャックが、トリノのヴェルセリス伯爵夫人宅に従僕として仕えていた時のこと、自分が盗んだリボンを若い料理女マリオンのせいにした「リボン事件」は『告白』第二巻に詳しく述べられています（OCⅠ-84〜87）。この残酷な思い出は今も時々私を苦しめる、この事件が『告白』執筆を決心させた大きな力となった、とルソーは書いています。この経験はよほど大きなトラウマとなったらしく、最晩年の『孤独な散歩者の夢想』でも、「第四の散歩」がそっくりそのまま嘘についての考察に捧《ささ》げられていることに注意しましょう。

勉強は第二期の教育にとって無用

身体の鍛錬、とりわけ感覚の鍛錬に話が移る前に、ルソーはいわゆる勉強についてかなりの頁を割いています。結論から言えば、通常世間で子供に課している勉強――幾何学、紋章学、地理学、年代学、語学、歴史学――はこの第二期の子供には有害・無益とされ、エミールには全廃されます。語学の勉強も、ラ・フォンテーヌの『寓話《ぐうわ》』を暗記することも、退けられます。なぜ勉強は教育にとって無用なもの（des inutilités de l'éducation）（OCIV-346）とされるのでしょうか。それには、やはり「子供時代は理性の眠りの時期である」（OCIV-344）という認識が前提となっているでしょう。ルソーの論理をまとめると、次のようになります。

子供には判断力（le jugement）がない、したがって本当の記憶（la mémoire）はない。子供は音や形や感覚は捉えるが、観念を捉えることはまれで、その関係を捉えることはさらにまれだ。子供の知識は感覚的なものに限られる、推論（le raisonnement）もはっきりした現在の利害（l'intérêt présent et sensible）に限られる、子供には観念を持つ能力もなければ観念を比較する能力もない。以上が立論の前提となります（以上、OCⅣ-344〜346）。ところで、「どんな勉強においても、表現される事物の観念がなければ、それを表現する記号には何の意味もない」（OCⅣ-347）にもかかわらず、人々は子供にこの記号（すなわち、文字・言葉）だけを教えて、それが表現する事物を教えることはできていない。したがって、結論を言えば、子供に単に知識を詰め込むだけの勉強は子供の判断力を育てない、それどころか、駄目にする、ということになります。

言葉だけの学問などないのだとすれば、子供たちにふさわしい勉強などあるはずがない。子供に真の観念がないのだとしたら、真の記憶もないはずだ。というのも、感覚しかとどめていないものを私は記憶とは呼ばないからだ。子供たちにとって何も表していない記号のカタログを子供たちの頭に刻み付けたとしても、何の役に立つだろうか。事物を学べば、子供たちは記号も学ぶのではないか。なぜ、二度も学ぶむだな骨折りをさせるのか。しかも人は、子供たちにとって何の意味もない言葉を学問ととり違えさせることによって、何という危険な偏見を子供たちの頭に植え付けようとするのだろうか。子供が言葉だけ覚えて満足するようになると、そしてまた、自分ではそれが役に立つかどうかもわからないまま、他人の言葉に基づいて事物を学ぶように

なると、たちまち子供の判断力は失われてしまう。（OCⅣ-350）

ラ・フォンテーヌの『寓話』批判から読書無用論へ

以上の議論の延長線上に『寓話』批判が登場します。擬人化した動物を主人公にした物語によって道徳的な教訓や風刺を表現する寓話は、大人を教えることはできても子供には役に立たない、むしろ嘘に騙《だま》されて子供は真実を見損ない、悪徳へと導かれる、と筆鋒《ひっぽう》鋭く論難されています。「烏《からす》と狐」などいくつかの話を具体例としてやり玉にあげながらかなり長く論じていますが（OCⅣ-351〜357）、つまるところこの批判は、第二期の子供にとって読書の強制は必要なし、という論点に導くためのものでしょう。エミールは『寓話』の暗唱はおろか、書物そのものを取り上げられるのです。

こうして子供たちの課題をすべて取り除くことによって、私は子供たちの最大の悲惨の道具、すなわち書物を取り上げる。読書は子供時代の最大の災禍であるが、しかも人々が子供に与えることのできるほとんどただひとつの仕事になっている。十二歳のエミールは、書物とはどういうものかほとんど知らないだろう。（OCⅣ-357）

書物がこの年代の子供にとって災禍であることは、第二編の末尾でも再度強調されています。遊んでいた子供が、勉強の時間になると先生に勉強部屋に連れて行かれる情景の描写を見てみましょう。

時計が鳴る。何という変わり方！　たちまち彼の目は曇り、快活さは消えてしまう。喜びよ、さらば。無邪気な遊びよ、さらば。いかめしい、怒ったような顔をした男が彼の手を取って、おごそかに「さあ、坊ちゃん」と言い、彼を連れて行く。二人が入って行く部屋には書物がちらと見える。書物！　彼の年頃には何という憂鬱《ゆううつ》な装飾だろう。可哀そうに子供は引っ張られていく。自分の周りにあるすべてのものに恨めし気な眼差《まなざ》しを注ぎ、無言のまま去って行く。眼には涙がいっぱい溜《た》まっているのに、流すこともできず、胸はため息でいっぱいなのに、それを漏らすこともできずに。（OCⅣ-419）

エミールは本を読めるようになるのか？

では、読書が災禍なら、エミールは本を読まなくてよいのでしょうか。あるいは、いずれは読むことになるとしても、エミールは一体読み書きをいつ、どうやって学ぶのでしょうか。「私」はエミールが十歳になる前に読み書きが完全にできるようになることをほとんど確信している、と言います。はて、どんな魔法を使って？　学びたいという気持ち（le désir d'apprendre）を起こさせること、それには差し迫った利害（l'intérêt présent）、現実の差し迫った利点（l'avantage actuel et présent）を意識させることが有効だと言うのです。「差し迫った利害、これこそ大きな原動力、確実に遠くまで到達させる唯一の原動力だ」（OCⅣ-358）。たとえば、エミールは時々両親や親類や友人から夕食、散歩、舟遊び、お祭り見物などへの招待状を受け取る、しかし誰かに読んでもらわないと内容がわからない、「ああ、自分で読むことができたら！」（同）と思わずにはいられない。そこで、なんとか判読しようと一生懸命努力する……これこそ「私」の教育法の神髄なのです。

私はただ次の一言を付け加えておきたい。これは大切な格率となるものだ。それは、ふつう、急いで手に入れようとしないものはきわめて確実に、またきわめて速やかに、手に入るということだ。私は、エミールが十歳になる前に読み書きが完全にできるようになることはほとんど確実だと思っている。それはまさに、彼が十五歳になるまでは読み書きができなくとも、私にとってはどうでもいいことだからだ。（OCⅣ-358）

こんなわけで、エミールにとって真の勉強の時期は、第三期（十二歳から十五歳）を迎えてからのことになるでしょう。

なぜ身体と感覚を鍛えるのか?

身体と感覚の鍛錬の必要について、ルソーはどう説明しているのでしょうか。一言でいえば、身体が精神の、力(体力)が知性の、そして感覚的理性が知的理性の、必要不可欠な前提となるからです。

もしあなた方が、私の描き始めたプラン通りに、既成の規則とは正反対の規則に従うならば、またもしあなた方の生徒の精神を遠い所に向けさせないで、たえず別の土地、別の風土、別の時代に、大地の果て、さらには天国にまで、さまよわせるようなことはしないで、生徒の精神をいつも彼自身の内にとどめ、直接自分の身に触れるものに注意を向けさせるように努めるならば、やがては子供が知覚、記憶、さらに推論の能力さえも備えているのを、あなた方は見出すことになるだろう。それが自然の秩序〔順序〕なのだ。感覚する存在が活動的になるにしたがって、彼は自分の力に釣り合った識別力を身につける。そして、自己保存に必要とする以上の有り余った力と共に初めて、その余分の力を他の用途に用いるのにふさわしい思考能力が彼のうちに発達してくるのである。だからあなた方の生徒の知性を養おうと思うなら、その知性が統御すべき力を養うがよい。たえず彼の身体を鍛えるがよい。彼を頑丈で健康にして、賢明で理性的な人間にするがよい。働かせ、行動させ、走り回らせ、大声をあげさせ、いつも動き回らせるがよい。力強さの点で大人にするがいい。そうすればやがて理性の点でも大人になるだろう。（OCⅣ–359）

人間の悟性の中に入ってくるすべてのものは、感覚を通して入ってくるのだから、人間の最初の理性は感覚的理性だ。知的理性の基礎となるのは、その感覚的理性なのである。我々の最初の哲学の先生は、我々の足、我々の手、我々の眼なのだ。……ある技術を用いるためには、まずその道具を手に入れなければならないし、それらの道具を有効に使うことができるためには、使用に耐えられるように頑丈に作らなければならない。考えることを学ぶためには、したがって我々の知性の道具である肢体や感覚や器官を訓練しなければならない。そしてそれらの道具を最大限活用するためには、それらを提供する身体が頑丈で健康でなければならない。そんなわけで、人間の真の理性は身体と関係なしに形成されるどころか、身体の優れた構成こそが、精神の様々な働きを容易に、また確実にするのである。（OCⅣ–370）

エミールをサラマンドラにしたい

身体の訓練については、かなり細かいことを具体的に述べています。できるだけゆったりした、簡素で着心地のよい服を着せること、季節によって服を変えないこと、帽子はできるだけかぶらせないこと、早くから厳しい寒さに慣れさせるために薄着をさせること、飲み物は冷たい水を与えること、長い睡眠をとらせること、ふんわりしたベッドでなく、硬いベッドにすること、苦しいことに慣れさせること、種痘はエミールにはさせないこと、「この先生〔自然〕の手で種痘をさせることにしよう。彼は私たちよりもっとよくその時期を選ぶだろう」(OCⅣ-378)。乗馬は学ぶ必要がないが、水泳の訓練は必須であること。

エミールは水の中にいる時でも地上にいる時と同じになるだろう。どんな元素の中でも彼が生きられるようにしたいものだ! 仮に空中を飛ぶことを学べるなら、私はエミールを鷲《わし》にしてやりたい。もし火の中で身を鍛えることができるなら、サラマンドラにしてやりたい。(OCⅣ-379)

サラマンドラは火中に住み火トカゲとも呼ばれる伝説上の動物ですが、このあたり、ルソーが楽しみながら執筆を進めている様子が目に浮かびます。

感覚を鍛えるとはどういうことか

感覚を鍛えるとはどういうことを言うのでしょうか。感じることを学ぶことだ、とルソーは説明します。


我々のうちに形成され完成される最初の能力は、感覚である。だから感覚こそ、第一に育てあげなければならない。……

感覚を訓練することとは、単にそれを使うことではない。感覚を通して正しく判断すること（bien juger）を学ぶことであり、いわば感じることを学ぶことである。というのも我々はただ、学んだようにしか触れることも、見ることも、聞くこともできないからである。

判断力に何の影響も与えることなく身体を丈夫にするのに役立つ純粋に自然的で機械的な訓練がある。泳ぐこと、走ること、跳びはねること、コマを回すこと、石を投げること、これらはどれもとても結構なことだ。だが我々には腕と足しかないのだろうか。我々にはまた眼も耳もあるのではないか。しかもこれらの器官は腕や足を使うのに余計なものだろうか。だから力〔体力〕だけを鍛えるのではなく、力を指導するすべての感覚を鍛えるがよい。それぞれの感覚をできるだけ利用し、それからひとつの感覚の印象を他の感覚の印象で確かめるがよい。（OCⅣ-380）

感覚のスペシャリスト・ルソー

五感についてルソーは様々に蘊蓄《うんちく》を傾けています。感覚のスペシャリストぶりは以下の通りです。

たとえば触覚。「触覚は我々がすべての感覚の中で一番頻繁に働かせる感覚であるが、にもかかわらずその判断は、前にも述べたように、他のどんな感覚によるものよりも不完全で粗雑なものである。なぜなら我々は触覚の使用に当たってたえず視覚を用いるし、眼の方が手よりも早く対象を捉えるので、精神はほとんど常に手を使わずに判断するからだ。その代わり、触覚による判断はより限られたものであるがゆえに、より確実だ。というのも、我々の手が届くことのできる範囲にしか及ばない触覚の判断は、他の感覚のうかつさを訂正する。他の感覚はやっと認められるような対象の上にまで遠く延びていくのだが、他方触覚はその知覚するものをすべてよく知覚するからだ」（OCⅣ-388～389）。

たとえば視覚。「触覚がその働きを人間の周りに集中させるのと同じ程度に、視覚はその働きを遠く人間の外へと広げる。そのため視覚は人を欺きやすいものとなる。人間は一目で地平線の半分を見渡してしまう。この同時に起こる無数の感覚と、それが引き起こす無数の判断において、そのどれについても間違いを引き起こさないことがどうしてあり得よう。こうして視覚は我々のすべての感覚の中で最も誤りやすいものとなる。なぜならそれがまさしく最も広がりの大きな感覚だからであり、また他のすべての感覚に遠く先立って進み、その働きがあまりにも敏速であまりにも範囲が広いため、他の感覚によって訂正されることができないからである」（OCⅣ-391）。

あるいは、「視覚はあらゆる感覚の中で精神の判断と最も切り離せないものだから、見ることを学ぶには長い時間が必要だ。視覚が物の形や距離を我々に忠実に伝えてくれる習慣をつけるためには、その前に視覚と触覚とを長い間比較してみなければならない」（OCⅣ-396）。

また味覚については、「我々の様々な感覚の中で、味覚は一般に我々の心に最も影響を及ぼす感覚である。だから我々は、ただ我々を取り巻いているだけの物質よりも、我々の体の一部となるべき物質をよく判断することに一層関心を持つ。触覚や聴覚や視覚にとっては、無数のものがどうでもいいものだが、しかし味覚にとってどうでもいいものはほとんどない。そのうえ、この感覚の働きは全く肉体的で物質的だ。味覚は想像力に訴えることがまったくないただひとつの感覚であり、少なくとも、それを感ずる場合に想像力が介入することが最も少ない感覚である」（OCⅣ−409）。

あるいは嗅覚《きゅうかく》について、「嗅覚は想像力の感覚である。……嗅覚は恋愛においてかなりよく知られた効果を持っている。化粧室の甘い香りは、人が考えるほど役に立たない罠《わな》ではない。そして私は、恋人が胸につけている花の匂いに胸をときめかしたこともない、賢いが感受性の鈍い人を祝福しなければならないのか、それとも憐《あわ》れまなければならないのか、よくわからない」（OCⅣ−416）。

夜の遊び

以上の引用でもわかるように、感覚についてのなるほどとうなずきたくなるような卓見が随所に見られるのですが、第二編後半部の感覚の訓練に捧げられた箇所でとりわけ読んで面白いのは、やはり実例の紹介のところでしょう。たとえば盲人が触覚や聴覚、嗅覚など他の感覚でもって視覚の欠落を補っているのを参考にして、子供に夜の遊び（les jeux de la nuit）を勧めている箇所です。視覚が働かない夜の闇の恐怖を実地に体験させる遊びのことです（OCⅣ-381〜388）。これには少年時代のルソーの実体験があり、それについても報告しています。一七二二年十月から二年間（十歳から十二歳まで）、ジュネーヴ郊外のボセーというところで牧師ランベルシエの家に従兄弟《いとこ》ベルナールと一緒に預けられていた時のこと、教会堂の説教壇に牧師が忘れた聖書を暗い夜に取りに行かされた思い出を、実に楽しく振り返っています。灯りを持たずに墓地を通って教会堂までひとりで出かけてゆくのです。

ルソーによれば、夜の遊びには、触覚など視覚以外の感覚の訓練の他にも、闇に対する恐怖心を克服する効用がある、と言います。恐怖心も含めて、情念に火をつけるのは想像力であるが、習慣はその想像力を殺してしまう、したがって闇に慣れればおのずと恐怖心もなくなる、という論法です（OCⅣ-384〜385）。ボセーの経験を下敷きにして、ルソーは楽しい夜の遊びをいくつか提案しています。

駆ける練習をさせる話

視覚を鍛える実例として子供に駆けっこをさせる話を面白く語っているので紹介しましょう（OCⅣ-393〜396）。ある時「私」は無精で怠け者の子供に駆け足の訓練をさせることになり、走りたいという欲望を起こさせるにはどうしたらいいか、思案することになります（子供は軍人の身分を約束された貴族の子です）。最初のうちは、散歩の時にお菓子を勝者のご褒美にして近所の男の子たちを走らせ、一緒に見物させるのですが、そのうち、自分も競走に参加して、勝ってお菓子を手に入れたいと思うようになります。そうこうするうちに、「私」は各競走者が同時に出発する地点を別々のところに指定し、しかもそれとわからないように、走る距離を違《たが》えて設定します。距離の違いに気づいたその子に、お菓子が欲しいなら一番短い道を選べばいい、と教えてやります。このエピソードをルソーはこう結んでいます。

最初は歩数を数えようとした。しかし子供の歩測は遅くて間違いやすい。その上私は一日にやる競走の数を増やすことを思いついた。そうなると遊びが一種の情熱となり、コースを駆けるのにあてる時間をコースの距離を測ることでつぶすのを残念がるようになった。活発な子供にはそういう手間のかかることは向かない。そこでもっとよく見て、視覚によって距離をもっとよく推定する練習をするようになった。そうなると、この趣味を助長し育てるのに、私はほとんど苦労しなかった。ついには何か月もの間試練を積み、間違いを訂正した結果、彼は素晴らしい視覚の物差しを作り上げたので、私が頭で何か遠くにある物の上にお菓子を置くことを考えたりすると、彼は

測量士の測鎖《そくさ》とほとんど変わらないほど正確に目測するようになった。（OCⅣ-395〜396）

感覚の国を通って小児的理性の境界へ

五感に関連して取り上げられる話題は、眼と腕を鍛えるためのテニスの推奨、発声によって耳を鍛えること、音楽論、デッサンと模倣論、子供のための食材論――あっさりした味のできるだけ単純な食物がいい――など、多岐にわたっていますが、最後に第六感について著者は次のように語ります。第三編（感覚的理性の時期）への橋渡しです。

次に続く数編において、私には第六感（le sixième sens）ともいうべきものの習得について語る仕事が残されている。それは共通感覚（le sens commun）と呼ばれているが、すべての人間に共通だからというより、むしろ他の様々の感覚のよく規制された使用から生まれるからであり、また事物のあらゆる外観の協力によって、事物の本性を我々に教えてくれるからである。この第六感はだから特別な器官を持たない。それは頭脳の中に存在しているだけで、純粋に内面的なその感覚は、知覚または観念（perceptions ou idées）と呼ばれている。我々の知識の広さが測られるのはまさにそれらの観念の数によってであり、精神の正確さを作り出すのは、それらの観念の明確さ、明晰《めいせき》さであり、人間理性と呼ばれるものは、それらの観念を比較する技術なのである。したがって私が感覚的理性あるいは小児的理性と呼んでいたものは、いくつもの感覚の協力によって単純観念（des idées simples）を形成することにある。そして私が知的理性あるいは人間的理性と呼ぶものは、いくつもの単純観念の協力によって複合観念（des idées complexes）を形成することにある。

そこで私の方法が自然の方法であり、私がその適用を誤らなかったとすれば、我々は我々の生徒を感覚の国を通って小児的理性の境界まで連れてきたことになる。この境界を越えて我々が踏み出そうとしている一歩は、大人の一歩でなければならない。

（OCⅣ-417〜418）

感覚から観念へと至る人間の認識能力の発達については、このあと第三編末尾（OCⅣ-481）であらためて総括的に述べることになります。

エミール、子供としての成熟期に到達

第二編を閉じるにあたって、ルソーは成長したエミールの姿を仔細《しさい》に描きながら、他の

子供と比べて誰がもっともよく本当に形成されているか（le plus vraiment formé）、誰がその年齢にふさわしい完成度（la perfection de leur âge）に一番近づいているかを読者に問うています。そして満足げに、嬉しさを噛《か》みしめながら、次のように述べるのです。

彼の姿、様子、態度は自信と満足を告げている。顔は健康に輝いている。しっかりとした足取りは、元気にあふれた様子を与えている。生白くはないがまだ繊細な顔色には、女性的な柔弱さは少しも見られない。すでに大気と太陽がそこに男性の名誉ある刻印をとどめている。まだ丸みのある筋肉は、生まれつつある容貌《ようぼう》のいくつかの特徴を示し始めている。まだ感情の炎を燃え立たせていない彼の眼は、少なくとも生まれながらの晴朗さをそのまま保ち、長い悲しみに曇らされたこともまったくなく、とめどのない涙が頬を伝って流れたこともまったくない。素早いがしっかりした彼の動きのうちに、その年頃の活発さと確固とした独立心、多くの訓練によって得られた経験を見るがいい。彼は打ち解けた自由な様子をしているが、横柄な様子もうぬぼれた様子もしていない。書物の上にへばりつけさせられたことのない彼の顔は、まったく前屈《かが》みに俯《うつむ》いたりしない。彼には「顔をあげなさい」と言う必要はない。恥じらいや恐れでうなだれたことは一度もなかったのだ。（OCⅣ-419〜420）

仕事をしていようと、遊んでいようと、どちらも彼にとっては同じことだ。彼の遊びは彼の仕事であって、彼はそこに何の違いも感じない。彼は自分がする一切のことに人を微笑ませる関心を添え、人を喜ばせる自由を発揮し、精神の働きと知識の程度を同時に示す。ひとりのかわいい子供が生き生きとした快活な眼をし、満足そうな晴れ晴れとした様子で、開放的なにこやかな顔で、戯れながらこの上なく真面目なことをしたり、この上なくたわいもない遊びごとに熱中したりしているのを見るのは、この年頃によく見かける光景、魅力ある心地よい光景ではないだろうか。……

彼は子供としての成熟期に達している。彼は子供としての生活を生きてきた。彼は自分の幸福を犠牲にしてその完成を買い取ったのではまったくない。反対に、二つのものは互いに協力し合ったのだ。自分の年齢にふさわしい理性を残らず獲得することによって、彼の成り立ち〔身体的成長〕(sa constitution)が許す限り幸福であり、自由であったのだ。もし宿命の鎌が我々の希望の花を刈り取るようなことがあっても、我々は彼の生も彼の死もどちらも悲しむ必要はない。我々が彼に与えた苦しみを思い出して我々の苦しみをさらに深くすることもしない。我々はこう心に言うだろう。少なくとも彼はその子供時代を楽しんだのだ。我々は自然が彼に与えたものを何ひとつ失わせることはしなかったのだ、と。(OCⅣ-423)

第三編　少年期（十二歳〜十五歳）

第三編全体の流れ

第三編は、全体を通じて「理性の眠りの時期」（OCⅣ-344）とされる子供時代の第三期に当たり（少年期）、十二歳から十五歳くらいまでの子供の成長を考察しています。この時期は「情念の無風状態」とも形容され（OCⅣ-459, 480）、力が欲望を超えて急速に大きくなる生涯唯一の期間で、短いけれども最も貴重な時期とされます。認識の発達の点から見ると、この時期にはようやく理性の最初の成長が見られ、人間は複数の感覚の協力によって単純観念を形成できる感覚的理性（小児的理性）の段階に入ります。力にゆとりのできた子供は、その余った力を勉強に用いることになりますが、しかし勉強といっても、まだ周囲の事物との物理的関係についての勉強、「自然についての純粋に物理的な知識」（OCⅣ-487）の習得に限定され、人間と人間との社会的・道徳的関係について学ぶことは慎重に遠ざけられています。とはいえ、エミールが将来、社会に生きる自然人となるための準備も怠りません。

前半部ではどういう勉強をどういう風に行ったらよいかが、有用性の概念を梃《てこ》にして、たくさんの実例やエピソードの興味深い紹介を交えながら、明らかにされてゆきます。「それが何の役に立つのですか?」という言葉がここでのキーワードです。デフォーの『ロビンソン・クルーソー』がエミールの初めての本となるのもこの場面です。生徒を教える教師の心得・留意事項についても、細かい指摘がたくさん見られます。

後半部では、エミールの理解力を超えない範囲で、労働の分割と配分の説明から始めて、道具や技術の交換あるいは貨幣の効用などを通じて社会関係についての観念が少しずつ形成される様子が語られます。また、人間の生活における職業の必要性についての考察が展開され、エミールのための職業選択の問題が検討されます。いずれにしても、これまで同様、教導者である「私」とエミールの二人三脚が続くのです。

力が欲望を超える唯一の時期

ルソーによれば、子供時代の第三期は青春期(l'adolescence)に近づいてはいるもののまだ思春期(la puberté)ではないとされ、その特徴を次のように述べています。

青春期に達するまでの人生の期間全体は弱さの時期だが、この最初の時期の間にも、力の発達が欲求の発達を追い越して、成長中の動物がまだ絶対的には弱くても、相対的に強くなる時期がある。彼の欲求はまだすべてが発達しているわけではないので、現実の力は彼の抱く欲求を満たしてもなお余りあるほどだ。人間としてはごく弱いとしても、子供としてはきわめて強いのだ。

……

十二歳から十三歳になると、子供の力はその欲求よりもはるかに急速に発達する。最も激しく最も恐ろしい欲求はまだ子供には感じられない。その器官も未完成の状態にとどまっていて、そこから抜け出すためには意志が強制するのを待っているように見える。大気や季節の厳しさもほとんど感じないので、高まってくる体熱が衣服の代わりとなり、食欲が調味料の代わりとなる。この年頃では体を養うものなら何でもおいしい。眠くなれば大地に横たわって眠る。どこでも、自分に必要なものはみな身のまわりにあるのがわかる。どんな想像上の欲求にも苦しめられることはない。人の意見も彼に対しては無力だ。欲望は腕より先までは及ばない。自己自身で充足しているばかりか、自分に必要とする以上の力を持っている。子供がこうしていられるのも、生涯にこの時期だけだ。（OCⅣ-426）

勉強の時節、到来

ではこの余った力を何に用いればよいのでしょうか。

個人が欲するよりも多くのことができるこの時期は、その個人が絶対的に最大の力を持つ時期ではないが、すでに述べたように相対的に最大の力を持つ時期である。それは生涯で最も大切な時期、たった一度しか訪れない時期だ。きわめて短い時期、このあとで見られるように、上手に使うことが一層重要であるだけになおさら短い時期なのだ。

それでは、現在あり余っていても別の時期になれば足りなくなるこの余分な能力と体力とを、彼はいったいどんなことに用いるのだろうか。必要が生じた時に役に立つことに用いようと努めるだろう。いわば現在の存在のうちあり余った部分を将来に振り向けるだろう。たくましい子供が弱い大人のために蓄えるのだ。しかし彼は盗難の恐れのある金庫の中にも、自分とは関係のない納屋の中にも、品物を蓄えたりはしないだろう。自分が手に入れたものを本当に自分のものとするために、自分の腕の中に、頭の中に、つまり自分自身の中に、それをしまっておくだろう。だから今こそ労働、学習、勉学の時節となるのだが、これは私が恣意《しい》的に選んだものではなく、自然その

ものがそれを示しているのだということに注意していただきたい。（OCⅣ-427〜428）

必然の掟から有用性の掟へ

いよいよエミールにとって勉強の時節が到来したわけですが、しかし何でも学べばよいというわけではありません。学ぶ時期だけでなく、学ぶ内容も選ぶ必要があります。何を選んで学んだらよいのか――この時、有用性（l'utilité）の掟《おきて》が重要な役割を果たします。有用性という指標は自分にとって役に立つ（安楽な生活・幸福に貢献する）というだけでなく、他の人にも役に立つ（他者の幸福に貢献する）という意味でも、勉強の選択だけでなく、この先で、職業の選択などにも有効な指標となります。

人間の知性には限界がある。……だから、学ぶのに適当な時期を選ばなければならないように、教えるべき事柄にも選択を行わなければならない。……我々の安寧〔安楽な生活〕（notre bien-être）に貢献する少数の知識だけが賢明な人の、つまり、人がゆくゆくは賢明な人に仕立て上げようと思っている子供の、探究の対象となるにふさわしい。現にあるものを知るのではなく、有益なこと（ce qui est utile）を知ることだけが問題なのだ。

さらにまた、この少数の知識のうちから、理解するには悟性があらかじめすっかり形成されていなければならないような真理は除かなければならない。子供には獲得できない人間関係についての知識を前提とするもの、それ自体としては真理でも、未経験な子供の心に他の問題について間違った考え方を抱かせるようなものは、除かなければならない。

……善と悪とを区別する道徳的観念に、我々が段階を追って近づいていくさまを見ていただきたい。これまでのところ我々は、必然の掟以外に掟というものを知らなかった。今や我々は有用なものに注意を向けている。やがて我々は、我々にとってふさわしいもの、役に立つものに到達するだろう。（OCⅣ-428～429）

感覚から観念へ

以上の引用に見られる通り、この時期の子供が学ぶ対象からは人間関係や道徳的関係についての観念が排除され、有用性の掟が強調されるわけですが、しかし有益なこと、ふさわしいこと、役に立つことといっても、具体的には何を学んだらいいのでしょうか。ルソーはまずもって我々を取り巻く自然に、世界に、事物に、自然現象に、生徒の興味を向けさせることを提案します。たとえば大地と太陽に。そして、観察し感じたことを観念に転化させるのです。

我々の感覚を観念に転化しよう。しかし感覚的な対象からいきなり知的な対象に飛躍するようなことはしないようにしよう。感覚的なものを通ってこそ我々は知的なものに到達すべきなのだ。精神の最初の働きにおいては、感覚が常に精神の案内役となるようにしたいものだ。世界の他にはどんな本も、事実の他にはどんな学習も、与えてはならない。本を読む子供は考えない。ただ読むだけだ。知恵は身につかないで、言葉〔だけ〕を学ぶ。（OCⅣ-430）

ある晴れた日の夕方

太陽の運行と大地の形を観察しながら、宇宙誌についての最初の授業が次のように始まります。ルソーの美しい自然描写を堪能《たんのう》しましょう。

ある晴れた日の夕方、遮るもののまったくない地平線が沈みゆく太陽を完全に見せてくれるような、そんな都合のいい場所に散歩に出かけてみる。そして、日没の場所の目印となる事物を観察する。翌日、新鮮な空気を吸うために、太陽が昇る前に同じ場所に戻ってみる。太陽が先回りして火の矢を放ち、遠くから到来を告げているのが見える。朝焼けが濃くなり、東の方はすっかり炎に包まれているようだ。その輝きを目にして、姿を現すずっと前から太陽を待っている。一刻ごとに太陽が現れるのが見える気がする。ついに見える。輝く一点が稲妻のように姿を現し、たちまち空間全体に広がる。闇のベールが跡形もなく消え落ちる。自分の居場所がわかり、そこが美しく飾られているのを人は見出《みいだ》す。緑の草木は夜の間に新たな活力を蓄えていた。生まれたばかりの陽の光に照らし出され、最初の光線によって黄金色に染められた草木が、網の目状のきらめく朝露に覆われているのがわかる。その朝露は光と色彩を眼に映し出している。小鳥たちがいっせいに集まって、生命の父に口をそろえて挨拶《あいさつ》する。この瞬間、一羽として黙っている鳥はいない。そのまだか弱いさえずりは、一日の他の時間に比べるともっとゆっくりして穏やかで、安らかな目覚めの物憂さが感じられる。これらの事物が集まって、魂まで沁《し》みとおるかと思われるさわやかな印象を、感覚に運んでくる。まさに誰にも抵抗できない恍惚《こうこつ》の半時間だ。これほど偉大で、これほど美しく、これほど心地よい光景を前にすれば、誰ひとりとして平静ではいられない。

（OCⅣ-430〜431）

ここに引用した文章は、「サクランボの牧歌」（『告白』第四巻で語られるエピソード）や

「サヴォワの助任司祭の信仰告白」（本書第四編）の導入部に見られる自然描写の文章と並んで、ルソーが自然について書いた最も美しい文章のひとつとしてよく知られています。ところが驚いたことに、この自然賛歌が突然ここに登場するのは、読者がそれに共感するためでも、エミールが自然の光景に胸を打たれるためでもありません。教師への戒めとしてなのです。直後に続く文章を見ましょう。

感動して胸がいっぱいになった先生は、その感動を子供に伝えたいと思う。自分が心を動かされた感覚に子供の注意を向けさせれば、子供も心を動かされると思う。まったくの思い違いだ！　自然の光景の生命は、人間の心の中にある。自然の光景を見るには、それを感じなければならない。子供は事物を見分けるが、事物を結び付けている関係を見分けることはできない。事物の協調から生まれる甘美なハーモニーを聞き取ることはできない。これらすべての感覚から同時に生み出される複合した印象を感じるためには、ある経験が必要なのだが、子供はそれをまったく獲得していないし、いくつかの感情が必要なのだが、子供はそれをまったく感じたことがない。乾燥した平野を長い間駆け巡ったこともなく、燃えるような砂地によって足を焦がされたこともなく、陽の光に照り付けられた岩山の、息苦しくなるような照り返しに息を詰まらせたことも一度もないなら、子供はどうして晴れた朝の清々《すがすが》しい大気を味わったりするだろうか。花の香り、緑の草木の魅力、朝露の湿った湯気、芝草の上を歩く時の柔らかな心地よい足ざわりが、どうして子供の感覚を魅了するだろうか。愛と快楽の調べをまだ知らないなら、小鳥の歌声がどうして子供に官能をそそる興奮を生じさせるだろうか。これほど美しい一日も、それを満たすはずの興奮を想像力が子供に描いてみせるすべを知らないなら、子供はその一日の誕生を、どんな興奮を感じながら目にするというのだろうか。最後に、誰の手によって自然が入念に飾り立てられたのかを知らないなら、どうして子供が自然の光景の美しさに感動したりするだろうか。

(OCⅣ-431～432)

この文には、たとえば自然の光景を前にして神の存在を実感するという神学的な内容なども含まれてはいますが、ここでの文脈上重要なのは、教師の仕事は自分の感動を生徒に伝えることではなく、自然現象を前にして生徒に疑問を抱かせ、問題を発見させ、問題解決へと助言すること、この場合で言えば、なぜ昨日の夕方あそこに沈んだ太陽が翌日の朝にはこちらから昇るのかを、生徒に自分で考えさせることなのです。そこから若い教師に対する次のような助言が生まれます。「子供に理解できない話を子供にしてはならない。描写、雄弁、文彩、詩はみんないけない。いまのところ感情や趣味は問題ではない。これからもやはり明快に、単純に、冷静に続けて行くことだ。別の言葉を話さなければならない時はいやでも早くやってくるだろう」（OCⅣ-432）。

若い教師への助言

前の編でもそうでしたが、ルソーはこの第三編でも、この時期の子供を教える上で注意すべきことや留意すべきことについて、時に「若い教師よ、若き教育者よ、博学な教師よ」（jeune maître, jeune instituteur, savant précepteur）と直接呼びかける形で、助言・忠告・牽制《けんせい》・戒め・苦言などをたくさん行い提示しています。上に紹介した太陽の運行についての描写では「子供が理解できない話をしてはいけない」という教訓が導かれていましたが、そのほか、たとえば「知識をたくさん与えることではなく、正確で明瞭《めいりょう》な観念を与えることが大切である」とか、「学問を教えることが問題ではなく、学問を愛する趣味を与え、学問を学ぶ方法を教えることが問題なのだ」とか、あるいは「ひとつのことに長いこと注意を向ける習慣をつけること」、「生徒が質問してきたらすぐに全部返答しないで、生徒の好奇心を育む程度の返事にとどめる」、「誤りを訂正してやってはいけない、誤りに気付いて自分で訂正するまで待つこと」、「何を学ぶべきかを先生が指示するのでなく、生徒に発見させる」、「言葉で説明しないで、実物・事物によって教え、行動によって語る」、「嫉妬《しっと》心や虚栄心によってしか学べないことは学ばない方がまし」など、数え上げればきりがないほどです。

では次の例はどうでしょうか。実験器具を自分で製作することを通じて、自分から学ぶこと、努力して学ぶことを身につけさせる勧めです。静力学の最初の授業が始まります。

自分から学ぶ、努力して学ぶ

私は、我々の機械はすべて我々自身の手で作ることにしたい。それに私は、実験の前に道具を作ることから始めたくはない。そうではなく、まるで偶然でもあるかのように実験することに気づいたあとで、それを検証すべき道具を少しずつ作り出していくことにしたい。どちらかと言えば我々の道具はそれほど完全でも正確でもないほうがよい。むしろそれがどういうものであるべきかについて、またそこから生じるべき作用について、我々が一層明瞭な観念を持った方がよいと思う。静力学の最初の授業のために、私は秤《はかり》を探しに行くようなことはしないで、椅子の背に一本の棒を横にわたし、棒が釣り合った時の二つの部分の長さを測る。両方の端に等しい重さ、等しくない重さをかけてみる。そして、必要なだけ棒を引っ張ったり、押しやったりしているうちに、とうとう、均衡は重量と竿《さお》の長さとの相対的な比率から生まれることに気づく。こうして早くも我が豆物理学者は、秤を見たこともないうちに、それを調整できるようになる。

人は、こんな風に自分から学ぶことについては、他人から教えられて知ることについてよりも、確かに、一層明確で一層確実な概念を手に入れることになる。……学問研究を簡略化する素晴らしい方法がいくつもある中で、努力して学ぶ方法を誰かが我々に教えてくれることこそ、我々にとって大いに必要なことではあるまいか。

（OCⅣ-441〜442）

なぜ石は落ちるのか

もうひとつ、わかり易い実例による教え方の見本が示されます。石の落下現象の原因をどうやって子供に考えさせたらよいでしょうか。

自然法則の探求においては、いつも最もありふれた、最もはっきりと感じ取れる現象から始めるがよい。そしてそういう現象を、理屈としてではなく、事実としてとらえるように生徒を慣らすがよい。私は一個の石を拾い、それを宙に置くようなふりをする。私は手を開く。石は落ちる。私のすることに注意を凝らしていたエミールの顔を見て、私は聞く。なぜこの石は落ちたのですか、と。

こんな質問に答えられない子供がいるだろうか。ひとりもいない。エミールでさえ、私が大いに苦心してそれに答えられないようにしておかなかったら、答えられるだろう。みんな、石は重いから落ちると言うだろう。では、重いものとは何か。それは落ちるものだ。それでは、石は落ちるから落ちるのか。ここで私の豆哲学者ははたと行き詰ってしまう。これが理論物理学の彼の最初の授業だ。そしてこれは、その種のことに関して彼のためになるにしろならないにしろ、やはり良識を養う授業にはなるだろう。(OCⅣ-443)

蠟でできたアヒルの話——奇術師のエピソード

この話はルソー自身「この編〔第三編〕の最も有益な部分」と呼んでいるように、第二編で出てきたそら豆の話——庭師ロベールのエピソード——と並ぶたいへん有名なエピソードです。話はこうです。

地図を自分で作製することを学んでいたエミールは子午《しご》線を引く必要に直面して、子午線に代わる羅針盤を作ることにし、磁石の実験に取り組んでいました。そんなある日、市で奇術師がパンのかけらを使って、蠟でできたアヒルを引き寄せる手品をするのを見て、家に戻ると「私」と一緒に同じような仕掛けを作ることに成功します。磁化された一本のしっかりした針を蠟で包んでアヒルに見せかけたのです。早速その日の夕方市に戻ると、奇術師の許しを得て同じ手品を見事に披露して、満場の喝采《かっさい》を浴び得意満面になるエミールに、奇術師は明日《あした》も来なさい、もっと大勢の客を集めておくから、と言います。翌朝そわそわと出かけたエミールは、今度は大失敗。アヒルは一向に言うことを聞きません。ところが奇術師は自由自在にアヒルを操り、挙句はパンでなく、声でもってアヒルを思い通りに動かす始末。エミールの面目は丸つぶれです。

翌朝家を訪ねて来た奇術師が大型の強力な磁石を見せ、子供がひとり台の下にひそんでいてアヒルを動かしていたのだと種明かしするに及んで、エミールも「私」も恥じ入るしかありません。なぜ人の芸の信用を落として生活手段を奪うようなことをするのかと苦情を述べる奇術師は、自分のことを「こんなけち臭い技を磨いて人生を過ごしてきた男」と卑下しながら、こう述べます。「実際、旦那方《だんな》、私に何か他の才能があって、それで暮らして〔生きて〕ゆけるなら、私だってあんな才能を誇るようなことは、まあ、しないでしょうよ」立ち去り際、特に「私」に向かってこう訓戒を垂れます。「私はこのお子さんは喜んでお許ししましょう。何にも知らないで過ちを犯しただけですから。しかし、旦那さま、あなたはこのお子さんの過ちをよくご存知だったはずなのに、なぜああいうことをさせてしまったのですか。あなた方はご一緒にお暮らしなのだから、あなたこそ年長者としてお子さんの面倒をみたり、忠告したりなさってもいいはず。あなたの経験が権威となってお子さんを導いていくべきです」（以上、OCⅣ-437〜440）。

ここに異彩を放っている奇術師は――名前があったらよかったのですが――労働に基づく所有の権利や先占《せんせん》権についてエミールに教えてくれた庭師ロベールと同じ役割を果たしているのは、もうお気づきでしょう。奇術師という職業に携わる人の権威と誇り、学問をする者を待ち受けている虚栄心の罠《わな》、勉強して天狗《てんぐ》になる危険、あるいは教師の果たすべき役割など、エミールと「私」はたくさんのことを学んだのです。そしてまた、このあと後半部で出てくる「人はみな生きなければならない」という命題、したがって、他人の職業を蔑《さげす》んではならない、生業《なりわい》としての職業に貴賤《きせん》はないのだから、という命題（OCⅣ-467〜468）とこの話が響き合っているのは疑いがありません。このエピソードをルソーは次のように結んでいます。「この実例の細部は見かけ以上に重要だ。ひとつの教訓の中にもどれほど多くの教訓が含まれていることか！　虚栄心の最初の衝動がどれほど多くの辛《つら》い結果を招くことか！　若い教師よ、この最初の衝動を心して見張っているがよい」（OCⅣ-440）。

それが何の役に立つのですか？

ルソーは有用性の掟について繰り返し強調しています。学んでいることが何の役に立つのかを証明できない場合、先生は、生徒に信用されるためにも、自分が悪いとはっきり認めた方がよい、また、有用性の証明は生徒の能力に応じて与えるべきだ、とも述べています。

我々の生徒に「有用な」（*utile*）という言葉の観念を与えることができるようになると、我々は彼を教導するためのもうひとつ大きな手掛かりを得ることになる。というのも、この言葉は彼にとっては年齢相応の意味しか持たないし、また彼にはそれと現在の安寧〔安楽な生活〕（son bien-être）との関連がはっきりとわかるので、彼はこの言葉に強く胸を打たれるからだ。……

「それが何の役に立つのですか？」（*A quoi cela est-il bon?*）これが以後神聖な言葉となる。私たちの生活上のあらゆる行動において、彼と私のどちらが正しいかを決定する言葉となる。これが彼のあらゆる質問に対して私の方から間違いなく発せられる質問となる。そしてこれは子供に無数の馬鹿げたくだらない質問をやめさせる手段となる。……（OCⅣ-445〜446）

森の位置を観測するエピソード

太陽の運行と自分の位置を定める研究をエミールと「私」が一緒にしていた時、こんなことはみんな何の役に立つのかとエミールが尋ねたと仮定します。そんな時に、学問的な道具立てを使って衒学者《げんがくしゃ》ぶって説明することの無益さを具体的に示した上で、もっと大雑把な解決法として語られるわかり易いエピソードです（OCⅣ-447〜451）。

二人が森の位置をモンモランシーの北の方にあると睨《にら》んで観測していた時、例によってエミールが「それが何の役に立つのですか?」（*A quoi sert cela?*）と聞いてきたので、翌朝「私」はエミールを散歩に誘います。森の中を迷ってくたくたになり、おまけに腹ペコの二人がちょうどお昼になった頃に会話を交わします。前日のちょうど同じ時刻にモンモランシーから森の位置を観測していたことを思い出させ、森がモンモランシーの北にあることを確認。するとモンモランシーの町は森の南にある。正午に北を見つける方法は? 影のある方向です。すると南は? 北の反対だから影と反対の方向を見ればいい。こうして二人はモンモランシーの町に無事戻ることができるのですが、最後にエミールはこう感想を述べます。「天文学って何かの役には立つんですね」このエピソードをルソーは次のように結んでいます。「彼がこの日の教訓を生涯忘れないことは請け合ってもよい。……できる限り行為によって語らなければならない。そして、実行することができないようなこと以外は、口で話してはならない」（OCⅣ-451）。

二種類の葡萄酒を見分ける話

いっぽう、どんな風にインクを作るかをある生徒と実験していた時の思い出話の体裁を装っていますが、例によって、そんなことが何の役に立つのかと生徒に聞かれて、生徒の能力を超えた学術的な説明をしてしまった失敗談もあります（OCⅣ-451〜453）。二種類の葡萄酒《ぶどう》——一本は屋敷のカーヴから取ってきたもの、もう一本は近所の酒屋から買ってこさせた混ぜ物をした安葡萄酒——を前にして、コップに注いで様々な化学物質を加えて実験をしてみせたのです。実験の様子が詳しく語られたあと、「私」は、「ほらこのとおり、こちらは自然のままの混じり気のない葡萄酒で飲んでも差し支えないが、こちらは混ぜ物のある方で毒になる」と得意になって言いますが、生徒にとってはちんぷんかんぷんです。これでは先生の自尊心を満足させることにはなっても、生徒にとっては何の役にも立ちません。

この部分の化学実験の様子は詳細をきわめていますが、おそらくルソーの実体験に基づくものでしょう。一七四二年にパリに出てきたあと、ルソーはデュパン夫人の義理の息子（夫の連れ子）で裕福な徴税請負人のフランクイユという人と懇意となり、一緒に化学の講義を受けていました。『化学概論』と題された草稿が残されたほどです。このテキストは二十世紀になって初めて刊行されました。

エミールの最初の本

「私は書物が嫌いだ。書物は知りもしないことについて語ることを教えるだけだ」(OCIV-454)と言いながらも、ついにエミールに本が与えられます。デフォーの『ロビンソン・クルーソー』です。この本は聖書やプルタルコスと共にルソーの生涯の愛読書でしたから、エミールの最初の本とされてもおかしくありません。

子供の想像力に最初の訓練を与えるには何が一番ふさわしいでしょうか。「人間のあらゆる自然の欲求が子供の精神にもはっきり感じ取れるように示され、その欲求を満たす手段が同じように容易に相次いで繰り広げられていく、そういう状況を作り出すことができるとしたら、そういう状態を生き生きと飾り気なく描くことによってこそ、子供の想像力に最初の訓練を与えてやらなければならない」ルソーによれば『ロビンソン・クルーソー』は「自然教育の最もよくできた概論を提供する本」であり、エミールが読む最初の本、長い間彼の書棚を飾る唯一の本、書棚に特別の位置を占める本となります。またそれは、「自然科学に関する我々の会話がすべてその註解《ちゅうかい》となるにすぎないようなテキスト」

となり、「我々が進歩を続けている間、我々の判断力を試すもの」となるだろう、ともされています（以上、同）。なぜこの本がエミールの愛読書となるべきなのでしょうか。一言でいえば、それは比較の対象となる人間の規範的な状態を提示するからであり、エミールの卓越した行動指針となるからなのです。

自分の島で、たったひとりで、仲間の助けも借りず、どんな技術の道具も持たず、しかも生き長らえ、自分自身の身を守っていくことができ、さらに、安寧〔安楽な生活〕といえるようなものまで手に入れたロビンソン・クルーソー。これこそあらゆる年齢の人にとって興味ある対象であり、多くの方法で子供にとって楽しいものにすることができる。こうして我々は無人島というものを実現させることになるのだが、それは私にとってはまず比較の対象になるだろう。そういう状態は確かに社会人(l'homme social)の状態ではない。おそらくエミールの状態となるものでもなさそうだ。しかしそういう状態をもとにしてこそ、彼は他のあらゆる状態を評価しなければならない。偏見に打ち勝ち、事物の真の関係にもとづいて自分の判断を秩序づける最も確かな方法は、孤立した人間の地位に自分を置いてみることであり、何事につけても、そういう人間が自分にとっての有用性(sa propre utilité)を考えて自ら判断を下すのと同じように判断することである。(OCⅣ-455)

少し先走りますが、のちに二十二歳になったエミールがヨーロッパ諸国歴訪に旅立つ時に携えてゆくのが、妻となるソフィーから借りたフェヌロンの『テレマックの冒険』であることも、この際注意しておきましょう（第五編、OCIV-825, 849）。

自然的技術と工業的技術——分業の必要

次の引用は、唐突に現れるように見えますが、直前のロビンソンの話の延長線上にあるのは明らかです。

自然的技術はひとりの人間で十分できることだが、それを実践しているうちに、多くの人の手の協力を必要とする工業的技術の探求へと導かれることとなる。前者は孤独な人間でも未開人でもできることだが、後者は社会でしか生まれ得ないもので、社会を必要なものとすっている。人が身体的欲求しか知らない間は、各人は自己自身で充足しているる。余分なものが取り入れられると、労働の分割と配分が不可欠になる。ということものも、ひとりで働いている人間はひとり分の生活の糧を得るだけだが、百人が協力して働けば二百人が生計を立てるだけのものが得られるからだ。だから、ひとりの人間が働くことをやめるとただちに、働く人たちの腕の協力によって何もしない人たちの労働の埋め合わせをしなければならなくなる。（OCⅣ-456）

ロビンソンのような孤立した人間の生活が比較の原点としての規範的な生活になり得るとしても、人間は現実には社会を形成して生きざるを得ません。市民を作る公教育ではなく、自然人を作る家庭教育に委《ゆだ》ねられたエミールも、このあと明言されるように、将来的には「都市に住むために作られた未開人」となるべく育てられているのです（OCⅣ-484）。人間が自然状態を逸脱して社会状態に移行し、相互的な依存関係にある時、自足した生活を送るロビンソンの自然的技術では不十分となり、工業的技術が不可欠となる。すると労働の分割と配分、すなわち分業の必要が起こる。その時、誰もが労働するのでなければ、社会は立ち行かなくなる、というわけです。ここに、人間にとっての職業の必要が示唆され、第三編後半部の重要な主題であるエミールの職業探索へと繋《つな》がります。

社会で生きる準備をさせる

第二編で所有権の観念や約束の神聖さの観念を教える場合もそうでしたが、ルソーはエミールを社会で生きる自然人とするための準備に心を砕き、細心の注意を払っているのがわかります。

あなた方が何よりも気をつけなければならないことは、生徒には理解できない社会関係に関する観念はすべて生徒の精神から遠ざけることである。しかし知識の連鎖からやむを得ず人間の相互依存について生徒に示さなければならなくなった時には、道徳的な面からそれを示すようなことはしないで、まずは人間同士を互いに有用なものとしている工業と機械的な技術とに生徒の全注意力を集中させるがよい。工房から工房へと連れ歩きながら、どんなことでも自分で仕事をせずにただ見学するようなことはけっしてさせてはならない。……（OCⅣ-456）

技術・もの・労働の評価基準

技術は一般には現実の有用性と逆比例して評価されていると批判するルソーは、最も独立した技術を第一位に、最も多く他の技術に依存しているものを最後に置きます。具体的には農業、鍛冶《かじ》、大工仕事の順。ではエミールはものと労働をどういう基準で評価するでしょうか。

彼が自然界のあらゆる物体や人間のあらゆる労働を評価するにあたっては、それらが自分にとっての有用性、自分の安全、保存、安寧〔安楽な生活〕に対して持つはっきりした連関を考えた上でのことでなければならない。こうして、彼の眼から見れば、鉄は金よりも、ガラスはダイヤモンドよりも、はるかに大きな価値を持つものとなるはずである。同様に彼は、ランプルールやル・ブランのような者、その他ヨーロッパ中のどの宝石細工師よりも靴屋や石屋をはるかに尊敬する。菓子屋はとりわけ彼の眼にはきわめて重要な人物と見えるから、ロンバール街あたりの取るに足らないキャンディ屋と引き換えなら科学アカデミーの全会員がいなくて構わないと思うだろう。金銀細工師、貴金属彫刻師、金泥《きんでい》師、刺繡《ししゅう》師などは、彼の考えでは、まったく無用な遊びに耽《ふけ》っているのらくら者にすぎない。時計屋にもそれほど大きな評価を与えない。

（OCⅣ-458～459）

交換の必要性

庭師ロベールのエピソードで明らかにされた労働と所有の関係の延長線上に、交換の必要性が出てきます。

技術の交流は技能の交換によって、商業の交流は物資の交換によって、銀行の交流は手形と貨幣の交換によって成り立っている。こういう観念はすべて互いに関連があるが、その基本的な概念はすでに得られている。我々はそれらすべての基礎を、すでに最初の時期から、庭師ロベールの助けを借りて与えておいた。今や我々に残されているのは、これらの観念を一般化し、より多くの実例へと拡大し、取引の機構を……子供に理解させることだけだ。

交換がなければいかなる社会も存在し得ないし、共通の尺度がなければどんな交換も存在し得ないし、平等ということがなければどんな共通の尺度も存在し得ない。こうして、どんな社会にも第一法則として、あるいは人間の間に、あるいは事物の間に、契約による何らかの平等がある。（OCⅣ-461）

貨幣の効用

交換の必要から貨幣が生まれました。貨幣の効用はどう説明されるでしょうか。

事物の間の契約による平等は、貨幣を発明させた。というのも、貨幣とは様々な種類の事物の事物の価値に対する比較の表現にすぎないからだ。そしてこの意味で貨幣は社会の真の紐帯《ちゅうたい》である。……

この発明の効用はこんな風に説明すれば、どんな愚か者にも感じさせることができる。違った性質のもの、たとえば織物と小麦を直接比較するのは難しい。けれども共通の尺度、つまり貨幣が見つかったとすれば、製造業者と耕作者が、自分が交換したいと思うものの価値をその共通の尺度に照らして測るのは容易だ。ある量の織物がある額の貨幣と等しく、またある量の小麦が同じ額の貨幣と等しいとすれば、商人がその織物と引き換えにこの小麦を受け取れば、結果として公正な交換をしたことになる。こうして、いろいろな種類の財貨が貨幣によって通約できることになり、互いに比較できるようにもなる。

これ以上先に進んではいけない。そしてこうした制度の道徳的な結果の説明に立ち入ってはならない。何事においても、弊害を示す前にその効用について十分に述べておくことが大切だ。（OCⅣ-461〜462）

生徒に理解できる範囲で

こうして、生徒が理解できる限度に十分気を付けながら、将来政治社会で生きるために知っておく必要のある事柄にエミールを少しずつ接近させてゆきます。

こうすれば生徒の好奇心をどれだけ多くの興味ある対象に向けさせることができることだろうか。しかも、生徒の手の届くところにある現実的で物質的な関係の外に出ることもなく、また生徒に理解できないようなたったひとつの観念すらも生徒の精神に呼び起こすこともさせないですむのだ。教師の技術は、何にも関係ない些細《ささい》なことに関する観察をむやみに積み重ねさせることではなく、政治社会（la société civile）の良い秩序と悪い秩序を正しく判断できるように、いつの日か生徒が知らなければならない重大な関係にたえず生徒を近づけることにある。生徒を楽しませる話を、生徒に与えられた精神的傾向に合わせるすべを心得ていなければならない。他の生徒の注意をかすめることさえなさそうな問題が、エミールを六か月も悩ませることになるだろう。（OCⅣ-462〜463）

社会関係の観念の形成

十人がみな十種類の仕事をするのではなく、各人が自分のために、そして他の九人のために、自分の才能に一番適した仕事をひとつする、その上で交換によって互いの必要を満たす、これが我々のあらゆる制度の原則だと述べたあと、ルソーはこう続けています。

この原則に立てば、自分を孤立した存在とみなし、何ものにも関わりを持たず、自己自身で充足しようとする者は、惨めな人間にしかなれないだろう。暮らしてゆくことさえ不可能だろう。というのも、土地はすべて人の所有になっているし、彼は自分の体しか持たないから、どこから必要なものを手に入れるのだろうか。我々は自然状態から抜け出ることによって、仲間の者たちにもそこから抜け出ることを強制しているのだ。他の人たちの意志に逆らってそこにとどまることは誰にもできない。そして、そこで生きることもできないのにそこにとどまろうとするのは、実際にはそこから抜け出してしまうことになるだろう。というのも、自然の第一の法則は自己保存の配慮だからである。

こうして、子供が実際に社会の能動的な一員になることができる以前に、社会関係についての観念が子供の精神のうちに少しずつ形成されてゆく。エミールは、自分が使う道具を手に入れるためには、他人が使う道具も必要であるということ、またそれがあれば、自分に必要なもので他人がもっているものを交換によって手に入れることができるのを知る。私は容易にこうした交換の必要を彼に感じさせ、それを利用できるようにしてやる。（OCⅣ-467）

人はみな生きなければならない

次の短いエピソードは奇術師のエピソードのところですでに触れたように、生業《なりわい》としての職業に貴賤はないという教訓を通して、人間にとっての職業の意味、その重要性を考えさせるものとなっています。「自己保存の配慮は自然の第一の法則」なのです。

「閣下、私は生きていかなければならないのです」ある不遇な風刺作家がその卑しい職業をなじった大臣に向かってそう言った。「私はその必要を認めない」高官は冷ややかにそう言い返した。この返事は大臣としては立派なものだが、どんな人にせよ他の口から出たとしたら、残酷な、間違った言葉となっていただろう。人はみな生きなければならない。(Il faut que tout homme vive.) この議論は、人はその人間愛に応じた力をこめて主張するものだが、自分自身について議論をする者にとっては、反駁《はんばく》の余地のないことだと私には思われる。自然が我々に与えるすべての嫌悪感のうちで、一番強いのは死に対する嫌悪感なのだから、生きるためには他に何の手段もないという人にとっては、自然によってどんなことでも許されていることになる。(OCⅣ-467)

大革命の予言

自分の身分にふさわしい教育しか考えない高貴な身分の人たちに運命の変転を警告する文脈で語られる次の言葉は、ルソーがフランス大革命を予言したものとしてよく知られています。しかしそれだけではなく、身分の上下を問わず人間には誰しも自分の職業が必要だという命題にも繋がる言葉です。

あなた方は社会の現在の秩序を信頼して、この秩序が避けがたい革命に脅かされていることを考えない。そしてあなた方の子供たちが直面することになるかもしれない革命を予見することも、予防することも、あなた方にはできないということを考えない。高貴な者は卑小な者となり、富める者は貧しい者となり、君主は臣下となる。そういう運命の打撃は稀《まれ》にしか起こらないから、あなた方はそれから免れることができると考えているのだろうか。我々は危機の状態と革命の時代に近づきつつあるのだ。その時あなた方がどうなるか、誰があなた方に責任を持てよう。人間が作ったものはみな人間が壊すことができる。自然が刻み付けた印のほかには、消すことのできない印はない。そして自然は王侯も金持ちも大貴族も作らないのだ。（OCⅣ-468〜469）

労働は社会人の義務

労働は社会に生きる人間の義務であるとすることによっても、職業を持つ必要の主張が出てきます。この確認から、エミールの職業探しの物語へと移っていきます。

自分で稼いだわけでもないものをのらくらしながら食っている者は、それを盗んでいるのだ。何もしないのに国家から支払いを受けている年金生活者は、私の眼から見れば、通りかかった人を犠牲にして生活している山賊とほとんど変わりがない。社会の外にあって孤立している人間は、誰にも何も借りがあるわけではないから、好きなように生きる権利がある。けれども社会にあっては、人間は必然的に他人の犠牲によって生きているのだから、その生活費を労働によって返さなければならない。これには例外がない。だから働くことは社会人（l'homme social）にとって欠くことのできない義務だ。金持ちでも貧乏人でも、強い者でも弱い者でも、遊んで暮らしている市民はみんな詐欺師だ。（OCⅣ-470）

エミールの職業選び

エミールの職業選択には一応基準が設けられます。最初に意外なのは、人間の一番基本的な職業であり、一番立派で、一番有用で、一番高貴な職業とされる農業が、すでにエミールは知っているという理由で退けられる、ということです。この時点で早くも職人身分が推奨されています。「人間に生活の糧を供給することのできるすべての仕事の中で、人間を自然状態に最も近づけるのは、手を使う労働である。あらゆる境遇の中で、運命と人間とから最も独立しているのは、職人の境遇だ。職人は自分の労働にしか依存していない。彼は自由なのだ。……」（OCIV-470）。

次に、つまらない職業、無益な職業、はやりすたりのある職業も除外されます。エミールは現実の効用以外に事物の価値を認めないので、孤島のロビンソンに役立つ職業が必要だとされます（OCIV-474）。そのうち話は次第に具体的になり、庇護《ひご》者を必要とし、富者に依存する建築家や画家、音楽家、語学などの教師は除外されます。刺繍師、金箔《きんぱく》師、塗《ぬ》師《し》、俳優、詩人、書物を書く人、警官、スパイ、死刑執行人も除かれます。仕立て屋のような、家に閉じこもって腰を掛けてする仕事は女性の職業とされて、これもだめ。男子にふさわしい職業を！（このあたりは時代の制約を感じさせます）。蹄鉄《ていてつ》工、錠前屋、鍛冶屋、靴屋は清潔さという観点から退けられ、織工、靴下製造工、石割工も、自動的で同じ手作業の繰り返しだからだめ。こうしていわば消去法を駆使したあとで、指物師（箪笥《たんす》・箱・机の類《たぐい》の、板を指し合わせて作る家具製作者）に落ち着くことになるのです。

すべてをよく考えてみると、私が一番好ましいと思い、私の生徒の趣味にもかなっていると思われる職業は、指物師の職業である。それは清潔で、有益で、家の中で仕事をすることができる。それは十分に体を働かせ、職人の器用さと工夫を必要とし、用途によって決定される作品の形には、優美さと趣味も排除されていない。（OCⅣ-477〜478）

第四編以降への展望——人を愛することのできる感じやすい存在にする

エミールの職業が決まったところで、第三編と第四・五編をつなぐ短いけれども重要なパラグラフが登場します。第四編以降におけるエミールの教育の課題が明らかにされるのです。

こうして我々は我々自身のところに立ち戻った。いまや我々の子供は、子供であることをやめようとしており、自分という個人に立ち返ったのだ。いま彼は、自分を事物に結び付けている必然の力を、これまで以上に感じている。我々はまず彼の身体と感覚を訓練したあとで、彼の精神と判断力を訓練した。要するに、肢体の使い方を諸能力の使い方と結び付けた。我々は一個の行動し思考する存在を作り上げた。人間を仕上げる（achever）には、人を愛することのできる感じやすい〔感受性のある〕存在（un être aimant et sensible）を作り上げること、つまり、理性を感情によって完成させる（perfectionner）ことだけが、我々に残されている。しかしそうした新しい事物の秩序に入っていく前に、我々が抜け出そうとしている秩序に眼を投ずることにしよう。そして、我々がどこまで到達したのかを、できるだけ正確に見ることにしよう。（OCⅣ-481）

〈理性を感情によって完成させる〉とは、他者の存在をたんに頭で理解するだけでなく、感情によっても理解する、ということでしょう。つまり、他者の幸福をともに分かち持ち、また他者の苦しみをともに苦しむ、一言でいえば他者と一体となり、その幸・不幸に共感できる、そうなって初めて人間として完成するのだ……と言いたいのだと思います。ここに、続く第四・五編におけるエミールの教育の課題がはっきりと予告されています。

認識論的なまとめ

これまでの歩みと到達地点を振り返る部分の最初に、認識論的なまとめが提示されます。

我々の生徒は初め感覚しか持っていなかったが、今では観念を持っている。彼は感じるだけだったが、今では判断する。というのも、続いて起こるか同時に起こるかするいくつもの感覚の比較から、そしてそれについて下す判断から、私が観念と呼ぶ、一種の混成感覚または複合感覚（une sorte de sensation mixte ou complexe）が生まれてくるからだ。

……

単純観念とは比較された感覚にすぎない。単純感覚（les simples sensations）のうちにも、私が単純観念と呼ぶ複合感覚の場合と同じように、判断はある。感覚においては、判断はまったく受動的で、人が感じているものを感じているということを判断が確認する。知覚あるいは観念においては、判断は能動的である。判断は、感覚によって決定されないいろいろな関係を近づけ、比較し、決定する。これが両者の違いのすべてだが、この違いは大きい。自然はけっして我々をだますことはない。我々をだますのはいつも我々なのだ。（OCIV-481）

社会状態に生きる自然人

次の引用でエミールが社会に生きる自然人であることが初めて明言されます。

自然がその道具と規則を選ぶのは、世間の意見に基づいてではなく、必要に基づいてなのだ。ところで必要は人間の状況に応じて変わる。自然状態に生きている自然人と社会状態に生きている自然人では大いに違いがある。エミールは人の住まない土地へ追いやるべき未開人ではない。都市に住むように作られた未開人なのだ。彼はそこで必要なものを見つけ、都市の住民たちから利益を引き出し、彼らと同じようにではないにしても、少なくとも彼らと一緒に生きるすべを心得ていなければならない。

（OCⅣ-483〜484）

十五歳になったエミール

最後に、自然現象を判断する際の間違いについて、また、正しく判断するにはどうすべきかについて、水に半分浸《つ》かっている棒を観察させて屈折光学を学ばせる具体例などを使って詳しく――いささかくどくどしく――述べたあと、まとめの部分に入ります。その最後のところで、十五歳になったエミールをルソーは次のように描いて、第三編を結んでいます。

一言でいえば、エミールは自分自身に関係のある美徳はすべて持っている。社会的な美徳も持つためには、それを必要とする関係を知ることだけが残されている。彼の精神がまもなく受け入れようとしている知識だけが欠けているのだ。

彼は他人のことを考えずに自分を考える。そして他人が自分のことを考えてくれなくてもよいと思っている。彼は誰にも何も求めないし、誰にも何ひとつ借りていないと信じている。彼は人間社会の中でひとりきりだし、自分ひとりしか当てにしていない。彼はまた、他の誰よりも自分を当てにする権利を持っている。というのも、彼は人がその年齢でありうるすべてだからだ。彼は過ちをしない。したとしても、我々に避けがたい過ちだけだ。彼は悪徳をまったく持っていない。持っているとしても、それはどんな人間にも免れられないものだけだ。彼は健康な身体、軽快な肢体、偏見のない正しい精神、情念にとらわれない自由な心を持っている。あらゆる情念のうちで最初に生まれる、最も自然な情念である自尊心（l'amour-propre）もまだほとんど搔《か》き立てられていない。誰の休息を乱すこともなく、彼は自然が許してくれた限り、満足して、幸福に、自由に、生きてきたのだ。こんな風にして十五歳に達した子供が、それまでの年月をむだにしたことになるとあなた方は考えるだろうか。（OCⅣ-488）

第四編　青春期（十五歳～二十歳）

第四編の構成・内容

　形式面から見ると、第四編は大きく三つの部分に分けることができます。前半部と中間部、そして後半部の三つで、分量的にはほぼ三分の一ずつになっています。便宜上㈠㈡㈢と分けることにしましょう。中間部である㈡には「サヴォワの助任司祭の信仰告白」と、タイトルが付けられています。ある青年（実はエミールの教導者である「私」）がイタリアのある都市でサヴォワ公国出身のカトリックの聖職者から聞いた話を書き取った手記の一部という体裁を取って、この聖職者が一人称体で語る「信仰告白」が独立した形で登場するのです（ただし、途中で一か所、青年が口をはさむ場面があります、OCⅣ-606）。

　内容から見ると、第四編全体は、十五歳から二十歳くらいまでの、青年時代（la jeunesse）の前半（青春期／l'adolescence）を扱っており、人間が周囲の人たちとの精神的・道徳的関係を通じて知的理性（人間的理性）を形成する過程が描かれますが、戸部松《とべまつ》実氏《み》によれば、前半部である㈠は道徳教育、中間部である㈡（「信仰告白」の部分）は宗教教育、後半部である㈢は情操教育に当てられている、とされています（戸部松実『『エミール』談論』国書刊行会、二〇〇七年、三六七～三六八頁）。わかり易い見取り図ですから、頭に入れておくとよいでしょう。第三編まででいわゆる知育と体育はほぼ終わり、いよいよ徳育（道徳心をそなえた、情操豊かな人間性を養う教育）の段階を迎えるという意味で、第四編は『エミール』全体の中で〈人間の形成〉がクライマックスに達するところと考えられます。「私」とエミールの関係も㈢に至って教師と生徒の関係から、師と弟子の関係へと変わってゆきます。

第三編の最後の方で、エミールを人間として仕上げるには、人を愛することのできる、感受性のある（感性豊かな）存在（un être aimant et sensible）にすること、つまり、理性を感情によって完成させることだけが我々に残されている、と「私」が語っているのを紹介しましたが（OCIV-481、本書百五十四～百五十五頁）、ちょうどそれと呼応するように、第四編の㈠で次のような「私」の言葉が出てくるのに注目しましょう。「私のエミールについていえば、子供時代には単純さと良識（de la simplicité et du bon sens）を持っていたが、青年時代になれば、思いやりと感受性〔豊かな感性〕（de l'âme et de la sensibilité）を持つことになるだろうと私は確信している。というのも、感情の真実は多くの場合、観念の正確さに起因するからだ」（OCIV-512）。この言葉が第四編の内容を端的に示しています。この内容と関連して、ルソーの先行著作、特に「第二論文」『人間不平等起源論』で展開されている哲学的人間学に接続する諸概念が登場するのも、第四編の際立った特徴です。

第四編　㈠

第四編㈠の主な流れ

冒頭で、人間は二回この世に生まれると述べられます。ルソー学者ブリュノ・ベルナルディによれば、ルソーの人間学の最も本質的な命題です。この時期は人間の第二の誕生の時期であり、人間が本当に生き始める最初の時で、同時に危機の時期（le moment de crise）でもあるとされます（OCⅣ-489, 495, 518）。なぜ危機の時期なのか、その説明が諸情念の発達に求められるのです。

唯一の自然の情念である自己愛（自愛心）と理性の産物である自尊心（利己愛）の重要な区別から始めて、情念の系譜学が展開される一方で、「第二論文」で自己愛と並んで理性に先立つもうひとつの原理とされた憐《あわれ》みの情の役割が重視され、これを不幸な人たちに向けることで、人間愛の涵養《かんよう》に資することができる、とされます。

総じて㈠では、生まれ始めた感受性（la sensibilité naissante）をいかにして人間愛を育む方向に導くことができるか、についての考察が繰り返し述べられます。善行を施す経験の大切さを説くところで、自尊心を他の存在の上に広げる、あるいは、憐みの情を一般化して全人類の上に広げる、といった表現が登場しますが、みな同じ発想によるものでしょう。感受性が自分にしか向かっておらず、自分のことしか考えていなかったエミールを、「彼自身の外に放り出す」（OCIV-548）必要があるのです。したがってここでのキーワードは感受性（la sensibilité）ということになります。この言葉は、sensible（感じやすい）という形容詞に由来しますが、豊かな感性、思いやり、情味を含意しているのです。他者の幸福をいかにして自分のものにできるか、また他者の不幸にいかにして共感できるか、ということが問題なのです。性的好奇心の目覚めにどう対処するかの問題にも言及されています。

次に、社会を知る前に人間を知る必要があり（このあと第四編㈢でエミールは世間＝社交界にデビューします、OCIV-654 *sqq*）、本来善なる存在である人間の心が社会によっていかに堕落し邪悪になるかを知るために、歴史書（特に古代人の書いた歴史書）を読むことが推奨されるのも㈠です。第二編で退けられたラ・フォンテーヌの『寓話』もエミールの読むべき本となります。

エミールが人為人（人為の人）（l'homme de l'homme）ではなく、自然人、しかも社会で生きるべき自然人であることも、再度強調されています。

最後に(二)への導入部分が現れ、前述した「ある青年」がサヴォワ出身の助任司祭と出会って精神的に救済される顚末《てんまつ》――実はルソー自身の自伝的物語――が語られて、「信仰告白」へと続いてゆきます。

第二の誕生――真に人生に生まれる

人生は短く、楽しむ時はあまりに短いと嘆く冒頭のパラグラフに続いて、人間の二度の誕生について語られます。

我々はいわば二度生まれる。一度目は生存するため、二度目は生きるために。一度目は人類の一員として、二度目は性を持った人間として。女性を不完全な男性とみなす人々は確かに間違っている。けれども外見的な類似を見れば、彼らの言うことはもっともだ。年頃〔結婚適齢期〕(l'âge nubile) に達するまでは、男女の子供たちを区別するものは外見上何もない。同じ顔、同じ姿、同じ顔色、同じ声、すべて同じだ。女の子も子供であり、男の子も子供だ。こんなによく似た存在には、この同じ呼び名で十分である。その後の性の発達を妨げられた男性は、この類似を一生涯持ち続ける。

いつまでたっても大きな子供なのだ。そして女性は、この同じ類似をけっして失うことがないので、多くの点で、いつまでも子供と別のものにはならないように思われる。しかし男性は、一般に、いつまでも子供時代にとどまるようには作られていない。彼は自然によって定められた時期にそこから抜け出す。そしてこの危機の時期（ce moment de crise）はかなり短いとはいえ、その影響は長く尾を引くのである。（OCⅣ-489）

この危機の時期は情念の目覚めによってもたらされるわけですが、その様子をルソーは、次のように比喩《ひゆ》を用いて文学的に描いています。

海の轟《とどろき》が暴風雨に先立って早くから聞こえるように、この嵐のような大変動は生まれ始めた情念のつぶやきによって予告される。鈍い音を立てる発酵現象が危険の接近を知らせる。気分の変化、たびたびの熱狂、絶え間のない精神の動揺が、子供をほとんど手に負えないものとしてしまう。以前はそれを聞けばおとなしくなっていた声も、彼にはもう聞こえない。熱病にかかったライオンだ。自分の導き手を認めず、もう監督されたいとは思わない。
気分の変化を示す精神的兆候とともに、顔かたちにも著しい変化が現れる。容貌《ようぼう》が発育し、性格が刻み付けられる。頬の下の方に生えているまばらな柔らかい毛は、褐色を帯び、硬くなる。声が変わり、むしろ声を失ってしまう。彼は子供でもなければ大人でもない。そしてそのどちらの声も出すことができない。あの魂の器官である彼の眼は、今までは何も語らなかったが、ある言語と表情を持つことになる。生まれ始めた情熱が眼に生気を与える。以前より生き生きとしてきたその眼差《まなざ》しは、まだ清らかな純潔をたたえている。しかしもう昔のような間抜けな感じはない。自分の眼がものを言いすぎるかもしれないと、彼はすでに感じている。眼を伏せて、顔をあからめたりすることができるようになり始めている。何を感じているかわからないうちに、感じやすくなる。不安になる理由もないのに不安になる。……

　これこそ、私の話した第二の誕生である。ここに至って人間は真に人生に生まれて、人間のするどんなことも彼にとって無縁ではなくなるのである。これまでの我々の心遣いは子供の遊びにすぎなかった。今になって初めてそれは真の重要性を帯びることになる。普通の教育が終わるこの時期こそ、まさに我々の教育が始まるべき時期なのだ。（OCⅣ-489〜490）

情念とは何か――二種類の情念

ここまでが前置きで、このあと、人間に第二の誕生をもたらす諸情念についての考察が始まります。いわばルソー流の情念論です。情念には自然に由来する情念と、他からやって来る情念の二種類ある、という指摘が最初に出てきます。

我々の情念は我々の自己保存の主要な道具である。したがってそれを破壊しようと望むのは空しく馬鹿げた企てだ。それは自然を制御することであり、神の作品を作り変えることである。……

ところで、情念が生まれてくるのを妨げようとする人がいるとしたら、情念を消滅させようとする人とほとんど同じくらい、気のふれた人だと私は思う。……

しかし情念を持つことが人間の自然であるからといって、我々が自分のうちに感じておりまた他人のうちに見ている情念が、すべて自然のものであると結論しようとするなら、それは正しく推論していることになるだろうか。なるほど、情念の源は自然である。しかし他から来る無数の小川が源を大きくしてしまった。それは絶えず水嵩《みずかさ》を増す大河であり、そこには源からの水はわずか数滴も見出《みいだ》せないだろう。我々の自然の情念はきわめて限られている。それは我々の自由の道具であり、我々を保存することを目指している。我々を従属させ、破滅させる情念はすべて、外から我々のところにやって来る。自然は我々にそれを与えたりはしない。我々が自然を犠牲にしてそれを自分のものとするのである。（OCⅣ-490～491）

すべての情念の源、自己愛

人間の情念の中でも特別の位置を占めるのは自己愛（自愛心）（l'amour de soi）です。自己愛については『人間不平等起源論』で、理性に導かれ憐みの情によって姿を変えることで自己愛から人間愛と美徳が生まれるとされていますが（OCⅢ-215）、ここでは次のように定義されています。

我々の諸情念の源泉、その他のすべての情念の起源であり根源であるもの、人間と共に生まれ、人間が生きている限りけっして人間から離れることのない唯一の情念は、自己愛である。それは原初的で生得的なものであり、他の一切の情念に先立つもので、他のすべての情念はある意味でその変形したものにすぎない。その意味では、すべての情念が自然であるということになるかもしれない。しかしこれら変形したものの大部分は外部的な原因を持つのであって、それがなかったならば、けっして生じなかったはずのものなのである。しかもその同じ変形したものは、我々にとって有益であるどころか、有害なものなのだ。それは最初の目標を変え、その原理に逆行する。その時人間は自然の外に出ることになり、自己と矛盾することになる。

自己自身に対する愛は常によいもので、常に秩序にかなっている。各人が自分自身の保存を特に任されているのだから、各人の第一の最も重要な配慮は、たえず自己保存に心を配ることであり、またそうでなければならない。そしてそのことに最大の関心を抱いていないとしたら、どうしてそれに心を配ることがあるだろうか。（OCIV-491）

自己愛が他のすべての情念の起源であるということは、たとえばそこから愛も生まれれば、憎悪も生まれるということを意味します。なぜなら、自分の身を守ってくれる人に愛着を抱き、その反対の人に嫌悪を感じるのは、自己保存の配慮に他ならない自己愛の、直接の結果だからです。愛着が愛に、嫌悪が憎悪に変わるのは、我々の役に立とう、もしくは我々に害をなそうという相手の意図が明白になるかどうかによるのです。

人間は自分の安寧に幸いするものに惹《ひ》かれ、自分に害を与えるものに反発する。それは盲目的な本能にすぎない。この本能を感情に、愛着を愛情に、嫌悪を憎悪に変えるものは、我々に害を与えよう、あるいは役に立とうとする、はっきり表明された意志である。……人は自分の役に立つものを求め、自分の役に立とうとしてくれるものは愛する。人は自分の害になるものを避け、害を与えようとするものは憎む。
（OCⅣ-492）

自己愛と自尊心

『人間不平等起源論』では、自然な感情である自己愛（自愛心）に対して、自尊心（利己愛）（l'amour-propre）は社会の中で生まれる相対的で人為的な感情とされ、名誉心の起源であると言われていますが（OCⅢ-215）、ここでは次のように区別されます。

自己愛は我々のことしか考慮に入れないものであるから、我々の真の欲求が満たされれば満足する。しかし自尊心は、自分を他と比較するので、けっして満足しないし、また満足するわけがない。なぜならこの感情は、他者よりも我々を大切にすると同時に、他者もまた彼ら自身より我々の方を大切にすることを要求するのだが、それは不可能だからだ。そんなわけで、優しく情愛のこもった情念が自己愛から生まれ、また憎しみに満ちた怒りの情念が自尊心から生まれるのである。こうして、人間を本質的に善良にするのは、欲求をあまり持たず、自分をあまり人と比較しないことである。人間を本質的に邪悪にするのは、たくさんの欲求を持ち、人の思惑（l'opinion）を大いに気にすることである。（OCⅣ-493）

最初の情念である自己愛からいかにして他の情念が発酵するか

ルソーは「第二論文」でも『エミール』でも、情念の系譜学を試みていますが、描かれた系譜はみな同じというわけではありません。たとえば『戦争法の諸原理』という著作のために一七五五年秋から翌年春頃に書かれた草稿には、「愛他心（la bienveillance）ゆえに我々は同胞の幸福を共に分かち持つことができるのだし、また同情心（la compassion）ゆえに我々は苦しんでいる人と一体化し、その人の苦しみを我々も深く悲しむことができる」とあります（『ルソーの戦争／平和論』勁草書房、二〇二〇年、五十五頁）。しかし今は作品間の異同にはあまりとらわれず、基本的な構図、すなわち、自己愛を適切に育めば、憐みの情に助けられて、友情、愛、善意、人間愛などの正の諸情念が生まれるが、自己愛が自尊心に変質すると、思い上がり、虚栄心、羨望《せんぼう》、嫉妬《しっと》などの負の諸情念が生まれる、という基本的な構図だけ押さえておきましょう。『エミール』では情念の系譜学の作成自体が目的ではなく、重要なのは、青年の教育においてどうすれば負の情念への傾きを回避することが可能となるかを知ることとなのです。

たとえば次の引用はどうでしょうか。ここにも、自己愛→自尊心→負の諸情念→自己の存在の感情さえも他者の判断から引き出すしかない社会状態の人間、といった流れを読み取ることができるでしょう。

ある人を好ましいと思えば、自分も好ましく思われたいと願う。愛は相互的でなければならない。愛されるためには、愛するに値するものにならなければならない。他の人より好ましく思われるためには、他の人よりも一層愛するに値するもの、少なくとも自分の愛する人の眼には、他のどんな人よりも一層愛するに値するものにならなければならない。そこから、自分の同類に初めて視線が投げかけられることになる。そこから、初めて彼らと自分を比較することになる。そこから、競争心が、対抗意識が、嫉妬が生まれる。ひとつの感情で溢《あふ》れんばかりにいっぱいになっている心は、打ち明けたいと思う。恋人の必要から、やがては友人の必要が生まれる。愛されることがいかに心地よいものであるかを感じている人は、すべての人から愛されたいと願うだろう。そしてすべての人が他の人より自分が好まれることを願ったとしたら、不満な人が大勢出てくることになろう。愛と友情とともに、不和、敵意、憎悪が生まれる。これほど多くの様々な情念の中から、世間の評判（l'opinion）が揺るぎない王座を打ち立てるのを、そして愚かな人間たちがその支配に屈して、自分自身の存在をただ他者の判断の上にしか築かないのを、私は目にする。（OCⅣ-494）

性的好奇心にどう対処するか

エミールに性の問題をどう話すかについては、第四編の㈢で重要なテーマとなりますが、㈠でも性の意識の現われが問題とされています。

これらの考察から、私はよく議論の的となっているあの問題の解答を引き出す。それは、子供の好奇心の的となっていることについて、早くから彼らに説明してやるのがよいか、それともほどよい嘘で騙《だま》しておいた方がよいか、という問題だ。私はどちらもしてはいけないと思う。第一に、そういう好奇心は、きっかけを与えなければ子供に生まれることはない。だから、子供にそういう好奇心を持たせないようにしなければならないのだ。第二に、しいて答えなくてよい問題は、それを質問する者を騙すことを必要としない。嘘をついて答えるより、黙らせた方がよい。どうでもいいようなことでは、黙るという掟《おきて》に子供をいつも従わせるように心がけていれば、子供はそういう掟に驚いたりはしないだろう。結局、答えようと決心する場合には、できるだけ率直に答え、いわくありげな様子をしたり、困ったふうをしたり、微笑を浮かべたりしないことだ。子供の好奇心は、刺激するより満足させてやったほうがはるかに危険は少ない。（OCⅣ−496〜497）

人間愛の最初の種子を植え付ける

感受性という言葉が登場します。「すべての情念の源は感受性であり、想像力がその傾斜を決定する」とされ、生徒の「感受性が自分一個に限られている限り、彼の行為には道徳的なものは何もない。感受性が彼自身の外に向かって広がって行く時になって初めて、彼はまず善悪の感情を、次に善悪の観念を持つようになる。この観念が真に彼を人間として、また人類の完全な一部として、構成する」と述べられるように、感受性という言葉が重要な意味を担ってきます（OCⅣ−501）。こうして、生まれ始めた感受性（la sensibilité naissante）を利用して人間愛（l'humanité）を育てる大切さが力説されるのです。

注意深く育てられた青年が抱くことのできる最初の感情は、愛ではなく、友情である。生まれ始めた彼の想像力の最初の行為は、自分には同類がいることを教えることだ。異性より先に人類が彼の心を動かす。したがってここに、彼の純潔を引き延ばしてきたもうひとつの利点がある。それは、青春期の青年の心に人間愛の種を植え付けるために、生まれ始めた感受性を利用することである。これは、一生の間にそういう配慮が実を結ぶ唯一の時期であるだけに、なおのこと貴重な利点である。（OCIV-502）

なぜ人間は社会を作るのか

神ならざる人間は自己自身で充足することはできず、社会を作って相互に依存せざるをえません。人間が社会〔指向〕性（la sociabilité）を持つのは共通の惨めさゆえであり、共通の惨めさの意識が人間愛に向かう契機となるのです。

人間に社会〔指向〕性を持たせるのは、その弱さである。我々の心を人間愛に向かわせるのは、我々の共通の惨めさである。もしも我々が人間でなかったとしたら、我々は人間愛に何も負うものはないであろう。あらゆる愛着は非充足性のしるしである。もし我々のひとりひとりが他者をまったく必要としていないなら、自分を他者と結び付けようとは、まず考えたりしないだろう。こうして、我々のか弱さ自体から我々のはかない幸福が生まれる。真に幸福な存在は孤独な存在である。神だけが絶対的な幸福を享受している。しかし我々の誰がそんな幸福の観念を持っていよう。もしも誰か不完全な存在が自己自身で充足できるとしたら、我々から見て彼はどんなことを享受することになるのか。ひとりになり、惨めになるだろう。何も必要としない人が何かを愛することができるとは、私には思えない。何も愛していない人が幸せになれるとは、思えない。（OCⅣ-503）

共通の惨めさの意識があって初めて本性の同一性を感得し、不幸に苦しむ人に同情できるわけですから、次のような戒めが生まれます。

だから、生まれ始めた感受性の最初の動きを青年の心の中で掻《か》き立て、育みたいと思うなら、そして彼の性格を善行と善意の方向に向けたいと思うなら、人々の幸福の偽りの姿によって、彼の中に傲慢《ごうまん》や虚栄心や羨望の念を芽生えさせるようなことをしてはならない。最初から、宮廷の華やかさや宮殿の豪華さや様々なスペクタクルの魅力を彼の眼に晒《さら》してはいけない。クラブやきらびやかな集まりに彼を連れまわしてはならない。（OCⅣ-504）

こうして憐みの情が生まれる

自己愛と並んで重要な情念は憐みの情（la pitié）です。「第二論文」では、自尊心の激しさを和らげ、自尊心が発生する前は自己保存の欲求（つまり自己愛）を和らげる役割を果たすとされていますが（OCⅢ-154）、ここでは次のように述べられています。想像力の働きで自分の外に出ることの重要さ、また憐みの情を育むにはどうしたらよいかが、説かれます。

こうして憐みの情が生まれる。それは自然の秩序に従えば、人間の心を動かす最初の相対的な感情である。感じやすく憐み深く（sensible et pitoyable）なるためには、子供は、自分がかつて苦しんだことのあることを現に苦しみ、自分がかつて感じた苦痛を、そして、またいつか感じることがあるかもしれないものとしてその観念を持つはずの他の苦痛を現に感じている、自分に似た存在がある、ということを知らねばならない。実際、我々を自分の外に運び出し、苦しんでいる動物と同一化し、いわば我々の存在を捨ててその動物の存在に変わるのでなければ、どうして我々は憐みの情に心を動かされるだろうか。我々は相手が苦しんでいると判断する限りにおいてしか苦しまない。我々が苦しむのは、我々自身のうちにおいてではなく、相手のうちにおいてなのだ。それゆえ、想像力が活発になり、自分を自分の外に連れ出し始めない限り、誰ひとり感じやすくはならないのである。

この生まれ始めた感受性を掻き立て育むためには、それを導き、あるいはその自然の傾きに従うためには、我々はいったい何をしなければならないのだろうか。それは青年の心の、外に溢れ出ようとする力が働きかけることのできる対象を、その心をのびやかにさせ、他の存在の上にまで広げるような対象を、至る所で自分の外に自分を見出させるような対象を、青年に示すことに他ならない。青年の心を狭め、内部に集中させ、人間の自我のばねを張り詰めさせるような対象を、注意深く遠ざけることに他ならない。換言すれば、彼の心の中に、善意を、人間愛を、同情心を、親切心を、本来人間に好ましく思われる、人を惹きつける心地よいすべての情念を掻き立て、羨望や、貪欲《どんよく》や、憎悪や、いわば感受性を無に帰するのみならず否定的なものとして、それを感じる人の苦しみとなるような、人に嫌がられる残酷なすべての情念が生まれるのを妨げることに他ならない。（OCⅣ-505～506）

人類を構成するのは民衆だ

金持ちや政治家が民衆を軽んじているのに憤慨してルソーは著作のあちこちで民衆への

共感を表明し、民衆を擁護しています。たとえば『人間不平等起源論』の第一部には、憐みの情を真っ先に行動で示すのは、卑賤《ひせん》の徒（la canaille）呼ばわりされて蔑《さげす》まれている民衆である、という記述があります（OCⅢ-156）。ところで次の引用では、不幸な民衆を含めたすべての人に対して青年の心を開かせることの大切さが力説されます。

人類を構成するのは民衆だ。民衆でないものはごく僅《わず》かにすぎないのだから、数に入れるには及ばない。人間はどんな身分にあっても同じ人間なのだ。そうだとしたら、一番数の多い身分が最も尊敬に値するのだ。考える人の前では、すべての社会的区別が消えうせる。……人類は本質的に民衆の集合から成り立っていること、国王や哲学者がみんな人類から除外されても、ほとんど何の変わりもないくらいであって、事態はそのために一層悪くなるわけでもないことを、考えるがよい。一言でいえば、あなた方の生徒に、あらゆる人間を愛すること、人間を卑しめる連中さえ愛することを教えるがよい。自分をどんな階級にも置かせないように、あらゆる階級のうちに自分を見出させるようにするがよい。彼を前にして、感動をこめて、憐みの情さえこめて、人類について語るがよい。しかしけっして軽蔑《けいべつ》を込めて語ってはならない。人間よ、人間を辱めてはならない。

こういう道を通ってこそ、すでに切り開かれている道とはまったく反対の、これに似た他の道を通ってこそ、青春期の青年の心の奥深くに入り込み、そこに自然の最初の動きを刺激し、その同類の上に心を開かせ、広げさせるべきなのだ。（OCⅣ-509〜510）

他者の不幸に同情するとはどういうことか

早くから社交界で羽を伸ばしている青年、騒々しい社交界を飛び回り、傲慢な心にらちもない幸福を思い描いている青年とエミールを比較する一節があります（OCⅣ-512 *sqq*）。社交界の偽りの幸福を眼にして、エミールは何を感じるでしょうか。他者の不幸に同情できる人は幸せを享受する、という趣旨が述べられています。

私の生徒の心を打つ最初の光景は悲しみの対象であるにしても、自分を顧みて最初に感じるのは、喜びの感情である。どれほどの不幸から自分が免れているかを知って、以前に考えていた以上に自分が幸福だと感じる。彼は自分と似たような人たちの苦しみを分け合っている。けれども、こうして苦しみを分け合うことは自分の意志ですることで、快いことだ。彼は自分と似たような人たちの不幸に対して抱く憐みの情と同時に、自分がそうした不幸を免れているという幸福を嚙《か》みしめる。我々を我々の向こうにまで広げ、我々の安寧のために用いてもあり余る活動力を他のものへ向けさせる、そういう力の状態に自分がいることを感じる。他人の不幸に同情するには、確かにその不幸を知っていなければならないが、それを現に自分で感じていてはならない。以前に苦しんだことがあるか、もしくは苦しむのを恐れている人は、苦しんでいる人たちに同情する。しかし自分が現に苦しんでいる限り、人は自分に同情するだけだ。ところで、人は誰しも人生の悲惨を免れないのだから、現在自分が必要としていない感受性だけを他の人に振り向けるのだとしたら、同情というものは、我々のために有利な証言をしてくれているのだから、きわめて心地よい感情でなければならないということになるし、また反対に、冷酷な人間は、その心の状態が他人の苦しみに振り向けることのできるあり余る感受性をまったく残していないのだから、いつも不幸だということになる。（*OCIV*–512 *sqq*）

魂の動きは顔に示される

同じ青年とエミールの、二人の顔つきの違いをルソーはこう描きます。

先ほど話した青年の顔には、気取らない人に不快の念を与え、近づく勇気を失わせるような、どことなく生意気なところ、甘ったるい、気取ったところがあるように、私は想像せずにはいられない。ところが、私の青年の顔には、満足感と本当に明朗な心を示し、尊敬と信頼感を呼び覚ます容貌、自分に近づく人たちに友情を捧《ささ》げるためにひたすら相手の友情の発露を待っているように見える、人の関心を惹く純真な容貌があるように思われる。容貌というものは、自然によってすでに印づけられた線を単に拡大したものにすぎないと人々は思っている。私としては、そういう拡大ということの他に、人間の顔の線は、魂のある種の動きの頻繁で習慣的な印象によって知らず知らずのうちに形成されるに至り、容貌の形を取ることになるのだと、考えたい。こうした魂の動きは顔に示される。これほど確かなことはない。そしてこの動きが習慣的になると、顔に永続的な印象を残すに違いない。そういうわけで、私は、容貌は性格を告げ知らせるものと考え、また時には容貌によって性格が判断でき、それには我々の持っていない知識を前提とするような神秘的な説明など求めなくともよいと、考えている。（OCⅣ-515～516）

道徳的秩序への移行

冒頭で述べられた人間の第二の誕生は、人間が道徳的秩序の中に足を踏み入れることを意味しています。

我々はついに道徳的秩序の中に入っていく。我々は人間としての第二歩を踏み出したのだ。もしここがその場であったなら、心の最初の動きからどのようにして良心の最初の声が立ち上がるかを、愛と憎悪の感情からどのようにして善悪の最初の概念が生まれるかを、私は示そうと試みることだろう。〈正義〉と〈善意〉はけっして単なる抽象的な言葉ではなく、また、悟性によって形成された純粋に道徳的な存在ではなく、理性によって啓発された魂の真の情愛、我々の原初的情愛の、秩序立てられた進歩に他ならないということ、良心から独立して、理性のみによっては、いかなる自然の掟も打ち立てることはできず、自然法全体も、人間の心にとって自然な欲求に基礎を置かなければ、幻影にすぎないのだということを、私はわからせることだろう。しかし私はここで形而上学や倫理学の概説をしたり、またいかなる種類の研究の講義をする必要もないと思う。私はただ、我々の成り立ち〔構成〕と関連して、我々の感情と知識の秩序と進歩を示せればそれで十分なのだ。私がここで指摘するにとどめることとは、多分他の人が証明してくれるだろう。（OCⅣ-522〜523）

エミール、世の中という芝居を舞台裏から見る

人間によって社会を、社会によって人間を研究する必要が指摘され、社会を知るには人間の心を知ることから始めるべきだと述べられたあと、本来善良な人間が社会によってなぜ邪悪になるかを知るために、歴史を学ぶこと、特に古代作家の読書を通して人間の心を研究することが推奨されます（OCⅣ-524〜532)。ルソーはとりわけ、個人の伝記に優れ、偉大な人物を些細《ささい》な事実を通して描く卓越した技量を持つプルタルコスを高く評価していますが、こうした読書によってエミールはどう変化するのでしょうか。

こんな風に指導された読書が青年のまったく新鮮な精神にどんな効果を及ぼし得るかを理解できる人はいたって少ない。……しかし私の格率に従って育てられた青年を心に描いていただきたい。私のエミールを想像していただきたい。彼に対する十八年間のたゆみない心遣いは、公正な判断力と健全な心を保持させることだけを目的としてきた。幕が上がって、世間という舞台に初めて目を投げかける彼の姿、というより、舞台裏に位置を占めて、俳優たちが衣装を着けたり脱いだりする姿を眺め、観客の目を騙す粗末な魔術の道具である綱や滑車を見ている彼の姿を想像していただきたい。最初の驚きに続いてすぐに、仲間の人間を恥ずかしく思う気持ちと軽蔑の念が起こっ

てくるだろう。そんな風に全人類が自分自身に騙されて、そういう児戯に類することで自分を卑しめているのを見て、彼は憤慨するだろう。自分の同胞が夢のようなことのためにいがみ合い、人間であることに満足できなかったために猛獣と化するのを見て、心を痛めるだろう。（OCⅣ-532）

善行の勧め

社会的美徳の実践が人間愛の涵養に資する、と説かれます。

乳母たち、母親たちは、子供に与える心遣いによって子供に愛着を持つ。社会的な美徳の実践は、心の奥底に人類愛をもたらす。人は善を行うことによってこそ善良になるのだ。これ以上確かな実践を私は知らない。あなた方の生徒を、手の届く限りのあらゆる良い行為に専念させるがよい。貧しい人々の利害がいつも彼自身の利害になるようにするがよい。財布によってだけでなく、心遣いによっても彼らを助けさせるがよい。彼らの役に立ち、彼らを保護し、彼らに自分の体と時間を捧げさせるがよい。彼らの代理人にならせるがよい。生涯、これほど高貴な務めを果たすことはあるまい。これまで一度も耳を傾けてもらったことのなかったどれほど多くの虐げられた人たちが、正しい裁きを受けることだろうか。彼は美徳の実践によってもたらされるあの勇敢な確固たる態度でもって、彼らのために正しい裁きを求めるだろうから。また彼は、貴族や金持ちの家の門を開けさせるだろうし、必要とあらば、王座の足元まで行って不幸な人たちの声を聞かせるだろうから。そういう不幸な人たちは、貧困のために誰に近づくことも一切閉ざされているし、酷《ひど》い目にあわされながらも、罰せられはしないかという心配のために、訴え出る勇気さえもなくしているのだ。（OCⅣ-543〜544）

自尊心を他の存在の上に広げよう

自尊心を他の存在の上に広げるとどんな効用があり、どういう結果がもたらされるのでしょうか。

自尊心を他の存在の上に広げよう。そうすれば我々はそれを美徳へと変えることになるだろう。そしてこの美徳が根を下ろさないような人間の心はまったくないのだ。我々の心遣いの対象が直接に我々自身に結びついている度合いが少なければ少ないほど、それだけ個人的利害の錯覚を恐れずにすむ。この利害を一般化すればするほど、それは公正になる。そして人類に対する愛は、我々においては、正義に対する愛に他ならないのだ。そこで、エミールが真理を愛することを望むなら、それを知ることを望むなら、仕事をする時に常に彼を彼自身から遠ざけておくことにしよう。彼の心遣いが他者の幸福に捧げられれば捧げられるほど、それだけその心遣いは啓発された賢明なものとなるだろう。そして彼は善悪についての判断を誤ることがそれだけ少なくなるだろう。けれども彼に、えこひいきや不正な思い込みにのみ基づく盲目的なえり好みを、けっして許さないようにしよう。そもそもどうして彼は、ひとりの人の役に立とうとして、他の人を害したりするだろうか。誰に最大の幸福が分け前として与えられることになろうと、彼にはどうでもいいことなのだ。すべての人の最大の幸福に寄与しさえすればそれでよいのだ。それこそ、個人的利益の次に来る、賢者の第一の関心事なのだ。というのも、各人は人類の一部であって、他の個人の一部ではないからである。

それゆえ、憐みの情が弱さに堕落しないようにするためには、それを一般化し、人類全体の上に及ぼさなければならない。そうすれば、憐みの情が正義と一致する限りにおいてしか、人は憐みの情に身を委《ゆだ》ねないことになる。なぜなら、あらゆる美徳の中で、正義は人々の共通善に最も貢献するものだからだ。理性によって、我々に対する愛によって、我々の隣人に対してよりも人類に対して、より一層の憐みの情を持たなければならない。そして悪人に対する憐みの情は、人々に対するきわめて大きな残

酷行為となる。（OCⅣ-547〜548）

エミールはどう変化したか

善行を積む経験をさせるなど、エミールを「彼自身の外に放り出し」、他者の不幸に共感させようとして「私」が考え出した様々な方法は、エミール自身の教育にも尽くすことになりました。その結果を、ルソーは次のように少し誇らしげに描いています。

私はまず手段を与えた。これからその結果を示すことにする。何と広い見解が、彼の頭の中で少しずつ整えられていくのを私は見ることだろう。何という崇高な感情が、彼の心の中で卑小な情念の芽を押し潰《つぶ》すことだろう。彼の性向が育てられることによって、可能なものの狭い限界の中に偉大な魂の願望を集中させる経験によって、他の人たちよりも優れた人間が他の人たちを自分の水準まで高めることができないため、彼らの水準まで自分の方から降りてゆくようにさせる経験によって、どんなに明快な判断力が、どんなに的確な理性が、彼のうちに形成されてゆくのを私は見ることか。正義の真の原理、美の真の典型、諸々《もろもろ》の存在の間のあらゆる精神的関係、秩序に関するあらゆる観念が、彼の悟性の中に刻み込まれてゆく。彼は各々のもののあるべき場所と、それをその場所から遠ざけている原因を見る。善をなしうるものと、それを妨げるものを見る。人間の情念を感じたことはなくても、彼はその錯覚とその戯れを知っている。（OCⅣ-548）

再び、社会に生きる自然人

このような教育を受けたエミールは、読者が思い浮かべる他の青年たちとはまったく違った存在になるのは、いわば自明のことです。同じだったらその方が驚くべきことだ、とまでルソーは述べています。「これは人為人ではない。自然人なのだ」（OCⅣ-549）。

人為人（l'homme de l'homme）という言葉は、人間によって作られた人間、すなわち社会状態に生きる人間を意味し、自然によって作られた人間、すなわち自然人（l'homme de la nature）の対概念ですが、一七五三年の秋にサン＝ジェルマンの森でのちの「第二論文」『人間不平等起源論』のために想を練っている時のことを回想してルソーは次のように述べています。「何の遠慮もなく人間の本性を赤裸々に暴き、人間の本性をゆがめてきた時代と事物との進歩を追求し、人為人と自然人とを比較することによって、いわゆる人間本性の完成というものの中に、その悲惨の真の源があることを人々に示そうとした」（『告白』第九巻、OCⅢ-388）。この人為人ならざるエミールが、社会に生きる自然人であることが、次のように再び強調されます。

しかし第一に考えていただきたいことは、自然人（l'homme de la nature）を形成したいとはいっても、だからといって彼を未開人（un sauvage）にして森の奥深くに追いやろうというわけではないということ、そうではなくて、社会の渦の中に巻き込まれていても、諸々の情念によっても人々の意見によっても引きずられるままになることがなければそれで十分だということ、彼が自分の目で見、自分の心で感じ、自分自身の理性の権威以外のいかなる権威にも支配されなければそれで十分だということである。……森の中にいれば愚かなままでいなければならない人間も、都市において単なる観察者になれば、理性的になり分別ある人間になるに違いない。狂気の沙汰《さた》を見ながらそれに加わらないことほど、人を賢明にするのに適当なことはない。そして狂気の沙汰に加わる者でも、それに騙されないで、それを行っている人たちの過ちを自分で犯しさえしなければ、やはり教えられることがある。（OCⅣ-550～551）

エミールにふさわしい宗教とは

第四編㈠の最後に至って、㈡の「信仰告白」に繫《つな》がる部分が現れます（OCⅣ-551～565）。

宗教について、いつエミールに話したらよいのでしょうか。社会に生きる自然人にふさわしい宗教とはいかなる宗教か、についての検討がこうして始まります。共和国の主権者たる市民にとってふさわしい宗教に関しては、別途『社会契約論』の第四編第八章「国家宗教〔市民宗教〕について」において論じられています。

私が私の生徒の幼少年時代を通じて、彼に宗教の話をしないで通してきたのを見て、どんなに多くの読者が驚くことかと私は予想する。十五歳になっても、彼は自分が魂を持っているかどうか知らなかったし、多分十八歳になってもまだそれを学ぶ時ではないだろう。というのも、必要もないのに早くから学べば、それをいつまでも知らないようになる危険を冒すことになるからだ。（OCⅣ-554）

しかしエミールにふさわしい宗教とは何かを知るのは、「私」にとってはそれほど難しい問題ではなかったようです。

人々の意見（l'opinion）が勝利をおさめるのは、とりわけ宗教に関してである。しかしなにごとにおいても人々の意見のくびきを揺るがしたいと思っている我々、権威に何の価値も認めまいとしている我々、エミールがどの国に行っても自分から学ぶことのできないようなものは彼に一切教えまいと思っている我々は、彼をどんな宗教の中で育てたらよいものだろうか。自然人をどんな宗派に加入させたらよいだろうか。答えはまったく簡単だと私には思われる。我々は彼をこの宗派にもあの宗派にも加入させないで、自分の理性を最も良く用いれば当然導き入れられるに違いない宗派を、彼が選べるようにしてやることにしよう。（OCⅣ-558）

助任司祭との出会い——魂の救済の物語

「サヴォワの助任司祭の信仰告白」を『エミール』第四編のまん中に挿入するにあたって、ルソーはやや面倒な細工をしています。エミールの教導者である「私」は、自分の考えを自分の考えとして述べる代わりに、自分以外の人が考えていたことを語ることにする、と断ります。そして、これから書き写すことは、ある人に実際に起こったことなのだと述べて、ある青年が信仰告白を聞くに至った事情を説明する文章が三人称体で始まるのです。つまり、ある青年の手記を「私」がどこからか手に入れて書き写す、するとその手記の中に、助任司祭の信仰告白が一人称体の直接話法で出てくる、というわけです。手記は次のように始まります。

三十年前のこと、イタリアのある町で、故郷を捨てたひとりの青年が逆境のどん底に陥っていた。彼はカルヴァン派信徒として生まれたが、ある不始末を仕出かした結果、逃亡者となり、外国にあって、生活の資にも窮して、パンにありつくために宗教を変えた。その町には改宗者のための救護施設があって、彼はそこに入れてもらった。
（OCⅣ-558〜559）

当時サルデーニャ王国の首都であったトリノと思《おぼ》しき町の、この改宗志願者受け入れ施設で、青年はひとりの誠実な聖職者と出会って、心惹かれることになります。聖職者の名前は明らかにされていません。「この誠実な聖職者はサヴォワ生まれのかわいそうな助任司祭で、若い頃の色恋沙汰のせいで司教のおぼえが悪くなり、自分の国では得られなくなった生活の資を求めて、山を越えてきたのであった」（OCⅣ-560）。ここでは「若い頃の色恋沙汰」としか説明されていませんが、助任司祭のモデルとなった二人の聖職者について述べた『告白』第三巻によれば、妻帯を禁じられている聖職者は、当時、既婚女性にしか子供を産ませてはならないとされていたのに、この助任司祭は未婚の女性を愛して子供を産ませたために追放されたのだと、説明されています（OCI-119）。助任司祭は青年に関心を持ち、その精神的救済に尽力します。青年をどう立ち直らせたか、手記では次のように述べられています。

精神的な破滅に瀕《ひん》していたその不幸な青年を救ってやるために、聖職者は青年に自尊心と自分自身に対する尊敬の念（l'amour-propre et l'estime de soi-même）を目覚めさせることから始めた。自分の才能をうまく用いるならもっと幸福な未来が開けることを教えてやった。他人の美しい行為の物語によって青年の心に気高い熱意をよみがえらせた。そういう美しい行為をした人たちを賛美させることによって、自分も同じような行為をしたいという希望を抱かせた。無為な放浪生活から知らず知らずのうちに足を洗わせるために、書物を選んで抜粋を作らせたりした。そして、その抜粋がいかにも必要であるかのように思わせて、青年の心のうちに感謝という気高い感情を培っていった。聖職者はそうした書物によって青年を間接的に教育した。自分はよいことは何もできない無用な人間だと考えさせないために、そして、自分自身の眼に軽蔑すべきものと映るようなことはもう望まなくなるように、自分自身に対する十分に高い評価を回復させてやった。（OCⅣ-562）

こうして、エミールの成長・教育と一見直接の関係がないかに見える、ある青年の魂の救済の物語が、興味深く三人称体で進行してゆくのですが、驚いたことに途中で、この手記を書いた青年が実は「私」（ルソー）自身であることを打ち明ける一節が突然登場するのです。

私は三人称で語るのがいやになった。それに、こんなことはまったく余計な心遣いだ。というのも、懐かしい同郷の人よ（cher concitoyen）、この不幸な逃亡者というのは私自身だということが、あなたにはよくわかっているからだ。私は自分が青年時代の自堕落な生活からかなり遠いところにいると信じているので、その自堕落な生活をあえて告白することもできる。それに、私に救いの手を差し伸べてくれた人は、私が多少の恥を忍んでも、その恩義に対して少なくともいくらかの敬意を捧げるだけの値打ちは十分にあるのだ。（OCⅣ-563）

信仰を告白する意図

「懐かしい同郷の人よ」と呼び掛けているのに注意しましょう。エミールの教導者である「私」（ルソー）が物語の主人公である青年に呼び掛けている、ということはつまり、自分で自分に呼び掛けているのです！　以後、物語は一人称体で進められることになります。物語の最後に至って、聖職者が青年（つまり「私」）に向かって信仰告白を行う決心をするいきさつが明らかになります。国を追われ、迫害されている、恵まれない、貧しい助任司祭に向かって、「私」が、なぜあなたは自分が幸福だと言うのかと問うのに対して、司祭は「私」を抱擁しながらこう言います。ここに、助任司祭が信仰を告白する意図が明かされるのです。助任司祭が幸福であることを青年にわからせること、人間の運命と人生の本当の価値について明らかにして、人はどうすれば幸福になれるかを解き明かすこと、これがその意図です。

私はあなたの胸に、私の心のすべての感情を打ち明けよう。あるがままの私ではないにしても、少なくとも私が自分で見ているとおりの私の姿をあなたに見せてあげよう。私の信仰告白の全体を聞き終わったら、私の魂の状態をよく知るようになったら、あなたはなぜ私が自分を幸福だと考えているかがわかるだろうし、もしあなたが私と同じように考えるなら、幸福になるためにはどうしなければならないかがわかるだろう。しかしそうした告白は、短い時間でできることではない。人間の運命と人生の真の価値とについて私の考えていることをすべてあなたに述べるには、時間が必要だ。静かにそういう話にふけるのに適当な時刻と場所を決めることにしよう。（OCⅣ-565）

信仰を告白する舞台

翌朝、二人は郊外の高い丘に上ります。信仰告白にふさわしい舞台がしつらえられるのです。短いけれど、ルソーの自然描写の美しさを示す、有名な文章を読んでみましょう。

それは夏のことだった。我々は夜明けに床を離れた。彼は私を町の外に連れ出し、小高い丘の上に上った。下の方にはポー河の流れが、肥沃《ひよく》な土地を潤して横切っていくのが見えていた。遥《はる》かかなたには、巨大なアルプスの山並みが聳《そび》えていた。朝日の光がもう平野に射してきて、野原に木や丘や家々の長い影を投げ、無数の光の変化によって、人の眼が打たれうる最も美しい絵柄を豊かなものとしていた。まるで自然は我々の眼前に、あらん限りの壮麗さを繰り広げて、我々の話の主題を提供しているようだった。そこで、しばらくの間無言でそれらの対象を眺めたあとで、安らかな心の人は私に次のように語った。(同)

第四編 ㈡

「サヴォワの助任司祭の信仰告白」の構成と内容

この「信仰告白」は前述したように、「自然の教え子」であるエミールをどんな宗教の中で育てたらよいか、という問題意識から『エミール』という物語の中に組み込まれたいきさつがあります（本書百八十九〜百九十一頁）。そして、このあと第四編㈢の冒頭で、いかなる権威も偏見も顧みずに理性の光だけを頼りとした場合、自然の教育においては自然宗教（la religion naturelle）より遠くへは行けないから、エミールとともに「私」もそこにとどまるのだと述べられているように（OCⅣ-635〜636）、エミールにふさわしい宗教について熟慮した結果たどり着いた自然宗教について、（助任司祭の口を通して）述べたものだということがわかります。しかし、エミールがこの「信仰告白」を読んで（あるいは、聞いて）どう思ったか、などについては一切触れられていません。要するにこの「信仰告白」は、サヴォワの助任司祭の名を借りて、ルソー自身が自らの宗教的な信念、その宗教思想・宗教哲学を、開示したものと考えてよいのです。

「自らの」とはいえ、何もないところから思想や哲学が出てくるはずはありません。当時フランスで支配的な影響力を持っていたキリスト教（カトリック）に対する批判を意図すると同時に、その対極にあって台頭著しかった唯物論的で無神論的なフィロゾフたち（啓《けい》蒙《もう》哲学者）、すなわちディドロやドルバックあるいはエルヴェシウスらをも批判の対象とし、加えて、心身二元論のデカルト、理神論《りしんろん》のヴォルテール、感覚論のコンディヤック、英国系では〈考える物質〉を思いついたロックや神学者サミュエル・クラーク、〈存在の連鎖〉や哲学的オプティミズムの思想家で詩人のポープといった多くの人たちの主張を意識し、批判的に検討して得られたものと考えられます。

内容は三部に分かれます（章分けや小見出しなどは一切ありません）。自然宗教あるいは有神論（le théisme）の告白である第一部では、三つの教義（信仰箇条）が示されます。（一）ひとつの意志が宇宙を動かし、自然に生命を与えている、（二）宇宙の秩序はこの意志が叡智《えいち》的であることを示している。そこで私はそれを神と呼ぶ。（三）人間はその行動において自由であって、自由な者として、非物質的な実体によって生命を与えられている。

初めの二つの信仰箇条は目的論的（自然神学的）な神の存在証明と、存在論的（本体論的）な神の存在証明が融合したものとなっています。前者は、自然界の秩序の合目的性から自然全体の設計者としての神の存在を認める議論、簡単にいえば、自然の光景が示す驚異を前に神の存在を感得するという議論、そして後者は、神は最高完全者であるがゆえにあらゆる完全性を有するが、存在はその完全性のひとつであるから、神は必然的に存在するとする議論、簡単にいえば、存在は万能の神の属性のひとつであるがゆえに神は存在する、という議論をいいます。

三つ目の信仰箇条のうち、人間は非物質的な実体によって生命を与えられているとされていることから、魂の非物質性・不死性と来世の存在が導かれます。また、人間は自由意志を持つとすることによって、神義論（弁神論／la théodicée）が展開されます。神義論とは、現世における悪の存在が世界の創造者である神の善性と矛盾するものでないことを弁明する、神擁護の議論です。現世の悪は神から与えられた自由と能力を人間が乱用した結果に他ならないとされます。したがって人間は他の動物と異なり、自分の幸・不幸に責任を持たねばなりません。こうして、自由意志を付与されることによって、人間はその道徳性が担保されることになります。すなわち、行為の善悪を問われる存在になるのです。

ルソーの他の著作との関連を述べれば、第一と第二の信仰箇条は『啓示に関する仮構、あるいは寓意的断想』（一七五六年四〜七月頃執筆）に、また第三の信仰箇条は『摂理に関するヴォルテールへの手紙』（一七五六年八月十八日付）にそれぞれ対応しています。助任司祭の信仰告白が、『ジュリー、あるいは新エロイーズ』（一七六一年刊）の主人公ジュリーが死に臨んで行う信仰告白（第六部第十一書簡）と響き合っていることも付け加えておきましょう。

第二部は、良心（la conscience）の発見を物語る道徳論が展開されます。「第一論文」

『学問芸術論』の末尾で、「美徳の掟《おきて》を知るには、情念を静めて良心の声に耳を傾ければ十分だ、ここにこそ真の哲学がある」（OCⅢ-30）として初めて言及された良心は、「第二論文」『人間不平等起源論』の人間学ではまったく触れられていませんでしたが、ここに至って全面的な復権を遂げます。肉体の声である情念に対して魂の声である良心（OCⅣ-594）は、理性と対立するものではなく、理性の自然の導き手であり、理性が詭弁《きべん》に陥るのを防ぎ、理性が理性的になるのを助けるものである、と考えられます（H・グイエ）。人間は人間である限り、誰もが「正義と美徳の生得的な原理」（OCⅣ-598）、「善悪の誤りなき判定者」（OCⅣ-600〜601）である内面の感情（le sentiment intérieur）、すなわち良心を持っているので、人間が正しく有徳になるのは、良心に耳を傾けるかどうかにかかっている、ということになります。この第二部は『道徳書簡、あるいはソフィーへの手紙』（特に第五・第六書簡、一七五七年秋執筆）に対応しています。

第三部は、初めに自然宗教にたどり着いた心境と神への賛辞が述べられ、次いで啓示宗教（la religion révélée）、特にキリスト教に対する批判がテーマとなって、この批判を通じて助任司祭の信ずる（ということは、つまりルソーの提案する）自然宗教が浮き彫りにされます。自然宗教はさまざまな歴史上の宗教と対立するもので、イエスを歴史的教会の文脈から切り離し、福音書が自然宗教の最も純粋な表現であると示唆されます。ここでとりわけ問題となるのは、この自然宗教とキリスト教（カトリック）との関係です。ルソーはカトリックの重要な教義の多くに批判的、もしくは懐疑的です。「第二論文」以来、人間の本源的（自然的）善性（la bonté originelle (naturelle) de l'homme）を主張するルソーは、原罪（le péché originel）、すなわち、アダムとイヴが神の命令に背いた罪を人間は生まれながらに背負っている、とする考えに対して否定的な立場に立つのは当然ですが、ここでは、神が直接人間に語ったとされる啓示の、歴史的・事実的証拠である（聖書に語られている）奇蹟《きせき》と預言については、人間理性では理解しがたいものとして否定しています。啓示については否定も肯定もせず、「尊敬の念にあふれた懐疑のうちにとどまる」と述べています（OCⅣ-625）。イエスについては、単なる人間ではなく、ソクラテスの生と死が賢者の生と死であるとすれば、イエスの生と死は神の生と死だとしています（OCⅣ-626）。ただ、（第一部の第三の信仰箇条に続く部分で）魂の不死性と来世の存在、そして神の摂理の正しさは断固として肯定し、善人は来世で報いられ幸福になると主張しています（OCⅣ-589～591, 593）。キリスト教の対極にある唯物論的・無神論的哲学者たち（啓蒙のフィロゾフ）も再三批判の的となりますが（OCⅣ-568～569, 632）、この点では、最晩年の『孤独な散歩者の夢想』の「第三の散歩」と対応しているでしょう。

結論として、ルソーはキリスト教のあり様に（特に単なるドグマと堕したカトリックに）きわめて批判的で、人間理性で納得できる宗教を展望しましたが、社会の紐帯《ちゅうたい》となるべき宗教それ自体の道徳的・社会的効用は確信しており（OCⅣ-627）、キリスト教の人間愛はこれを高く評価し、その道徳的本質を自然宗教に活《い》かそうとしたと考えられています（川《かわ》合清隆《いきよたか》）。「信仰告白」の最後のところで、聞き手である青年を諭して故郷（ジュネーヴ共和国）へ戻って父祖の宗教に帰るようにと述べる箇所では、カルヴァン派の宗教を讃《たた》えるなど、キリスト教護教論的立場に傾くこともあります（OCIV-631）。いずれにしても、伝統的なカトリックの思想と、急激に台頭する過激な無神論思想のはざまにあって、同時に両者と対峙《たいじ》しながら、宗教の問題を人間、ならびに（政治社会における主権者としての）市民の問題として、真剣に考えた人といってよいでしょう。後者については、『社会契約論』の第四編第八章「国家宗教（市民宗教）について」で詳しく論じられています。

それでは、助任司祭の「信仰告白」に耳を傾けることにしましょう。

デカルト的懐疑の状態に

助任司祭は自分の生まれ、育ち、他人の結婚生活への尊敬の念ゆえに職務を停止されたことなどを語るうちに、デカルト的懐疑の状態に陥っていた自分を回想します。

私はデカルトが真理の探究のために求めているあの不確実と懐疑の気持ちでいた。そういう状態は長続きする性質のものではない。それは不安で苦痛の状態だ。……

そこで私は、舵《かじ》もなく、羅針盤もなしに、人々の意見というあの海の上を漂い、自分の航路もわからず、どこから来てどこへ行くのかも知らない未経験な水先案内人の他には案内者を持たずに、嵐のような情念のとりこになっている人間の、悲しい運命について省察を巡らしていた。私はこう心に思っていた。私は真理を愛している。それを求めている。なのにそれと出会うことができない。誰かそれを私に示してもらいたい。そうすれば、私はそれにしがみついていよう。真理を熱愛するようにできている心の熱意から、どうして真理が逃れてよいものだろうか。（OCIV–567）

真理を知るために懐疑から抜け出す方法を模索する

人は主義として真面目に懐疑論者になることはできない、と助任司祭は考えます。生きるためには何らかの方法で自分の考えを決める必要がある。そこでフィロゾフたち（啓蒙の哲学者）の書物を参照してみたが、みな傲慢《ごうまん》で、断定的で、独断的で、彼らの方法では不確実の状態から抜け出せないとわかった。「こうした考察から私が取り出した最初の成果は、自分の研究を直接自分に関係あることに限り、その他すべてのことについては深い無知の状態に安んじて、私が知っておかねばならないこと以外は、懐疑に至るまでに心をわずらわすことはしない、ということを学んだことであった」（OCIV–569）。こうした紆《う》余曲折《よ》を経て、内面の光（la lumière intérieure）に教えを乞《こ》うことにして採用した方法について、助任司祭は次のように述べます。デカルトの『方法序説』を思わせるような語り口です。

そこで、真理に対する愛だけを哲学として心に抱き、空しい煩瑣《はんさ》な議論をしなくてすむ平易で簡単な規則だけを方法として、私はこの規則に基づいて、自分に関係のある知識の再検討に取り掛かった。そうして、心の誠実さのうちに同意を拒むことができないようなすべての知識を明証的なものとして承認し、この最初の知識と必然的なつながりを持つように見えるすべての知識は真実なものとして承認することに決め、それ以外のすべての知識は不確定なままにとどめておき、退けることも認めることもせず、またそれらが実践上何ら有用なものをもたらさない場合は、それを解明するために心を悩ましたりはしないことに、決めた。（OCⅣ–570）

私とは何者か、から始める

方法的考察が一段落すると、真理を探究する主体としての自分の存在を〈確保する〉ための、感覚論的認識論が展開されます。次のような論理展開です。私が存在することは、私のうちに起こる感覚によってわかる。しかし感覚の原因は私の外にある。したがって、私が存在するだけではなく、感覚の対象も存在することになる。ところで、「私が自分の外部にあると感じるもので、私の感覚に訴えかけてくるすべてのものを、私は物質（matière）と呼ぶ。そして、物質の部分で、結合して個別的な存在にまとまっていると私に考えられるあらゆるものを、私は物体（des corps）と呼ぶ。……今や私は、すでに自分の存在を確信するのと同じくらい、宇宙の存在を確信している」（OCⅣ-571）。これに加えて、私は、自分が感覚能力を持つ受動的な存在であると同時に、感覚を比較してその対象を判断する存在、すなわち、知性を持つ能動的な存在でもあることを知る。「だから私は、単に感覚的で受動的な存在ではなくて、能動的で叡智的な存在である。そして、哲学が何と言おうと、私は思考する名誉を持っていると敢《あ》えて言いたい」（OCⅣ-573）。

パスカル的な不安

こうして自分を確保した助任司祭は、今度は自分の外に眼を向け、広大な宇宙に眼を投じて、パスカル的な不安を感じます。「無限の空間の永遠の沈黙は私を恐れさせる」（『パンセ』Ｂ版断章番号２０６）という言葉を思い起こさせる一文です。

私は、いわば自分自身を確保したので、自分の外部を眺め始める。すると自分がこの広大な宇宙の中に投げ出され、道を失い、まるで無数の存在の中で溺《おぼ》れたようになって、それらが互いにどういうものであるかも、私に対してどういうものであるかも、まったくわからずにいる自分を考えて、一種の戦慄《せんりつ》に捉《とら》えられる。私はそれらの存在を研究し、観察する。そして、それらを比較しようとする私の前に最初に現れてくる対象は、私自身なのだ。（OCⅣ‒573）

第一の信仰箇条へ

最初の信仰箇条に向かう道筋は次の通りです。私の感覚の対象である物質の自然な状態は静止状態だ。すると、動いている物質は外部にその原因があることになる。ある外的な意志が物質を動かしているに違いない。ところで、宇宙は物質だ。そして宇宙は動いている。すると宇宙の運動はその外にある意志によることになる……こうした論理展開によって、助任司祭は第一の信仰箇条に向かうことになります。

人間の行為にも、また地上で行われるいかなるものにも、自発性というものがまったくないとすれば、どんな運動の第一原因を想像するにも人はますます当惑するばかりだろう。私としては、物質の自然な状態は静止状態であること、そして物質はそれ自体では作用する力をまったく持たないことを確信している自分を感じているので、ある物体が運動しているのを見れば、私はすぐに、これは生命を与えられた物体であると判断するか、それともその運動は他から伝えられたものであるか、いずれかであると判断する。私の精神は、非有機的な物質がひとりでに動いたり、何らかの作用を生み出したりするという考えを、拒絶するのだ。

しかしながら、眼に見えるこの宇宙は物質である。散らばった死んだ物質であって、この物質は、その全体の中に、結合体や有機体といったものや、生命を与えられた物体の諸部分の共通の感情といったものは、まったく持っていない。なぜなら、部分である我々が、その全体の中にいることを少しも感じないことが確かだからである。この宇宙は運動している。そして、一定の法則に従った、規則正しい、一様なその運動では、人間や動物の自発的な運動に見られるあの自由を、宇宙はまったく持っていない。だから、世界はひとりで動く巨大な動物ではない。したがって、世界の運動には、世界に外在する何らかの原因があるのだ。それは私には認知できないが、内面の確信が私にこの原因をありありと感じさせるので、私は太陽の運行もそれを推進する力を想像せずに眺めることはできないし、また地球が回転するにしても、それを回転させている手が感じられるような気がするのである。（OCⅣ－574～575）

第一の信仰箇条

第一の信仰箇条は次のように定立されます。

運動の第一原因は物質の中にはまったくない。物質は運動を受けて、それを伝えるが、運動を生み出すことはない。互いに働きかけている自然の諸力の作用と反作用を観察すればするほど、ますます私は、結果から結果へといつまでも遡《さかのぼ》って行って、何らかの意志を第一原因としなければならないことがわかる。というのも、原因の無限の連鎖を想定することは、原因をまったく想定しないことだからだ。一言でいえば、他の運動によって生み出されるのでないどんな運動も、自発的で意志的な行動に由来する他はない。生命を与えられていない物体は、ただ運動によって動くだけである。そして、意志なくして真の運動はまったくないのだ。これが私の第一原理である。だから私は、ひとつの意志が宇宙を動かし、自然に生命を与えていると信じている。これが私の第一の教義、あるいは、私の第一の信仰箇条である。

どのようにしてひとつの意志がひとつの物理的で物体的な行為を生み出すのか。それについて私は何も知らないが、意志がそれを生み出すことを私は私のうちに感じている。私は行動しようと欲する。すると私は行動する。自分の身体を動かそうと欲する。すると私の身体は動く。けれども、静止している、生命のない物体がたまたまひとりでに動いたり、運動を生み出したりするとしたら、それは不可解なことだし、例もないことだ。意志はその行為によって私に知られるのであって、その本性によってではない。私はこの意志を動因として知るが、運動を生み出す物質を考えることは、明らかに原因のない結果を考えることであって、絶対に何も考えないことだ。（OCIV－576）

第二の信仰箇条

宇宙の運動によって宇宙の外部にひとつの意志の存在を確認したあと、宇宙の秩序を見て今度はその意志が叡智的であると信じることによって、助任司祭は第二の信仰箇条にたどり着きます。

動かされている物質が私にひとつの意志を示すとすれば、ある種の法則に従って動かされている物質は私にひとつの叡智を示す。これが私の第二の信仰箇条だ。行動し、比較し、選択することは、能動的な思考する存在者の働きである。だから、その存在者は存在するのだ。どこに存在するのが見えるのかと、あなたは私に尋ねるだろう。回転する天空、我々を照らす太陽、私自身の中だけでなく、草を食《は》む雌羊、空を飛ぶ小鳥、落下する石、風に吹かれる木の葉のうちにも、見られるのだ。

私は世界の目的は知らないが、世界の秩序についてては判断できる。というのも、この秩序について判断するには、諸々《もろもろ》の部分を相互に比較し、それらの協力や関係を研究し、その調和に気づくだけで、私には十分だからである。……

個々の目的を、手段を、あらゆる種類の秩序づけられた関係を、比較してみよう。それから、内面の感情に耳を傾けよう。いかなる健全な精神が、この感情の証言を受け入れるのを拒めるだろうか。偏見に曇らされていないいかなる目に、はっきりと感じられる宇宙の秩序がひとつの至高の叡智を告げ知らせないだろうか。そして、諸々の存在の調和と各部分が他の部分の保存のために行っている見事な協力を無視するには、どれほど多くの詭弁を積み重ねなければならないことだろうか。……

だから私は、世界がひとつの力強い賢明な意志によって治められていると信じる。私にはそれが見える。というより、それが感じられる。しかも私にはそれを知ることが重要なのだ。……

……物質が永遠なものであろうと、創造されたものであろうと、ひとつの受動的な原理があろうと、なかろうと、とにかく確かなことは、全体はひとつのものであって、ただひとつの叡智を示しているということだ。というのも、この同じ体系の中に、秩序づけられていないものは、そしてこの同じ目的、つまり確立された秩序の中での全体の保存という目的に協力していないものは、私には何も見えないからである。欲し、行うことができるこの存在者、それ自身によって能動的な存在者、宇宙を動かし、あらゆるものを秩序づけているこの存在者を、それがどういうものであろうと、私は神と呼ぶ。私はこの名称に、叡智と力と意志の観念をまとめて結び付け、さらにそれらのものの必然的な結果である善性の観念を結び付ける。（OCⅣ-578〜581）

第三の信仰箇条

神の存在を確信し、その属性を見出《みいだ》したあと、助任司祭は被造物全体の中の人間の位置を確認します。人間が第一等の地位を占める地上の王者であることを知って、神に対する感謝と祝福、尊敬の念が生まれ、神への愛は自分を創って守ってくれる存在に対する愛なのだから、自己愛（自己保存の配慮）の当然の帰結だと述べます。

ところが、人類全体を見渡すと混乱と無秩序が眼を打ち、地上に悪が蔓延《まんえん》しているのを見て愕然《がくぜん》となります。「おお、摂理よ、あなたが世界を統べる仕方は、こんな風なのか。恵み深い存在者よ、あなたの力はどうなったのだろう。私は地上に悪を見ているのだ」

（OCⅣ-583）。こうした暗い考察から人間本性についての思索へと進むうちに、助任司祭は自分が感覚から独立した意志を持つ存在であることに気づき、第三の信仰箇条、そして神義論へと赴くことになります。

あらゆる行動の原理は、自由な存在者の意志のうちにある。これ以上遡ることはできまい。まったく無意味なのは、自由という言葉ではなく、必然という言葉だ。能動的な原理に由来しない何らかの行動、何らかの結果を想定することは、まさしく原因のない結果を想定することであり、悪循環に落ち込むことだ。最初の衝動というものはまったく存在しないか、あらゆる最初の衝動はそれに先立ついかなる原因も持たないかのどちらかだし、自由がなければ真の意志はないのだ。人間はだからその行動において自由であって、自由な者として、ひとつの非物質的実体によって生命を与えられている。これが私の第三の信仰箇条だ。これら三つの信仰箇条から、私が数え上げ続けなくても、他のすべての信仰箇条を容易に引き出すことができるだろう。

（OCⅣ-586〜587）

第三の信仰箇条に続いてすぐに神義論が展開されます。現世の悪は自由を乱用する人間の責任であって、摂理の問題ではないのです。

人間が能動的で自由であるなら、人間は自分から行動する。人間が自由に行うことはすべて、摂理の秩序立った体系にはまったく入らないし、摂理のせいにすることはできない。摂理は、人間が摂理によって与えられている自由を乱用して悪を行うことを望んではいない。しかし摂理は、人間が悪を行うことを妨げはしないのだ。……人間が行う悪は人間の上に跳ね返ってくるが、世界の体系を何ひとつ変えることにはならないし、人類そのものが否応《いやおう》なく保存されることを妨げもしない。人類が悪を行うのを神がとめてくれないと言って不平をもらすのは、神が人類を卓越した本性を持ったものとしたこと、人類の行為を高貴なものとする道徳性を人類の行為に付与したこと、神が人類に美徳への権利を与えたこと、そうしたことに不平をもらすことだ。……

我々を不幸なものとし邪悪にするのは、我々の能力の乱用だ。我々の悲しみ、心配、苦痛は我々に由来する。精神的な悪は疑いもなく我々が作り出したものだが、身体的悪も我々にそれを感じさせる我々の悪徳がなければ、何ものでもないだろう。……人間よ、悪の張本人をもう探すことはない。悪の張本人、それは君自身なのだ。君が行っている悪、あるいは君が苦しんでいる悪の他には悪は存在しないし、それらの悪はいずれも君自身に由来するのだ。（OCⅣ-587～588）

魂の不死性について

魂の不死性をなぜ信じたくなるのか、また、死とは何かについて、助任司祭は次のように説明します。

魂が非物質的なものであるなら、それは肉体が滅びたあとにも生き残ることができるし、魂が肉体の滅びたあとにも生き残るものなら、摂理の正しさが証明される。たとえ魂の非物質性について、現世における悪人の勝利と正しい人の迫害以外に、私が証拠を持たないとしても、それだけでも私が魂の非物質性を疑うのを妨げるだろう。宇宙の調和の中のこれほど不愉快な不協和は、私にその不協和を解消するよう努めさせるだろう。私は自分にこう言い聞かせるだろう。我々にとっては、一切が生命とともに終わるわけではない。死とともに一切が秩序のうちに戻るのだ、と。実際のところ、私は、人間がかつて持っていた感じ取れるすべてのものが破壊された時、人間はいったいどこにいるのか自問して、困惑するだろう。だがこの問題は、私が二つの実体を認めるや否や、私にとってはもはや難題ではない。私が肉体生活をしている間は、私は感覚による以外何も認知しないのだから、感覚に委《ゆだ》ねられないものが私から逃れてしまうのは、きわめてわかり易いことだ。肉体と魂の結合が破れる時、肉体は分解され得るが、魂は保存され得ると、私は理解する。なぜ一方の破壊が他方の破壊をもたらしたりするだろうか。それどころか、両者はあまりにも異なった本性を備えていたので、その結合によって両者は乱暴な状態にあったのであり、この結合が終わる時、どちらもその自然の状態に戻るのだ。能動的で生きている実体は、受動的で死んだ実体を動かすのに用いていた力の全体を取り戻す。ああ、悲しいことに、私は自分の悪徳ゆえにそのことを痛切に感じている。人間は生きている間は半分しか生きていないし、魂の生活は肉体の死を待ってようやく始まるのだ。（OCⅣ-589〜590）

魂の不死性、来世の存在、神の摂理を承認するか否かは、ルソーの自然宗教（有神論）とヴォルテールの唱える理神論《りしん》（le déisme）とを隔てる分岐点となることも、ここで指摘しておきましょう。

神の属性について

三つの信仰箇条を終えるにあたって、助任司祭は自分の知る限りでの神の属性について次のようにまとめ、さらに、神を前にした謙遜《けんそん》（l'humilité）を示します。

　神は叡智的である。しかし、どのように叡智的なのだろうか。人間は推論を行う時、叡智的だが、至高の叡智は推論する必要はない。至高の叡智には、前提も帰結もないし、命題さえもない。それは純粋に直観的であり、存在するすべてのもの、存在し得るすべてのものを同じように目にしている。至高の叡智にとっては、すべての真理はただひとつの観念にすぎず、すべての場所は一点にすぎず、すべての時も一瞬間にすぎない。人間の能力は手段を介して作用し、神の能力はそれ自体によって作用する。神は欲するがゆえに行うことができ、その意志が力となる。神は善良である。これほどはっきりしたことはない。しかし人間における善良さは自分の同類に対する愛であり、神の善良さは秩序に対する愛である。というのも、神が存在するものを維持し、各部分を全体と結び付けているのは、秩序によるからだ。神は正しい。私はそれを確信している。それは神の善良さのひとつの結果である。人間たちの不正は人間たちの仕業であって、神の仕業ではない。哲学者たちの眼から見れば摂理の反証となる道徳的無秩序は、私の眼から見れば摂理を証明しているにすぎない。けれども、人間の正義は各人に属するものを各人に返すことであり、神の正義は、神の与えたものについて各人に説明を求めることである。

……

結局、私は神の無限の本質を凝視しようと努力すればするほど、ますますその本質がわからなくなる。しかしそれは存在する。それで私には十分だ。わからなくなればなるほど、私はますますそれを熱愛する。私は謙虚になって、こう言う。存在者の中の存在者よ。私はあなたが存在するがゆえに存在します。あなたのことをたえず省察することは、自分の根源まで自分を高めることです。私の理性の最もふさわしい使い方は、あなたの前に自分を空しくすることです。あなたの偉大さに圧倒されるのを感じるのは、私の精神の恍惚《こうこつ》であり、私の弱さの魅力なのです、と。（OCⅣ－593～594）

良心の発見へ

自然宗教もしくは有神論の信仰告白に続いて良心の発見へと赴く道筋を、助任司祭は（一）信仰告白の総括、（二）残された課題、（三）課題を達成するための方法、の順で述べています。（一）感覚で捉えられる対象の印象と内面の感情の二つから、私にとって知ることが重要な主要な真理が導かれた、（二）自分の行動のために、得られた真理からいかなる行動指針を引き出すべきか、現世で神の意図に即して使命を果たすためには、いかなる規則を自分に課すべきか、これを探究するのが残された課題だ、（三）そうした規則を自分は、高尚な哲学の諸原理から引き出したりはしない、そうではなく、自然によって、消すことのできない文字で心の奥底に書き込まれているのを見出すのだ（OCⅣ-594）。こうした導入部のあとで、次のように続けます。良心こそ人間の真の案内者だ、とされます。

私は自分のしたいことについては、自分の心に相談しさえすればいい。私が善であると感じることはすべて善であり、悪であると感じることはすべて悪なのだ。すべての決疑論者のうちで最良のものは良心である。そして人が推論の煩瑣な議論に助けを求めるのは、良心と闇取引をする時だけなのだ。あらゆる配慮のうち第一の配慮は、自分自身に対する配慮だ。しかしながら、他人を犠牲にして自分の善になることを行う時、我々は悪を行っているのだと、内面の声は何度我々に語りかけることだろうか！　我々は自然の衝動に従っていると思っているのだが、実は自然に逆らっているのだ。自然が我々の官能に語りかけることに耳を傾ける時、我々は自然が我々の心に語りかけることを無視しているのだ。能動的な存在が服従し、受動的な存在が命令しているのだ。良心は魂の声であり、情念は肉体の声である。しばしばこの二つの言葉が言い争うのは、驚くべきことだろうか。そしてその場合、どちらに耳を傾けるべきだろうか。あまりにもしばしば、理性は我々を欺く。我々は理性を忌避する権利をいやというほど獲得してきた。しかし、良心はけっして欺くことはない。良心こそ人間の真の案内者だ。魂に対して良心は、肉体に対する本能と同じようなものだ。良心に従う者は自然に従うのであって、道に迷う心配をすることはない。（OCⅣ-594〜595）

行為の道徳性は判断のうちにある

話を遮ろうとした青年に、助任司祭は続けて、正しいことを行うだけでは十分ではない、正しいことを行っていると心の底でも感じなければならないのだと、次のように言います。

我々の行為の道徳性は、どこまでも、それについて我々自身が下す判断のうちにある。善が善であることが真実であるとしたら、善は我々の行為の中で善であるのと同じように、我々の心の奥底においても善でなければならない。そして正義に対する第一の褒賞は自分がその正義を行っていると感じることなのだ。道徳的な善が我々の本性に合致しているのだとしたら、人間は、人間が善良である限りにおいてしか精神的に健全ではあり得ないであろうし、よく構成されていないということになるだろう。

(OCⅣ-595)

良心の定義へ

ところで、なぜ人間には誤ることのない導き手である良心が備わっていると言えるのでしょうか。助任司祭はこれについて、(一)我々自身の内面を振り返ればわかる、我々は他人の幸福を喜び、他人の不幸を悲しみ、親切な行為に快さを感じ、友情や人間愛に接して心が慰められ、英雄的な行動を賛美し、寛大な行為や気高い行為に触れて称賛の念を抱くのだから(このあたり、第四編㈠で重要な役割を演じた憐《あわれ》みの情(la pitié)を想起させますが、助任司祭は良心と憐みの情の関係については特に触れていません)、(二)世界のあらゆる国民、すべての歴史を見ればわかる、正義と節度について、善悪についての同じような観念が至る所に見出されるから、と長々と説明したあと、次のように良心を定義しています。

こういうわけで、魂の奥底には正義と美徳の生得的な原理があって、我々の格率にはかかわりなく、我々はこの原理に基づいて、自分の行為と他人の行為を、善いこと、あるいは悪いことと判断しているのである。そして私が良心という名を与えるのは、この原理に対してなのだ。(OCⅣ-598)

後天的に得られる観念／生得的な感情の区別

聞き手の青年に自分の話の正しさを感じてもらいたい助任司祭は、良心は生得的な感情であって、人間の本性から説明できる原理であることを、次のように語ります。

そのためには、我々の自然の諸感情と我々の後天的に獲得された諸観念とをあなたに区別させさえすればよいのだ。というのも、我々は知る前に感じているのであって、自らの善を欲し悪を避けることを学ぶわけではなく、そうした意志を自然から授かっているのと同じように、善への愛と悪への憎悪は、我々自身への愛と同じように自然なものなのだ。良心の働きは、判断ではなく、感情である。我々の観念はすべて我々の外部からやって来るものだが、それらの観念を評価する感情は我々の内部にあるのであって、我々と、我々が進んで求めるべき、あるいは避けるべき事物とのあいだに存在する適・不適の関係を知るのも、これらの感情によってなのだ。

我々にとって存在するとは、感じることである。我々の感受性は、疑いもなく、我々の知性に先立っており、我々は観念を持つ前に感情を持ったのだ。我々の存在の原因が何であろうと、それは、我々の本性に適した感情を我々に与えることによって、我々の保存に備えてくれたのだ。そして、少なくともそうした感情が生得的なものであることは否定できないだろう。そうした感情は、個人についていえば、自己愛であり、苦痛への恐れであり、死への恐怖であり、安寧への願いである。しかし、疑い得ないことであるが、もし人間がその本性によって社会〔指向〕的であるとしたら、あるいは少なくとも、そうなるように作られているとしたら、人間が社会〔指向〕的となり得るのは、人類に関係のあるこれとは別の生得的な諸感情によってだけだ。というのも、身体的な欲求〔肉体的必要〕しか考慮に入れないなら、身体的欲求は人間を互いに近づけるどころか、まちがいなく分散させるに違いないからだ。ところで、良心の衝動が生まれるのは、自分自身と同類に対する二重の関係によって形成される道徳的体系からである。善を知ること、それは善を愛することではない。人間は善について生得的な知識を持っていない。けれども、理性が善を知らしめるやいなや、良心は人間にそれを愛させる。この感情こそ生得的なのだ。

だから、友よ、理性そのものから独立している良心という直接的な原理を、我々の本性の諸結果によって説明することが不可能であるとは、私は思わないのだ。

（OCⅣ-599〜600）

良心賛歌

こうして、良心を讃える有名な言葉が発せられます。

良心！　良心！　神聖な本能よ、滅びることなき天上の声よ、無知で偏狭だが叡智を備えた自由な存在の確かな案内者よ、善悪の誤りなき判定者よ、人間を神と同じようにしてくれる者よ、おんみこそ人間の本性の卓越性と人間の行為の道徳性を作るのだ。おんみがなければ、規則なき悟性と原則なき理性の助けを借りて、過ちから過ちへとさまよう悲しい特権の他に、獣より高いところへ私を引き上げてくれる何ものも私のうちに感じないのだ。（OCⅣ-600〜601）

自我の分裂を回避する

こうした賛辞の直後に、なぜ世の中には良心の声に耳を傾ける人がこんなにも少ないのだろうと、助任司祭は当然の疑問に捉えられます。それは司祭によれば、内気で静かな生活を好む良心が発する自然の声を、騒がしい世間の偏見が打ち消すからだ、とされます。良心が教える道徳的な善はひょっとしたら幻想にすぎないのではないかと、助任司祭自身迷いにとらわれることもあったと打ち明けますが、最後には、自分の決定した信仰上の立場と良心の発見のおかげで自我の分裂を回避することができたと、次のように良心論を結んでいます。

共通の利益を弁護する私の自然の諸感情と、すべてを私に結びつける理性とにたえず攻め立てられていた私は、もしも新しい光が私の心を照らしてくれなかったなら、またもしも私の諸見解を固めさせてくれた真理が、私のふるまいをも確かなものとしないで、私を私自身と一致させてくれなかったなら、私は悪を行ったり、善を愛したりして、いつも自分自身と矛盾しながら、この絶え間のない二者択一の中で一生涯漂い続けたことであろう。人が理性だけで美徳を確立したいと思ったところで、どんな堅固な基礎を美徳に与えることができるだろうか。美徳とは秩序への愛だと、人々は言う。だがいったいその愛は、私の心の中で安寧への愛に打ち勝つことができるのだろうか。また、打ち勝つべきものだろうか。この人たちは、美徳への愛を選び取るべき明白で十分な理由を私に示してほしいものだ。実際のところ、この人たちのいわゆる原則は単なる言葉の遊びだ。というのも、私もまた、悪徳とは、違った意味に解すれば、秩序への愛だと言えるからだ。感情と叡智のあるところでは、どこでも、何らかの道徳的秩序がある。ただ、善人は全体との関係で自分を秩序づけるが、悪人は自分との関係で全体を秩序づけるところが違っている。悪人は自らあらゆるものの中心となり、善人は自分の半径を測って、円の周辺にとどまる。そこで善人は、神に他ならない共通の中心との関係で、また被造物に他ならないすべての同心円との関係で、秩序づけられる。神が存在しないなら、推論するのは悪人だけとなり、善人は気のふれた者にすぎなくなってしまう。（OCⅣ-602）

たどり着いた境地

自然宗教の三つの信仰告白を行い、良心を発見したあとたどり着いた心境を、助任司祭は次のように吐露しています。

ああ、我が子よ、いつかあなたにも感じてもらいたいものだ。人間の意見のむなしさをきわめ尽くし、情念の苦さを味わったあとで、こんなにも自分の身近に、知恵への道とこの世の労苦の報いともはやあきらめていた幸福の源を見出す時、人はどれほどの重荷から解き放たれるかを。人々の不正によって私の心からほとんど消し去られていた自然の掟のすべての義務が、永遠の正義の名においてふたたび私の心にしるされ、永遠の正義がそれらの義務を私に課し、私がその義務を果たすのを見守っている。

私はもう自分のうちに、偉大なる存在者の作品と道具しか感じない。その偉大なる存在者は善を欲し、善を行い、私の意志を自分の意志に協力させることによって、そして私の自由を正しく用いることによって、私の善を行うだろう。私は彼の打ち立てた秩序を認め、いつか私自身もこの秩序を享受して、そこに私の至福を見出すことを確信している。すべては善である体系のうちに自分が秩序づけられていると感じること以上に甘美な至福が、何かあるだろうか。（OCⅣ-602〜603)

自然宗教の神髄

助任司祭は、死後の世界を待望しながら、宇宙の秩序について瞑想《めいそう》し、神を讃え、自然宗教の神髄を次のように語ります。

こんな年齢の時期があるものだ、心がまだ自由だが燃え立ち、不安で、知りもしない幸福に飢えていて、好奇心に満ちた不安な気持ちでその幸福を求め、官能に欺かれて、ついには幸福の空しい幻影に捉えられ、ありもしないところに幸福を見つけたつもりでいる、そんな時期が。こうした幻想が私にとってはあまりにも長く続いた。悲しいことに、私がそれを知ったのはあまりに遅すぎたし、それをすっかり打ち壊すこともできなかった。その幻想は、その原因となっているこの死すべき肉体がある限り、続くことだろう。もっとも、いくらそれが私を誘惑したところで無駄で、私はもうそれには騙《だま》されない。私はその幻想の正体を知っており、それを追いながらも、私はそれを軽蔑《けいべつ》している。そこに自分の幸福の対象を認めるどころか、幸福への障害を見ているのだ。私は自分が肉体の軛《くびき》から解放されて、矛盾も分裂もない〈私〉となり、幸福になるのに自分しか必要としないような時を待ち焦がれている。それにしても、私はもう現世から幸福なのだ。なぜなら、現世のすべての悪を何とも思っていないからだし、現世を自分の存在とはほとんど無縁なものとみなしているからだし、また、私が現世から引き出すことのできる真の善はすべて、私次第でできるからなのだ。

この幸福と力と自由の状態へあらかじめできるだけ自分を高めようとして、私は崇高な観照に励んでいる。私は宇宙の秩序について瞑想する。空しい体系によってその秩序を説明するためではなく、たえずそれを讃嘆《さんたん》し、そこに感じられる賢明な創造者を崇拝するためなのだ。私は創造者と会話を交わし、その神聖な本質を私のすべての能力に浸透させる。創造者の恩恵に感激し、賜物《たまもの》を受けて創造者を祝福する。しかし創造者に懇願したりはしない。私は創造者に何を求めたりするだろう。私のために事物の流れを変えることか。それとも、私のために奇蹟を行ってもらうことか。その知恵によって打ち立てられ、その摂理によって維持されている秩序を何よりも愛さなければならない私が、この秩序が私のために乱されることを望んだりするだろうか。いいや、そんな向こう見ずな願いは、かなえられるよりむしろ罰せられるに値するだろう。私はまた創造者に善を行う力を求めたりもしない。私に与えてくれたものを、なぜ求めるのか。善を愛するために良心を、善を知るために理性を、善を選ぶために自由を、与えてくれたのではなかったか。もし私が悪を行ったら、弁解の余地はない。そう欲するからこそそうするのだ。私の意志を変えることを創造者に求めること、それは創造者が私に求めていることを創造者に求めることだ。彼が私の仕事をして、その報酬を私が取り立てることだ。私の状態に満足しないこと、それはもう人間でいたくないということであり、現にあることとは別のものを欲することであり、無秩序と悪を欲することだ。正義と真理の源、慈悲深く善良な神よ、あなたに対する深い信頼のうちにあって、私の心の至高の願いは、どうかあなたの意志が行われますように、ということだ。あなたの意志に私の意志を結び付けることによって、私はあなたの行うことを行い、あなたの善意を認める。その報いである至高の幸福に、もう今からあずかっているものと信じている。（OCⅣ-604～605）

啓示と教義を批判する

青年が口をはさんで、あなたの述べたことは有神論あるいは自然宗教だと思うが、啓示や聖書や教義についても話してほしいと言われて、助任司祭は次のように、必要なのは自然宗教だけで、啓示と教義はむしろ神を貶《おとし》めるとして批判します。

私の話の中には自然宗教しか見えないだろう。他の宗教が必要だとしたらまことに奇妙なことだ。私にはどこにその必要性が知られるだろうか。神が私の精神に与えてくれる光と、私の心に吹き込んでくれる感情とに従って神に仕える時、私にどんな罪があるというのか。どんな純粋な道徳を、人間にとって有用で神にとって名誉となるようなどんな教義を、実証的な教義から引き出せるというのか。そうしたものは、その教義がなければ、私の能力の正しい使用からは引き出せないというのだろうか。神の栄光のために、社会の善のために、私自身の利益のために、自然の掟の課す義務に何を付け加えることができるのか、私の信仰のひとつの帰結でないようなどんな美徳を、あなたは新しい信仰から生まれさせるつもりなのか、それを私に示していただきたい。神性についての最も偉大な観念は、理性だけによって我々のところにやって来る。自然の光景を見るがよい。内面の声に耳を傾けるがよい。神は我々の眼に、我々の良心に、我々の判断力に、すべてを語ったのではないか。人々はこの上何を我々に語るというのだろう。彼らの啓示は、神に人間の情念を付与することによって、神を貶めるだけだ。私の見るところ、偉大なる存在者の諸概念を照らし出すどころか、個別の諸教義はそれらの概念を混乱させている。それらを高貴なものにするどころか、卑しいものにしている。神を取り巻いている考えられないような神秘に、馬鹿げた矛盾を付け加えている。それらは人間を高慢に、不寛容に、残酷にしている。地上に平和を打ち立てる代わりに、剣と火をもたらしている。それが一体すべて何の役に立つのかと、私は自問してみるが、どう答えていいかわからない。私はそこに、人々の罪と人類の悲惨を見るだけだ。（OCⅣ-607〜608）

奇蹟批判

啓示の証拠となる奇蹟の批判に助任司祭はかなりの紙数を費やしていますが、一か所だけ引用してみましょう。

仮に神が自ら身を落としてある人間を自分の神聖な意志の機関とすると仮定してみよう。この者が神の代理人であることを知らせずに、全人類が彼の言葉に耳を傾けることを要求するのは、道理にかなったことだろうか、正しいことだろうか。ごくわずかのよくわからない人たちの前で行われ、残りのすべての人たちにはただ噂でしか知られることのないようないくつかの特殊な印だけを唯一の信任状としてその者に与えるのは、公正なことなのだろうか。世界のすべての国を通じて、もしも民衆や素朴な人たちが実際に見たといっているすべての奇蹟を真実だとみなすとしたら、どの宗派も正しいということになるだろうし、自然の出来事よりも奇蹟の方が多くなるだろう。そして、狂信者が迫害されるところでは、奇蹟などまったく行われないことこそ、最大の奇蹟だということになるであろう。至高の存在者を最もよく示しているのは、自然の不変の秩序である。たくさん例外が生じるとすれば、私はもうどう考えていいかわからないだろう。そして私としては、心から神を信じているから、およそ神にはふさわしくないそんなにたくさんの奇蹟を信じる気にはなれないのである。（OCⅣ-611〜612）

自然という書物

奇蹟や預言が書かれた神聖とされる書物（聖典）に対する批判もかなり熱を込めてなされていますが、助任司祭はすべての書物を閉じて、ただ一冊の書物だけを前にすることにします。

そこで私はすべての書物を閉じてしまった。すべての人の眼の前に開かれている書物が一冊だけある。それは自然という書物だ。この偉大で崇高な書物を読むことによってこそ、私はその神聖な著者に仕えることを学ぶのだ。何人もこの書物を読まないことは許されない。なぜなら、この書物はすべての精神に理解可能な言葉でもってすべての人間に語りかけているからだ。たとえ私が無人島に生まれたとしても、たとえ自分以外の人間を見たことがなくても、たとえ世界の片隅で大昔に起こったことをまったく学んでいなかったとしても、もし私が自分の理性を訓練し、育てるなら、またもし神から与えられた直接的な能力を正しく使用するなら、私は神を知り、神を愛し、神の御業《みわざ》を愛し、神の欲する善を欲し、神に喜ばれるように地上における私のすべての義務を果たすことを、自分から学ぶだろう。それ以上の何を、人々の学識全体をもってしても私に教えることがあろうか。(OCⅣ-624~625)

福音書とイエス・キリスト

そうはいっても、聖書、とりわけ福音書とイエス・キリストの神々しさを讃えることは忘れません。

私はまた、聖書の崇高さが私を感嘆させ、福音書の神々しさが私の心に語りかけることもあなたに白状する。哲学者たちの盛大に飾り立てた書物を見るがいい。福音書と比べれば、何とちっぽけに見えることか。かくも崇高で同時にかくも素朴な書物が、人間の手になるなどということがあり得るだろうか。福音書が伝えている物語の主人公がたんなる人間にすぎないなどということが、あり得るだろうか。そこにひとりの熱狂者、あるいは宗派的な野心家の調子が見られるだろうか。その人の生活態度には何という優しさ、何という清らかさがあることか！　その教えには何という心を打つ優雅さがあることか！　その格率には何という高さがあることか！　その談話には、何という深い知恵が見られることか！　その返答には、何という才気、何という繊細さ、何という正確さがあることか！　情念に対する何という支配力だろう！　弱さも見栄《みえ》も示すことなく行動し、苦しみ、死ぬことを知っているこういう人間が、こういう賢者が、どこにいるだろうか。（OCⅣ-625〜626）

青年への忠告

最後に助任司祭は、旅費のことは心配しなくていいから、祖国（ジュネーヴ共和国）に戻って父祖の宗教（カルヴァン派新教）に返り、二度とそれを捨てることのないようにと青年を諭します。「それ〔父祖の宗教〕はとても単純でとても神聖だ。地上にあるすべての宗教の中で最も純粋で、理性が最も満足する宗教だと私は思う」（OCⅣ-631）。

我が子よ、あなたの魂を、神が存在することをいつも願っている状態に保つがよい。そうすれば、神の存在を疑うことはけっしてないだろう。さらにまた、あなたがどんな立場を取ることになろうとも、宗教の真の義務は人間の作った諸制度からは独立したものであるということ、正しい心こそが、神の真の神殿であるということ、いかなる国、いかなる宗派においても、何ものにも増して神を愛し、隣人を自分のように愛することが、戒律の要点であるということ、道徳の義務を免除するような宗教は存在しないということ、真に本質的な義務は道徳の義務しかないということ、内面の信仰はそうした義務の第一のものであるということ、信仰なくしてはいかなる真の美徳も存在しないということ、そういうことを考えてみるがいい。（OCⅣ-631〜632）

これに続けて、信仰の基礎を掘り崩すフィロゾフたち（啓蒙の哲学者）の言説を舌鋒《ぜっぽう》鋭く論難して、長い「信仰告白」の幕を閉じるに至ります。

自然を説明するという口実のもとに、人々の心の中に人を悲しませる教義の種を播《ま》き、その見かけ上の懐疑主義が、彼らの論敵たちの断固とした口調より百倍も断定的で独断的な人たちを、避けるがよい。自分たちだけが啓発され、正しく、誠実だという思い上がった口実のもとに、彼らはその一刀両断的な決定に否応なしに我々を従わせ、彼らが想像で築き上げた理解不能な体系を事物の真の諸原理として我々に押し付けるつもりなのだ。その上、人々が尊敬している一切をひっくり返し、破壊し、踏みにじって、悲嘆に暮れた人たちからその悲惨の最後の慰めを取り上げ、力ある者や富める者からはその情念のただひとつのブレーキを取り上げる。彼らは、人々の心の奥底から罪に対する悔恨と美徳への希望を取り去りながら、しかもなお自分は人類の恩人だと自慢している。真理はけっして人間に害とならない、と彼らは言う。彼らと同じように私もそう思う。そして私の考えでは、それこそ、彼らの教えていることが真理でないことの大きな証拠なのだ。（OCⅣ-632）

第四編　㈢

第四編㈢の主な流れ

助任司祭の「信仰告白」を受けて、そのまとめをすることから㈢は始まります。前にも述べたように（本書百九十七頁）、理性だけを頼りとする自然教育では自然宗教より遠くに行くことはできなかったと「私」は述懐します。そのあと、これまでエミールの教育においてやってきたことを振り返り、身体的人間を作る自然に対して、我々は精神的（道徳的）人間を作る仕事をしてきたが、この両者の歩みを一致させるのはなかなか難しい、肉体は理性より先に進むからだとし、さらにエミールの到達地点を確認します。

しかし問題はこの先です。「自然の本当の時期」（OCⅣ-639）が到来した現在、官能の目覚めを迎え、性を意識するようになったエミールにどう接するか、「あの理解し難い生殖の神秘」（OCⅣ-650）と貞節の義務と結婚の神聖さをどうエミールに説明するかが、㈢の最初の大きなテーマとなります（OCⅣ-639〜654）。ここで著者が念頭に置いているのは、二十歳くらいのエミールと考えればよいでしょう。現れ始めた欲望を罪悪視して押さえつけるのか、それともその傾向を助けるのか、さんざん思い悩んだ「私」は、とりあえずの解決策としてさっさと結婚させる案を検討したり、別の感覚的なことでエミールの官能を騙《だま》したらいいと思いついて狩りの効用を説いたりなどしますが、結局は、今は「あの危険な神秘」（OCⅣ-641）を教えるのをためらうべきではない、はっきりエミールに言うべきだ、一刻も猶予はならないという結論に達します。問題はエミールにどう話すかで、話し方、そして言語の問題が浮上し、『言語起源論』（一七八一年刊）に取入れられることになる文章が現れ、言葉でなくしるしによる言語の持つ力を称《たた》えたりします（OCⅣ-645〜648）。

どう話すべきか思い悩むこの部分での「私」の様子は、難しい問題に対処しようとする自分を一生懸命鼓舞しているようにも見受けられますし、また、俗な言い方をすれば、大切な息子が「危険な補助手段」（自慰行為のこと）（OCⅣ-663）に手を染めるのではないか、変な女に引っかかりはしないかなどと心配する子煩悩な父親の姿さえ思い浮かばせるほどです。ここに至って「私」はエミールを友人として、また性的な大人として扱う決心をし、両者の関係も教師と生徒から師と弟子の関係に変化します。具体的に何をどう話すかについても熱を込めて提示されます（OCⅣ-648～650）。エミールからの申し出により両者の間には一種の師弟契約が結ばれ、「私」の権威を認めて服従を約束するエミールに対して、弟子を人間の中で一番幸福にすると約束する「私」の、師としての権威とエミールを教導する権利が正式に承認されます。

次のテーマはエミールの社交界デビューです（OCⅣ-654～671）。社会の一員としてその義務を果たすためには世間を見る必要があり、習俗の面から人間を研究するのだとされますが、世間に出る前にソフィーのことが告知されます。ソフィーの名前が初めて出て来るのもこの場面です（OCⅣ-657）。エミールにふさわしい女性（ソフィー）探しはエミールを世間に送り出す口実ともなれば、その目的ともなります。ソフィーが心の中にいればエミールは世間に出ても心配ない、という目算もあります。ソフィーを心に思い描くことによって官能の力にブレーキがかかると期待できるからです。社交界でのエミールを想像する場面は、二十歳のエミールの人となりを描いて、興味深い肖像画の趣きを呈しています（OCⅣ-665〜671）。

エミールの社交界デビューの延長線上に趣味論が登場します（OCⅣ-671〜674）。なぜ社交界と趣味論が結びつくのでしょうか。世間に出て円満に人と付き合うには、何が人を喜ばせまた不快にさせるかを知る必要がありますが、「私」によれば趣味とは、「最大多数の人の気に入り、または気に入らないことを判断する能力に他ならない」（OCⅣ-671）とされるからです。この趣味論を延長する形でエミールの読書が問題とされ、フランス語とラテン語、古代人の著作、演劇と詩の研究が説かれます。

最後に、本当の趣味とはどういうものかを示す見本として「私」個人の具体例が紹介されます（OCⅣ-678〜691）。身分が人の本性を変えてしまう場合があると指摘する短い第一段落のあとで、「もしも私が金持ちだったら……」と続くこの非常に魅力的な脱線部分は、もともと『エミール』のために書かれたものではなく、パリの国民議会図書館が所蔵する『ジュリー』の自筆草稿の最後の数頁の裏に書かれているそうですが、いわば一風変わった金持ち、良い趣味でもって人生を本当に楽しむ金持ちとなる「私」が、〈反―富裕〉の夢想に耽《ふけ》る姿を描いています。一七四九年から五六年にかけて書かれたと推定される未完の作品『富裕論』と通底するこの雄弁な夢想＝脱線部分は、ルソーの文章の中でも最も面白く最も優れたもののひとつかも知れません。「些細《ささい》なことの寄せ集めにこそ人生の楽しさはかかっている」（OCⅣ-677）という言葉は、趣味のもうひとつの定義「趣味とは些細なことに精通する技術である」（同）という言葉と響き合います。人生の楽しみに金（富裕であること）は必要なく、良い趣味が人生の価値を作るのです。老人の性の問題もユーモアを交えて上手に語られています。

この長い脱線のあと、「こんな風に時を過ごしながら、我々はたえずソフィーを探しているのだが、一向に見つからない。今や彼女を真剣に探す時だ。パリよさらば……」（OCⅣ-691）の言葉が第五編を予告する結語となり、第四編は幕を閉じます。それでは㈢を読んでみましょう。

信仰告白を振り返って

青年の手記を書き写した意図について「私」はこう述懐します。

> 私はこの手記を、宗教について従うべき考えの一般原則としてではなく、私が確立しようと努めてきた方法から逸《そ》れないようにするために、自分の生徒と一緒に推論できるその仕方の一例として、書き写した。人々の権威も自分の生まれた国の偏見も一切配慮しないなら、自然の教育においては、理性の光だけでは我々を自然宗教より遠

くへ導くことはできない。そして私はエミールと共にそこにとどまるのだ。もし彼が別の宗教を持つべきだというなら、私はもはやその点で彼の導き手となる権利を持たない。それを選ぶのは彼がひとりでやるべきことだ。（OCⅣ-635〜636）

これまでやって来たこと

「私」はエミールの教育においてやって来たことを振り返って次のように述べます。

我々は自然と協力して仕事をしている。そして、自然が身体的な人間を形成しているかたわらで、我々は精神的〔道徳的〕な人間を形成しようと努めているのだ。けれども、我々の進み方は同じではない。肉体はすでに逞《たくま》しく強いが、魂はまだ活気がなく弱い。そして人間の技術が何をなし得るにしても、気質〔体質〕はいつも理性に先行する。人間ができる限り常にひとつであるようにするために、我々はこれまで、気質〔体質〕を引き留め理性を駆り立てることに、あらゆる配慮を払ってきた。自然なものを発達させせながらも、我々は彼の生まれたばかりの感受性を騙してきた。我々は理性を育てることによって、生まれ始めた感受性を規制してきた。知的な対象が感性的な対象の印象を和らげていたのだ。事物の根源に遡《さかのぼ》ることによって、我々は彼を官

能の支配から逃れさせた。自然の研究からその創造主の探究へと高まって行くのは、簡単だった。（OCⅣ-636)

エミールの到達地点

すぐ続けて、エミールの到達地点を「私」はこうまとめています。

ここまで来れば、何という新しい手掛かりを我々は我々の生徒に対して得たことだろうか。彼の心に語りかける、何と多くの新しい手段を持っていることだろうか。この時になって初めて、彼は善良であることに、人々の眼から遠く離れていても、また掟《おきて》によって強制されなくても、善をなすことに、神と自分との間で正しくあることに、たとえ命を犠牲にしても自分の義務を果たすことに、心の中に美徳を持つことに、自分の真の利益を見出《みいだ》すのだ。それは、秩序への愛のためばかりではなく——各人は自己愛を常に秩序への愛より優先させるのだが——、自分の存在を作った者に対する愛、あの自己愛そのものと溶け合っている愛〔神への愛〕のためなのであり、結局は、現世を立派に役立てたあとで、来世において、善良な良心の安らぎとあの至高の存在者の観照とが彼に約束する永続的な幸福を享受するためなのだ。（OCⅣ-636)

自然の本当の時期がついにやって来る

しかしエミールは今や危機の時期を迎えています。官能の目覚めの時期が到来したのです。それに伴って、教導者である「私」とエミールの関係も変化します。

自然の本当の時期がついにやって来る。それはどうしてもやって来なければならない。人間は死ななければならないのだから、人類が存続し、世界の秩序が保たれるためには、人間は再生産されねばならないのだ。私が語ったような兆候によって危機の時期が予感されたなら、あなた方は即刻、彼に対して昔の調子で接するのを永久にやめなければならない。まだあなた方の弟子ではあるが、もうあなた方の生徒ではないのだ。あなた方の友人であり、一個の大人なのだ。今後は彼をそうしたものとして取り扱わなければならない。（OCⅣ-639）

さっさと結婚させる？

「私」は性の問題に直面する年頃のエミールにどういう方針で臨んだらいいか、いろいろと迷います。たとえば、さっさと結婚させるのはどうでしょうか。

生まれ始めた彼の欲望に真っ正面からぶつかっていって、彼のうちに感じられる新しい欲求を愚かにも罪悪視しようものなら、あなた方は長く彼に耳を傾けさせることにならないだろう。それは私も認めよう。だが、私の方法を捨てるようなことがあれば、私はもうあなた方に対して何の責任も負わない。あなた方は自然に仕える者であることをいつも考えていただきたい。けっして自然の敵になってはならないのだ。

しかしどういう方針で臨んだらよいのか。彼の傾向を助けてやるのか、それともそれと闘うのか、彼の暴君となるのか、それともご機嫌取りになるのか、この場合予期されるのはそうした二者択一だけだが、両者とも非常に危険な結果をもたらすから、選択に迷わずにはいられないこととなる。

この困難を解決するために示される第一の手段は、彼をさっさと結婚させることである。これは疑いもなく最も確実で、最も自然な方策だ。しかしながらそれが最良の、最も有益な方策であるかは、私には疑問だ。その理由はあとで述べるつもりだが、若い人たちを結婚適齢期に結婚させるべきだということについては、とりあえず私も同意する。けれども、この適齢期は、その時を待たずに彼らを訪れる。それを早めたのは我々なのだ。成熟するまでその時期を延ばしておかなければならない。（OCⅣ-639

〜640）

結局「私」は、モンテーニュの父親は三十三歳で童貞のまま結婚したとか、古代ゲルマン人の間では二十歳になる前に童貞を失った男は不名誉の烙印《らくいん》を押された、などという理由を挙げて、少なくとも二十歳までは純潔のままでいられるはずだと考え直します。

私の配慮によって、エミールが二十歳になるまでまだ最初の無垢《むく》の状態にとどまっていると仮定しても、自然の法則から外れることにはならないものと私は信じている。（OCⅣ-640）

彼の官能をはぐらかす

官能の罠《わな》に陥らないようにと、「私」の思案は続きます。

読書、孤独、閑居、家に引きこもった怠惰な生活、女性や若い人たちとの付き合い、彼の年齢にあってこれは足を踏み入れるのが危険な小道であり、彼をたえず危険の縁に立たせることになる。それとは別の感覚的な対象によって、私は彼の官能をはぐらかし、精気に別の流れを示してやることによって、精気を、それが従い始めていた流れから逸らしてやるのだ。彼の体を骨の折れる仕事で鍛えることによって、彼を引きずる想像力の活動をとめてやるのだ。腕が盛んに働いている時、想像力は休むものだ。体が疲れ切っている時、心はけっして燃え立たない。一番手っ取り早くて一番容易な用心は、彼を危険な場所から引き離すことだ。私はまず彼を都会から連れ出し、彼を誘惑する恐れのある対象から遠ざける。しかしそれだけでは十分ではない。どんな人跡未踏な土地、どんな荒涼とした隠れ場所に行けば、彼に付きまとうもろもろのイメージから彼は逃れられるのだろうか。危険な対象の思い出もまた遠ざけるのでなければ、そうした対象だけ遠ざけても何にもならない。あらゆるものから彼を引き離す技術を見出さなければ、彼の注意を彼自身からそらさなければ、元いたところに彼を置いておいても同じことだったのだ。（OCⅣ-643～644）

青年の情熱を狩りに向ける

こうして、「私」は狩猟の効用に思い至ります。エミールの興味を惹《ひ》き、彼の体を鍛え、彼が熱中して全身全霊を打ち込むような仕事が必要なのです。

ところで、そうした条件をすべて備えているように私には思われる唯一の仕事は、狩猟である。もし狩猟が無邪気な楽しみであるとすれば、もしそれが人間にふさわしいものであるとすれば、今こそ、それに助けを求めるべきなのだ。エミールはそれをうまくやるために必要な一切を持っている。彼は頑健で、器用で、辛抱強く、疲れを知らない。彼がこの鍛錬に趣味を持つようになることは間違いない。彼はそこに、彼の年齢の情熱のすべてを傾けるだろう。少なくともしばらくの間は、柔弱な生活から生まれる危険な心の傾きを失うことになるだろう。狩猟は体と同じく心も強壮にする。それは血や残酷な行為に慣れさせる。ディアナ〔狩猟の女神〕は恋の敵にされているが、このたとえはきわめて正しい。恋の物憂さは心地よい休息の中でしか生まれない。激しい鍛錬は優しい感情を窒息させるのだ。森の中でも田園でも、恋する人と狩人《かりうど》とは、同じ対象に対してあまりにも違った刺激を受けるので、まったく異なるイメージを抱く。恋する人にとっての涼しい木蔭《こかげ》、木立、快い隠れ家は、狩人にとっては、獲物の餌場、隠れ場、逃げ場にすぎない。恋する人がナイチンゲールや小鳥のさえずりしか聞かないところで、狩人は角笛と犬の鳴き声を聞く思いがする。恋する人は森の精や水の精しか想像せず、狩人は勢子《せこ》や猟犬や馬の群れしか想像しない。この二種類の人間と一緒に山野を歩き回るといい。彼らの話の違いによって、大地は彼らに同じ様相を呈していないこと、頭に浮かぶ考えもその楽しみの選択と同じように異なって

いることに、あなた方はすぐに気づくことだろう。（OCⅣ-644〜645）

こんな時にエミールを狩りに夢中にさせることを思い付くとは、ちょっと驚きますが、実は著者は狩猟にこだわりがあるようです。のち程紹介する、第四編の最後に登場する長い脱線の中でも、農民の犠牲をものともせずに王侯貴族が猟犬を使って騎馬で行うはた迷惑な狩猟を弾劾する一方、父親のささやかな狩りの思い出を懐かし気に想起していますし、『ジュリー』の中でも、サン＝プルーはジュリーの父デタンジュ男爵と和解して一緒にツグミ撃ちに興じているのが思い出されます（第五部第七書簡）。

それはともかく、エミールを官能の危険から救う最終的な手立ては、エミールの社交界デビューに当たって、ただ世間を見るためだけでなく、未来の恋人探しも目的に入れることと、そしてこの恋人をあらかじめソフィーと名付けて、常にソフィーへの想いを心に抱かせることに、見出されることとなります。

性についてエミールにどう話すか

いよいよ「私」がエミールに話して聞かせる段取りとなります。ただし、「私は彼にこう話した」と、事実を報告するわけではありません。「私はこう主張する」という形を取っているのに注意しましょう。難しい問題ではこれまで常に対処の仕方の実例を示してきた、今回もそうしようと何度も試みたのだが、フランス語はあまりに気取った言語なので、ある種のテーマについて初めて教える時の素朴な調子を書物の中で取ることができないので断念したのだ、と「私」は弁解しています（OCⅣ-649）。

私が主張するのはこういうことだ。まだその時が来ないのに、青年たちの耳に繰り返し聞かせる空しい教訓、肝心の年齢になったら青年たちから馬鹿にされるような空しい教訓を与える代わりに、それが分かるような時期を待ち、その時期を準備する。その時期が来たら、自然の掟をありのままに彼に説明してやるのだ。その掟に背いた場合に違反者がこうむることになる肉体的・精神的な苦しみによって、その掟が下す制裁を彼に示すのだ。あの理解し難い生殖の神秘について語りながら、自然の創造主がその行為に付与している魅力の観念に、その行為を喜ばしいものとする独占的愛着の観念を、その行為を取り巻いている、そしてその目的を達成することによってその魅力を倍加させている貞節と慎みの義務についての観念を、結び付けてやるのだ。結婚を、単に最も甘美な交わりとして描いてみせるだけでなく、あらゆる契約の中で最も破棄できないもの、最も神聖なものとして描いてみせることによって、そうした神聖な結び付きがすべての人々に尊敬すべきものとなる理由を、そしてその結びつきの純粋さをあえて汚す者は誰でも、憎しみと呪いを受けることになる理由を、すべて彼に力強く言ってやるのだ。放蕩《ほうとう》のおぞましさの、その獣じみた愚かしさの、最初の放埒《ほうらつ》がやがてはあらゆる放埒へと導き、そういうことに身を委《ゆだ》ねる者をついには破滅へと引きずってゆく目に見えない傾斜の、心を打つ偽りのない絵を彼に描いてみせるのだ。健康、力、勇気、美徳、愛さえもが、そして人間のすべての真の善が、いかに純潔への好みに基づいているかを彼にはっきりと示してやれば、その時こそ、この純潔が彼にとって願わしく大切なものとなり、純潔を保持するために彼に与えられる様々な手段に対して彼の精神が従順になるのが見られるだろうと、私は言いたい。というのも、人は純潔を保持している限りそれを尊敬するものであるし、それを失ったあとで初めてそれを軽蔑《けいべつ》するからだ。（OCⅣ-650）

師弟契約——師の権威と権利が確立される

「私」に対してエミールが、あなたの権威をどうかそのままにするように、私は喜んであなたの保護に身を委ね、あなたの掟に従います、と申し出ることを想定して（OCⅣ-651～652）、私は最終的にエミールに対するこんな返事を考え出します。

彼にこう言ってやるがよい。「私の若い友よ、あなたには経験というものが欠けている。けれども、私はあなたに理性が欠けるようなことにならないようにしてきた。あなたはどこでも私の行動の動機を知ることができる。そのためには、あなたが冷静になるのを待ちさえすればよいのだ。いつでも服従することから始めるがよい。それから、私の命令の説明を私に求めるがよい。あなたが私の言うことを理解できるようになりさえすれば、私はいつでもあなたにその理由を話す用意があるし、あなたをあなたと私の裁き手とみなすことも私はけっして恐れはしない。あなたは従順になることを約束している。そして私は、あなたの従順さを人間の中で最も幸福な人間にあなたをすることにのみ用いると、約束する。私の約束を保証してくれるものとしては、あなたがこれまで享受してきた境遇というものがある。あなたと同じ年齢の者で、あなたと同じくらい心地よい生活を送ってきた者が誰か見つかるなら、私はもうあなたに何も約束などしない。」（OCⅣ-653）

エミール、世間に出る

なぜエミールは二十歳で世間に出る必要があるのでしょうか。

エミールはいつもひとりでいるようには作られていない。社会の一員として、彼はその義務を果たさなければならない。人々と共に生きるために作られているのだから、人々を知らなければならない。彼は人間一般を知っている。あとは個々の人間を知ることが残されている。彼は世間で人々が何をしているか知っている。あとは、そこでどんな風に人々が生きているかを知ることが残されている。今や彼に、その大きな舞台の外観を見せてやる時だ。彼はすでにその隠された仕掛けをすべて知っているのだから。（OCⅣ-654）

伴侶探しを提案する

世間を見る目的には、エミールの伴侶《はんりょ》探しも入ります。

私は青年にこう言ってやる。君の心は伴侶を必要としている。君にふさわしい人を探しに行こう。その人は、多分そう簡単には見つからないだろう。本当に価値のあるものは、いつも稀《まれ》にしかないものだ。けれども、慌てることもないし、がっかりすることもない。必ずそういう人がいて、最後には見つかるだろう。少なくとも、その人に一番似た人が見つかるだろう、と。こんな心を弾ませる計画をもって、私は彼を世間〔社交界〕へ導いてゆく。……私は名前を与えることまでしたい。私は笑いながらこう言うだろう。あなたの未来の恋人を〈ソフィー〉と呼ぶことにしましょう。〈ソフィー〉は幸先《さいさき》のよい名前ですよ。あなたの選ぶ人がその名前を持っていなくても、その人は少なくともそういう名前を持つのにふさわしい人でしょう。今からその人にその名前で敬意を表しておいてもよいでしょう、と。（OCⅣ-656〜657）

二十歳のエミールの肖像

「社交界で頭角を現すためではなく、それを知るために、そしてそこで自分にふさわしい伴侶を見つけるために社交界に入ってゆき、今や人々の間に置かれているエミールを見ることにしよう」（OCⅣ-665）。こうして「私」は二十歳のエミールの肖像をたくさん描いてみせますが、最初に、エミールが女性にどう接するかを述べた描写を紹介しましょう。

人は愛するときには愛されたいと思うものだ。エミールは人々を愛している。だから彼は人々の気に入られたいと思っている。女性たちには、なおさら気に入られたいと思っている。彼の年齢、品行、意図、それらの一切が相まって彼のそうした願いを育てている。私は彼の品行と言ったが、品行は大いに関係があるからだ。品行の正しい人々こそ、本当に女性を熱愛する人なのだ。他の人たちのように女性にへつらった何かわけのわからない、人を馬鹿にしたような言葉を使ったりはしないが、彼らにはもっと真実な、もっと優しい、心から発するまめまめしさがある。私なら若い女性のそばで、十万人の放蕩者の中から、品行の正しい、自然を支配しているひとりの男性を、識別できるだろう。まったく新しい気質を持ちながらもそれに抵抗するたくさんの理由があるエミールが、どんな風になるか、考えていただきたい。女性たちの傍らともなれば、彼も時にははにかんだり、当惑したりすることもあるとは思う。しかし確かに、この当惑が女性たちの気持ちを不快にすることはないだろうし、どんなに浮気心がない女性たちでも、そうした当惑を楽しんで、それを掻《か》き立てる技術を心得ている場合が、しばしばあるだろう。それに、彼のまめまめしさは相手の立場に応じて著しく変わることだろう。既婚の女性に対してはいっそう慎み深く、うやうやしくなり、未婚の娘たちに対してはいっそう生き生きと、優しくなるだろう。彼は自分の探究の目的〔ソフィー探し〕を見失うことはけっしてない。そしてそれを思い出させるようなものに対してこそ、いつも最大の注意を払うのだ。（OCIV-668）

人はなぜか知らず彼が好きになる

もうひとつ、エミールの人となりがわかる一節です。

彼は愛すべき男としてちやほやされることはないだろうが、人はなぜか知らず彼を好きになるだろう。彼の才気を誉めそやす人は誰もいないだろうが、人は彼を才人たちの間の判定者と進んでみなすだろう。彼の精神は明敏で限度を心得ており、彼は正しい感覚と健全な判断力を持っているだろう。新しい観念を追いかけたりはけっしてしない彼は、才気を鼻に掛けることは知らないだろう。私は彼に感じさせておいたのだ、人々の役に立つ真に有益なすべての観念は昔から知られていることを、それだけがいつの時代も社会の真の絆《きずな》となることを、卓越した精神の持ち主もただ人類にとって有害で忌まわしい観念によって人より抜きん出るだけだということを。そんな風に人から褒められることなど、ほとんど彼の心を動かすことはない。人生の幸福をどこに見出すべきか、どんなことで他人の幸福に貢献できるか、彼は知っているのだ。彼の知識の範囲は有益なことの先まで広がることはない。彼の道は狭いがはっきりと示されている。その道から逸れる気にまったくなれない彼は、その道を辿《たど》る人たちと混ざったままでいる。彼は道に迷うことも輝かしい存在になることも望んでいない。エミールは良識の人であり、それとは別の者になりたいとは思っていない。そういう人間としての彼を侮辱しようとしても無駄だろう。彼はいつまでもそれを名誉に思っているだろう。（OCⅣ-670）

趣味の研究

社交界で習俗の面から人間を研究するエミールは、趣味の諸原則について哲学しています。

以前歴史において人間を情念の面から研究していたように、今度は社交界において習俗の面から人間を研究している彼は、人間の心を喜ばせ、あるいは不快にすることについて考察する機会をしばしば持つことになるだろう。今や彼は趣味の諸原則について哲学しており、それこそこの時期を通じて彼にふさわしい研究なのだ。

趣味の定義を求めて遠くに行けば行くほど、それだけ人は道に踏み迷う。趣味とは、最大多数の人の気に入り、または気に入らないことを判断する能力に他ならない。そこから踏み出したら、もう趣味とは何かわからなくなってしまう。だからといって、良い趣味の人がそうでない人よりたくさんいるということにはならない。というのも、多数の人が個々の対象を健全に判断するとしても、すべての対象について多数の人と同じように判断する人は少ないからだ。最も一般的な趣味の集まりが良い趣味を作るとしても、良い趣味の人は少ない。それは、最もありふれた線の集合が美人を作るのに、美しい人はあまりいないのと同じことだ。（OCⅣ-671）

演劇と詩の研究

演劇も趣味の研究に通じます。

私は彼を劇場に連れて行く。習俗を研究するためではなく、趣味を研究するためだ。というのも、とりわけそこでは、熟慮する術《すべ》を心得ている人には趣味というものがよくわかるからだ。教訓や道徳はほっておくのだ、と私は彼に言うだろう。そういうものを学ぶべきはここではないのだ。芝居は真理のために作られているのではない。人々を喜ばせ、楽しませるために作られるのだ。人々の気に入られ、人間の心を惹きつける技術をこんなによく学べる学校は二つとない。芝居の研究は詩の研究へと導く。二つの研究はまったく同じことを目的としている。彼が詩の研究に対して趣味のきらめきを持っているなら、詩人の言語を、ギリシア語、ラテン語、イタリア語を、どんなに喜んで習得することだろうか！　これらの研究は彼にとって強制されることのない楽しみとなり、それだけに一層多くのものを得ることだろう。心を動かすように作られている、あらゆるジャンルの美に対して、あれほどの魅力を覚えながら心が奪われる年齢と状況にある彼にとって、そうした研究はうっとりさせるものになるだろう。一方で私のエミールが、他方で学院の悪童が、『アエネイス』の第四巻を、ティブルス〔古代ローマの恋愛詩人〕を、プラトンの『饗宴《きょうえん》』を読んでいるところを想像していただきたい。何という違いだろうか！　一方の心は他方が感じもしないことでどんなに揺さぶられることか。おお、善良な青年よ、やめるがいい。読書を中断するのだ。君があまりにも感動しているのが私にはわかる。私は愛の言葉が君を喜ばせるのはいいと思うが、それで錯乱してほしくはないのだ。感じやすい人間であれ。けれども、賢明な人間であれ。君がそのどちらかでしかないのなら、君は何ものでもないのだ。それに、彼が死語や文芸や詩で成功しようがしまいが、私にはどうでもいいのだ。そういうことを何も知らなくても、彼の値打ちが下がることにはならないだろうし、彼の教育において問題になるのは、こんな戯言《ざれごと》ではないのだ。（OCⅣ-677）

美を愛することを学ぶ目的とは

何のために美を感じ愛することをエミールに学ばせるのでしょうか。それは、幸福になるには富は必要ないことをわからせるためなのです。

あらゆるジャンルにおける美を感じ、愛することを彼に教える際の私の主な目的は、そこに彼の愛情と趣味を定着させ、彼の自然の欲求が変質して、もっと自分の近くに見出さなければならない幸福になる手段を、彼がいつか富の中に探し求めるようになるのを防ぐことなのだ。私は別のところで、趣味とは些細なことに精通する技術であると言ったことがあるが、それはまったく真実だ。しかし、些細なことの寄せ集めにこそ人生の楽しさはかかっているのだから、そのような心遣いはけっしてどうでもいいことではない。そのような心遣いによってこそ、我々は、それらが我々に対して持ちうるあらゆる真実性において、我々の手の届くところに置かれている善きものでもって、生活を満たすことを学ぶのである。ここで言う善きものとは、魂の良い傾向に起因する道徳的な善きものではなく、偏見や他人の意見を考慮に入れなければ、ただ官能性と現実の逸楽に属するもののことである。（OCⅣ-677）

「別のところで」とは、『スペクタクルに関するダランベールへの手紙』（一七五八年九月刊）を指しています（OCV-109)。

もしも私が金持ちだったなら……

第四編の終わり近くに、実に興味深い脱線部分があります。脱線部分と言うわけは、ここで「私」は一時的にエミールのことを忘れて、自分自身を例に取って、著者であるルソーの考えを説明しようとしているからです。その考えとは、先ほど引用したように、幸福になる手段を富裕（富）に求めるべきではなく、自分の身近に求めるべきであり、人生の楽しさは些細なものの寄せ集めにかかっているのだから、そういう些細なものに眼を向けることによって、生活を充実させることを学ぶべきで、真の趣味とは些細なことに精通する技術なのだ、という思想です。ルソーにおける趣味論を、王侯貴族の豪華な生活を否定することによって展開しており、奢侈《しゃし》の社会的効用（奢侈は国を富ませるという考え方）を否定するその奢侈論・富裕論と対をなす、一種の〈反―富裕〉の夢想なのです。

最初に、金持ちになったばかりの「私」は冒頭でこう述べて、世間一般の金持ちがどういうものかを露《あら》わに見せつけます。身分が人の本性を（良きにつけ悪しきにつけ）変えてしまう場合があると指摘したあとで、こう続けます。

同じように、もしも私が金持ちだったら、私は金持ちになるのに必要なすべてのことをしていたはずである。だから私は傲慢《ごうまん》で下品で、自分のことだけに敏感かつ細心で、すべての人に対して冷酷無情で、賤民《せんみん》（la canaille）の悲惨さの横柄な傍観者となっていることだろう。というのも、私も昔はそういう階級の一員だったことを人に忘れさせようとして、貧窮者をそれ以外の別の名前ではもう呼ばなくなっているだろうから。（OCⅣ-678）

金持ちらしからぬ、一風変わった金持ちに

ところが続く段落以降は、「私」は一風変わった金持ちに変身します。暇な時間をどのように楽しく使うかを事細かに説明することによって、真の趣味とはどういうものかを明らかにしてみせてくれるのですが、結局のところ最後にたどり着く結論は、そういう楽しみを味わうには金持ちになる必要はまったくない、ということでした。楽しむためには富は何の役にも立たない、というのです。

趣味の人、真に快楽を愛する人は富などまったく必要としない。自由で、自分の主人であれば、それで十分だ。健康に恵まれ、必要なものに事欠かない人は誰でも、自分の心から他人の意見に基づく幸せを取り除けば、十分に豊かなのだ。（OCⅣ-691）

したがって当然のことながら、大金持ちになっても「私」は通常の金持ちのようなことはまったくしません。コック長など雇わずに自分でせっせと料理しますし、季節ごとに別荘に移動することもしない、部屋も簡素に飾るだけ、召使もあまり置かない、馬車にも乗らず自分の足で歩く、宮殿になどもちろん住まない、気持ちのよい木蔭のある丘の中腹に小さな田舎風の家を持つだけ。屋根は藁葺《わらぶき》でもスレート葺でもなく、瓦葺《かわらぶき》にしよう……こんな調子で、かなりくつろいだ楽し気な〈反―富裕〉の夢想が続きます。

私は田園に行って自分の都市を建設したり、地方の辺鄙《へんぴ》なところに行って自分の部屋の前にチュイルリーの庭園をしつらえたりはしないだろう。どこかさわやかな木蔭のある気持ちのいい丘の中腹に田舎風の小さな家を持つことにしよう。緑色の鎧戸《よろいど》のついた白壁の家を。そして、藁葺の家はどんな季節でも最上のものだが、私は気前よく、陰気なスレートではなく、瓦の屋根にしたい。その方が藁葺より清潔で陽気だし、私の故郷では他のもので屋根を葺くことがないので、それを見れば私の青春の幸せな時代を少しは思い出せるだろうから。中庭は家禽《かきん》を飼うところとし、馬小屋の代わりに牛小屋を建て、私の大好きな乳製品を手に入れることにしよう。庭園の代わりに野菜畑を作り、大庭園の代わりに、あとでお話しすることになる素敵な果樹園にする。果実は散歩する人たちの勝手にさせて、庭師に勘定させたり、収穫させたりはすまい。私は金をかけるのが嫌いな気前のよさから、人々の眼に、とても手に触れる気になれないような堂々たる果樹牆《しょう》を広げてみたりはしないだろう。ところで、このささやかな贅沢《ぜいたく》はたいして高くつくものではないだろう。なぜなら、私は、お金はあまりないが品物はたくさんある、豊饒《ほうじょう》と貧しさが支配しているどこか遠い地方に、安住の地を選んでおくつもりだからだ。(OCⅣ-686~687)

「あとでお話しすることになる素敵な果樹園」とは、第五編に出て来るソフィーの両親の家の果樹園のことです(OCⅣ-783)。

田園の食事

家が見つかれば、楽しい田園の食事が待っています。

そこに私は仲間を集めるだろう。数が多いというより、念入りに選んだ友達、快楽を愛し、それに通じている友達、肘掛椅子から抜け出して田園の遊びに加わり、織機の杼《ひ》や型紙の代わりに時には釣り竿《ざお》やもち竿、乾草《ほしくさ》をかき集める熊手、葡萄《ぶどう》を摘み入れる籠《かご》を持つ女性たちから成る仲間だ。そこでは都会風の雰囲気は一切忘れ去られるだろう。我々は村に入って村人となり、たっぷりある楽しみごとに身を委ねて、毎晩、翌日のための選択に困惑するばかりだろう。運動と活動的な生活は、我々に新しい胃袋と新しい味覚を与えてくれるだろう。我々の食事はすべて宴会となり、繊細な味よりたっぷりある分量の方が歓迎されるだろう。陽気な気分、野良仕事、たわいのない遊び、これこそ世界一の料理人だ。そして凝った珍味など、日の出から働いている人たちにとってはまったく滑稽《こっけい》なのだ。料理を給仕するのに順番もなければ優雅さもない。食堂は至るところにある。庭の中にも、船の中にも、木の下にも。時にはもっと遠く、清冽《せいれつ》な泉のほとり、新鮮な緑の草の上、榛《はん》の木やはしばみの茂みの蔭で。陽気な会食者たちは長い列を作って、歌を歌いながら宴会の料理を運んでゆくだろう。芝生が食卓と椅子になるだろう。泉のほとりが食器棚の役目を果たし、デザートは木にぶら下がっているだろう。料理は順序もなく出されるだろう。食欲がもったいぶる必要をなくしてくれるだろう。めいめいが他の誰よりも公然と自分を優先し、他の誰もが自分を優先するのをよしとするだろう。このような、心からの節度ある親しみから、無作法でもなく、わざとらしくもなく、気もおけないはしゃいだ言い争いが生まれ、それは礼儀正しさより百倍も魅力的で、人々の心を結び付けるのにずっとふさわしいだろう。うるさい従僕が我々の話に聞き耳を立てたり、我々の態度を低い声で批評したり、我々の食べるものをさもしい目つきで数えたり、我々に飲み物を待たせて面白がったり、食事が長すぎるといって文句を言ったりすることは、まったくないだろう。我々は自分の主人となるために我々の下僕となり、各自がみんなから給仕してもらうだろう。時の経つのも忘れ、食事（le repas）が憩い（le repos）となり、陽がかげるまで続くだろう。誰か百姓が、肩に道具を担いで仕事に戻ろうとして我々のそばを通るなら、私は二言三言親切な言葉をかけてやって、数杯の美味《おい》しいワインで心を和ませてやり、もっと陽気に悲惨を耐えられるようにしてやるだろう。そして私自身もまた、少しは心が動かされるのを感じて、ひそかに「私はまだ人間なのだ」とつぶやいて、嬉《うれ》しい気持ちになるだろう。（OCⅣ-687〜688）

不幸な民衆への共感

ところが、〈反―富裕〉の夢想のさなかに、不幸な民衆への共感が突然姿を現すのです。せっかく裕福になり、田舎家も手に入れたのに、王侯貴族の楽しみごと、そう、狩猟をしなくていいのでしょうか。次の一節から、排他的な快楽は快楽の死であり、本当の楽しみは民衆と分け合う楽しみだとする教訓が導かれます。

私は金持ちだと仮定している。だから私には独占的な楽しみ、破壊的な楽しみが必要だ。……私の領民たちは彼らの小麦畑が私の兎に、彼らのそら豆畑が私の猪に荒らされるのをけっして喜んで見たりはしないだろう。各自が、彼らの仕事を破壊する敵を殺す勇気はとてもないので、せめて畑から追い出したいと思うだろう。一日中畑を耕したあとで、彼らは一晩中畑の番をしなければならない。大型の番犬や太鼓、ラッパ、鈴を使うことだろう。それらの酷《ひど》い騒音で彼らは私の眠りを妨げるだろう。私は心ならずもその哀れな人たちの悲惨さを考えることになり、自分を責めずにはいられなくなるだろう。光栄にも私が君主であったなら、そんなことは皆、私の心をほとんど動かさないだろう。だが、新参の成り上がり者、金持ちになったばかりの私は、まだいくぶんか平民の心を持っていることだろう。（OCⅣ-688〜689）

王侯貴族が騎馬を乗り入れて畑を荒らすのではありません。そうではなく、狩猟の楽しみのために彼らが擁している広大な森の住民——狩猟の標的となる動物たち——が、森の近在に住む農民たちの畑を荒らしまわるのです。民衆が富める者の犠牲になる典型例です。

脱線のまとめ

「私」は長い脱線を次のようにまとめています。

以上が、楽しい余暇の選択を考えた真の趣味の試みともいうべきものであり、どんな精神で人は楽しむのかということである。その他のことはすべて、錯覚、幻影、愚かな虚栄心にすぎない。これらの規則から外れる人は誰でも、たとえその人がどんな金持ちであろうと、その金貨を肥溜《こえだ》めでかじることになり、人生の価値を知ることはけっしてないだろう。（OCⅣ-690〜691）

第五編に向けて

第四編は次の二つの段落で次編へのつなぎとしています。第五編のテーマがソフィー探しを経たソフィーの発見にあることがここで予告されます。

こんな風に時を過ごしながら、我々はたえずソフィーを探しているのだが、一向に見つからない。彼女がそんなに早く見つからないことが大切だったのだ。だから我々は、彼女がいないと私が確信できるところで、彼女を探していたのだ。

しかしもう時は迫っている。今や彼女を真剣に探す時だ。さもないと、彼が自分のソフィーを勝手に作り上げてそれを本物と思い込み、自分の誤りに気づいた時には時すでに遅しとなりかねないからだ。そういうわけで、パリよさらば。名高い都、騒音と煙と泥の都よ、そこでは女はもう貞操を信じず、男はもう美徳を信じていない。さらば、パリよ。我々は愛を、幸福を、無垢を求めている。お前からどんなに遠く離れても、離れすぎるということはないだろう。（OCIV–691）

第五編　思春期（二十歳〜二十五歳）

第五編の構成と内容

第五編は冒頭、次のような言葉で始まっています。「我々は青年時代（la jeunesse）の最後の幕にたどり着いた。しかしまだ幕を下ろすところには来ていない」（OCIV-692）。見られるとおり、第五編は二十歳から二十五歳くらいまでの、青年時代の後半〔思春期／la puberté〕を扱っており、人間が周囲の人たちとの社会的・政治的関係を通して知的理性（人間的理性）を完成させる過程が描かれます。人間が自己を認識するのは、もっぱら他者との関係を通してです。『社会契約論』を中心とした政治哲学を要約する場面の少し前に置かれた次の言葉に注目しましょう。「ところで、他の存在との物理的な関係（ses rapports physiques）において、次いで他の人間との精神的〔道徳的〕関係（ses rapports moraux）において、自分を考察したあとで、彼〔エミール〕に残されていることは、自分の同国人（ses concitoyens）との社会的〔政治的〕関係（ses rapports civils）において自分を考察することである」（OCⅣ-833）。もっぱら他の存在との物理的な関係において自分を考察するのが子供時代（l'enfance）を扱う第一・二・三編の、また他の人間との精神的（道徳的）関係において自分を考察するのが青年時代の前半（青春期／l'adolescence）を扱う第四編のテーマだったとすれば、最後に言及された自分の同国人との社会的（政治的）関係において自分を考察するのが、まさしく第五編のテーマとなるのです。

ちなみに、第四編と第五編で扱われている十五歳から二十五歳までの青年時代については、「教育全体の中で、最も重要で最も困難な部分、すなわち、子供時代から大人の状態への移行期の役を果たす危機の時期（la crise qui sert de passage de l'enfance à l'état d'homme）」とも呼ばれています（OCⅣ-777）。第四編冒頭で、この時期（第四編で扱う時期）は人間の第二の誕生の時期であり、人間が本当に生き始める最初の時で、同時に危機の時期でもある、とされていたのを思い出しましょう（本書百六十三〜百六十五頁）。

第五編のテーマを内容に即してもう少し具体的に述べれば次のようになります。エミールの妻となるべき女性（ソフィー）探しからソフィーの発見へ、二人の恋、そしてエミールとソフィーの結婚によって「私」の仕事が完成すること、です。冒頭の二つの段落による短い前置きのあと、「ソフィー、あるいは女性（Sophie, ou la femme）」という表題が出てきますが、これが第五編全体のテーマを表示していると考えられます。この他、「旅について（Des voyages）」という表題も出てきますが、この二つ以外には、他の編と同じく、

第五編全体の構成や内容が一目でわかる章分けや小見出しなどはまったくありません。

第五編はかなり変化に富んだ内容となっており、小説的な趣きも多分に取り入れられていますので、ここでは便宜上次のように三つの部分に分けて、その流れを追うことにしましょう。(一)女性論・女性教育論（OCIV-692〜746)、(二)ソフィーの人となりの説明から、エミールが二年間の欧州旅行に出発する際の二人の別れの場面まで（OCIV-746〜826)、(三)「旅について」と題された論考から、エミールが「私」にソフィーの妊娠を報告する最後の場面まで（OCIV-826〜868)。

第五編（一）

第五編（一）の部分の流れ

ソフィー探しをテーマとする第五編がなぜ女性論から始まるのか、その論理は次の通りです。大人がひとりでいるのはよくない↓エミールは大人だ↓妻を与える必要がある↓ソフィーを見つけるにはソフィーを知らなければならない↓ところでエミールが男性であるのと同じようにソフィーは女性だ↓そこでまず女性とは何かを知らなければならない↓女性論へ。最初に男女の類似と相違についての指摘があります。類似点は人類という種に起因し、相違点は性に起因するとした上で、男女の相違に関する次のような原則が提示されます。「男性は能動的で強く、女性は受動的で弱い。前者は欲し、力を持ち、後者は少しだけ抵抗すればそれで十分である」（OCⅣ-693）。この原則が導かれる根拠についてはまったく触れられていませんが、このあとのすべてはこの原則から派生します。女性は男性の気に入るように（pour plaire à l'homme）、また支配されるように、生まれついている。男性の値打ちは力にあり、女性の力は魅力にある。男性は攻撃と大胆さを、女性は防御と気弱さ・内気・慎み・恥じらいを持つ。こうした原則から、たとえば「妻は貞節であるばかりでなく、そう思われることが大切だ」、などという派生的な命題が次々と出てきます。

女性論に続いて、女性の形成（教育）が論じられます。自然の人間（エミール）にふさわしい女性（ソフィー）はどういう方針のもとで育てられるべきか、という発想です。ここでも先ほどの原則が貫徹されます。たとえば、「女性は夫に服従し、忠実でなければならない」とか、「一生を通じて女性に必要な従順な性質（une docilité）」、あるいは「女性の教育はすべて男性と関連させて考えるべきで、男性の気に入り、役に立ち、愛され、尊敬され、男性が幼いときは育て、大きくなれば世話をやき、助言を与え、慰め、生活を楽しいものにしてやる、これがあらゆる時代の女性の義務だ」などと言われます。さらに、〈人に気に入られる〉という女性の使命に由来する女性特有の言葉遣いや、話し方、表現、動作、服装、好みや趣味が語られ、人に気に入られる技術（l'art de plaire）、男性の心を捉《とら》える女性の天賦の才能（媚《こび》／la coquetterie）、手練手管（la ruse）が問題とされます。

こうしてみると男性優位が一方的に強調されているかに見えますが、よく読むと、男女は相互に依存しており、どちらも相手の価値の判定者として生まれついている、女性には男性を支配する自然の才能が与えられている、強者は見たところ支配者だが実際は弱者に依存している、女性の持つ〈人に喜ばれる才能〉が家庭の幸福に貢献する、女性も無知であるべきではなく理性と才気が必要だ、どんな男性でもいいというわけではなく、優れた男性・本当に好ましい男性の気に入られるべきだ、などという主張や表現も随所に見られ、必ずしも女性を下位に置いているわけでもないようです。

このルソーの女性論・女性教育論はこれまで厳しい批判にさらされてきました。とりわけフェミニズム（男女同権論・女権拡張論）の立場からのルソー＝女嫌い・女性蔑視《べっし》（misogyne・misogynie）観には苛烈《かれつ》なものがあります。確かにルソーの女性観は現代の我々から見れば古めかしいものに映ることは否めません。しかしこれには対抗概念があったのかもしれません。当時社交界で活躍していた才女たち、フィロゾフたち（啓蒙《けいもう》の哲学者）をサロンに迎える女主人たちを批判の対象としている可能性があります。ルソーの典型的な男女観は、少し先の方で出てくる、「これが男なのだ」／「これが女なのだ」と対になって表現されている次の引用箇所でも明らかです。「女性よ、君の主人（ton chef）を尊敬するがよい。君のために働き、君のパンを稼ぎ、君を養っているのは、彼なのだ。これが男なのだ」（OCⅣ‐808）。「男性よ、君の伴侶《はんりょ》（ta compagne）を愛するがよい。君の労苦をいたわるために、君の苦しみを和らげるために、神は君に伴侶を与えているのだ。これが女なのだ」（OCⅣ‐814）。男は仕事をして稼いで妻を養い、女は夫の労苦を優しくいたわる。しかしこれも見方によっては相互補完的な一種の家庭内分業のようにも思われます。現代日本やフランスの、自分で仕事を持ち経済的にも自立している女性、結婚せずに独身を貫く女性は十八世紀に生きるルソーには想定外です。結婚して家庭に入り、夫を支え子供を育てる当時の大多数の女性を前提として立論されており、そうした女性の幸福と名誉はどこにあるのか、そこで女性が果たす役割は何か、これがルソーの関心事でした。啓蒙の世紀における反――啓蒙的な身構えによるルソー的問題設定と言ってもよいでしょう。あるいはここにはルソーに親しい古代モデル（古典古代を規範とする考え方）の影響があるのかもしれません。「それらの若い女性たち〔スパルタの少女たち〕は、ひとたび結婚すると、もう公衆の面前で見られることはなかった。家に閉じこもって、家事と家族の世話にかかり切っていた。これこそ自然と理性が女性に命じている生き方だ」（OCⅣ‐705）。

ルソーの時代と現代では、性をめぐる状況は大きく変化しました。たとえば同性婚や性同一性障害、あるいはLGBTの頭文字で示される性的少数者の問題は、ルソーの生きた時代にはいまだ顕在化していませんでした。違和感や反発をやり過ごして冷静に見れば、男性との関係を通してこそ女性はその真価を発揮すべきで、男性への依存をポジティブに捉えるべきだ、というのがルソーの主張のようにも見えます。あえて俗な言い方をすれば、男に従いながら（日本的に言えば、男を立てながら）、天賦の魅力を使ってうまく男をコントロールしろ（操縦しろ）ということにもなるでしょうか。作品の最後で、結婚後はソフィーが「私」に代わってエミールの教導者・師傅《しふ》（gouverneur）になるとされているのはその意味で象徴的です（OCIV-867）。いずれにしてもこの部分の女性論には、二百六十年の歴史の重みを含めて多くのことを考えさせられます。

青年時代の最後の場面へ

第五編は次のように始まります。ロックの『教育に関する考察』（一六九三年）への言及が見られます。

我々は青年時代の最後の幕にたどり着いた。しかしまだ幕を下ろすところには来ていない。

大人がひとりでいるのはよいことではない。エミールは大人だ。我々は彼に伴侶を約束しておいた。それを彼に与えなければならない。その伴侶とは、ソフィーである。どんな場所に彼女の隠れ家はあるのだろうか。どこに行けば彼女は見つかるのだろうか。彼女を見つけるためには、彼女を知らなければならない。第一に、彼女がどんな人かを知ることにしよう。そうすれば、彼女が住んでいる場所がもっとよくわかるだろう。それに彼女を見つけたとしても、まだそれですべてが終わったわけではない。ロックは言っている。「我らの若き貴公子が結婚しようとしているのだから、彼を愛する人の傍らに残して行く時が来たのだ。」こう言ってロックはその著作を結んでいる。私はといえば、貴公子を教育する名誉を持ってはいないのだから、その点でロックの真似をしないように気をつけることにしよう。（OCⅣ-692）

一方は能動的で強く、他方は受動的で弱く

男女の相違に関する原則（男は能動的／女は受動的）から二つの帰結（女は男の気に入るように作られており、したがって男に快く思われるようにしなければならない）が導かれます。

両性の結合においては、どちらも同じように共通の目的に向かって協力しているが、同じようにではない。この相違から、両者の間のさまざまな精神的〔道徳的〕関係の中に、はっきり定めることのできる最初の違いが生まれてくる。一方は能動的で強く、他方は受動的で弱くなければならない。必然的に、一方は意志と力を持たなければな

らず、他方は少しだけ抵抗すればそれで十分である。

この原則が打ち立てられると、そこから、女性は特に男性の気に入るように作られているということになる。男性の方でも、女性の気に入るようにしなければならないとしても、それはそんなに直接的に必要なことではない。男性の価値はその力の中にある。彼はただ強いというだけで気に入られる。これは恋愛の法則ではないということは、私も認める。これは自然の法則であって、恋愛そのものよりも先行している。

女性は、気に入られるように、また支配されるように生まれついているとするなら、男性を挑発するようなことはしないで、男性に快く思われるようにしなければならない。女性の威力はその魅力の中にある。そしてその魅力によってこそ、女性は男性にその力を見出《みいだ》させ、発揮させなければならないのだ。この力を呼び覚ます最も確実な技法は、抵抗することによって力の必要を感じさせることである。そうなると、自尊心が欲望に加わって、男性は女性が得させてくれた勝利を誇ることになる。そこから、攻撃と防御が、男性の大胆さと女性の気弱さ、さらには、強者を屈服させるために自然が弱者に与えている武器としての慎みと恥じらいが生まれてくるのである。

(OCIV-693~694)

強者は見かけは支配者だが、実際は弱者に依存している

そこからまた、第三の帰結が生まれます。

そこで、両性の構造（la constitution）から導き出される第三の帰結は次のとおりである。つまり、強い方は見かけは支配者（le maître）であるが、実際には弱い方に依存しているということだ。それは、女性のご機嫌を取る（la galanterie）という、浮薄な習慣によるのでもなければ、保護する者の尊大な寛大さによるのでもなく、自然の不変の掟《おきて》によってそうなのだ。自然は、女性には容易に男性の欲望を掻《か》き立てる力を与え、男性にはその欲望をそれほど容易に満足させることができないようにさせて、嫌でも男性を女性の気まぐれに依存させ、自分を強者にしてくれることを女性に承知してもらうように、今度は男性が女性の気に入られるように努めざるをえないようにしているのだ。そこで、その勝利を得た場合、男性にとって最も心地よく思われることは、はたして弱さが力に屈したのか、それとも相手が進んで勝ちを譲ってくれたのかが判然としないことである。だからお決まりの女性の手管は、この疑問をいつも二人の間に残しておくことである。女性たちの精神はその構造（leur constitution）に完全に対応している。自分の弱さを恥じるどころか、彼女たちはそれを誇りにしている

のだ。その柔らかい筋肉には抵抗力がない。彼女たちはどんな軽い荷物さえも持ち上げられないふりをする。もし実際に力が強かったとしたら、恥ずかしく思うに違いない。どうしてそんなことになるのか。それはただ華奢《きやしや》に見せたいためばかりではない。もっと巧妙な思惑からだ。必要に応じて弱い者になる口実と権利を手に入れようとあらかじめ準備しているのだ。（OCⅣ－695～696）

そう思われることが大事

自分の妻に信頼を置けなければ家庭はばらばらになると指摘したあと、女性は貞節であるばかりでなく、そう思われることが大切だと論じます。

だから妻は貞節であるというだけではなく、その夫、その近親者たち、すべての人から貞節であると思われることが大切である。慎み深く、細心で、控え目であることが大切だし、自分の良心に対してと同じように、他人の眼にも、自分の美徳のしるしを見せることが大切だ。父親が子供を愛することが大切だというのなら、子供の母親を尊敬することも大切だ。こういう理由から、見かけまでもが女性の義務のうちに入るのであって、名誉や評判も貞節に劣らず女性にとって欠くことのできないものとなっている。これらの原則から、両性の精神的な差異とともに、義務と作法のひとつの新しい動機が生まれ出て、それが特に女性に対して、自分の振る舞い、態度、物腰についてできるだけ細心の注意を払うようにと命じている。両性は平等であり、その義務は同じだなどと漠然と主張することは、空理空論に陥ることであって、今述べたことに答えない限り、何も言っていないことに等しいのだ。（OCⅣ-698）

男女の相違に基づく女性論から女性教育へ

男女を同一に扱う姿勢を批判し、次の段落によって、女性論から女性教育へと向かいます。

プラトンは『国家篇』の中で女にも男と同じ訓練を課している。それはそのはず！彼の統治体から個々の家族を取り除いてしまい、女をどうしたらよいかもうわからなくなってしまったプラトンは、女を男にしないわけにはゆかなくなったのだ。……私が言うのは、至る所で男女をごちゃまぜにして、同じ職業、同じ労働に就かせ、何とも我慢のならない弊害を生み出さずにはおかない、あの社会的な男女の混淆《こんこう》のことなのだ。私が言うのは、この上なく優しい自然の感情の破壊のことなのだ。自然の感情によってしか存続できない人為的な感情のために、自然の感情が犠牲にされている。まるで、契約による絆《きずな》を作り上げるためには自然の手掛かりは必要ないかのごとくではないか。まるで、近親者に対する愛は国家に対して持たなければならない愛の根源でないかのごとく、家族という小さな祖国によってこそ心は大きな祖国に結びつくのでないかのごとく、よい息子、よい夫、よい父親こそがよい市民を作るのではないかのごとくではないか。

男と女は、性格からも体質からも同じようには構成されていないし、また同じように構成されてはならないということがひとたび証明されてしまえば、男と女は同じ教育を受けるべきではないということになる。自然の指示に従って男と女は協力して行動しなければならないが、同じことをするべきではない。仕事の目標は共通だが、仕事そのものは違っており、したがって仕事を左右する好みも違っている。自然の人間〔男性〕を形成しようと努力したあとで、我々の作品〔エミールのこと〕を未完成に終わらせないために、この人間にふさわしい女性はどのように形成されるべきかを見ることにしよう。（OCⅣ-699〜700）

男女は相互に依存している

両性の相互依存について次のように述べられます。

女性の特別の使命を考えてみても、女性の様々な傾向を観察してみても、その義務を考慮してみても、すべてが一致して女性にふさわしい教育形態を私に指示してくれる。女と男は互いに相手のために作られているが、その相互の依存状態は同等ではない。男はその欲望によって女に依存している。女はその欲望によっても、またその必要によっても、男に依存している。我々は女なしでも生きて行けるだろうが、女は我々なしでは生きてゆけまい。（OCⅣ-702）

女性の教育は男性に関連づけられるべき

女性の教育はすべて男性との関係で決められる必要があると主張します。

子供の体質は、何をおいてもまず母親の体質がよいか悪いかに依存している。女性の心遣いに男性の最初の教育は依存している。さらに、男性の品性、情念、趣味、楽しみ、幸福そのものも、女性に依存している。したがって、女性の教育全体が男性と関係したものでなければならない。男性の気に入られること、その役に立つこと、男性から愛され尊敬されること、男性が幼い時には養育し、大きくなれば世話をやくこと、彼らに助言を与え、慰め、生活を楽しく心地よいものにしてやること、これがあらゆる時代を通じて女性の義務であり、また女性に小さい頃から教えるべきことである。この原則に遡《さかのぼ》らない限り、人は目的から遠ざかることになり、女性に与えるすべての教訓が女性の幸福にも我々の幸福にも、何の役にも立たないことになるだろう。

けれども、どんな女性でも男性の気に入られたいと思い、またそう思うのも当然ではあるが、優れた男性、本当に愛されるに値する男性に気に入られたいと思うのと、女性の真似をして、男性の名誉を汚すだけでなく、女性の名誉を汚している、あの軽薄な優男たちの気に入られたいと思うのとでは、大違いだ。自然も理性も、男性の中にある女性的なものを女性に好ませることはできないし、女性もまた、男性のやり方を取り入れて男性に愛されたいと努めるべきではない。(OCⅣ-703)

人形遊び

人形遊びも、人の気に入られるという〈女性の使命〉に基づいていると論じています。

子供は男の子でも女の子でも共通の遊びをたくさん持っているが、それは当然のことだ。大きくなってからも同じような遊びをしているではないか。彼らはまた、彼らを区別する固有の趣味を持っている。男の子は動きと音を求める。太鼓、こま、おもちゃの馬車などだ。女の子はむしろ目を楽しませ飾りになるものを好む。鏡、宝石、装身具、とりわけ人形が好きだ。人形は女性に特有の遊び道具だ。これこそ明らかに女性の使命に基づいて決定された女性の趣味だ。人に気に入られる技法の物理的な側面は服装にある。これが、この技法について子供が学ぶことのできるすべてなのだ。

小さな女の子が一日中人形を相手にしているのを見るがよい。絶えず人形の衣装を替え、何百回となく着せたり脱がせたりし、取り合わせがよかろうが悪かろうがお構いなしに、始終新しい組み合わせの飾り方を工夫している。指は不器用だし、趣味も出来上がっていないが、すでに傾向は現れている。そういう果てしない仕事に没頭しているうちに、知らない間に時は過ぎていく。何時間経っても子供はまったく気づかない。食事さえ忘れている。食べ物より装いに飢えているのだ。でもその子は自分の身を飾っているのではなく、人形を飾っているのだと、あなた方は言うかもしれない。もちろんそうだ。その子には人形は見えるのだが、自分は見えない。自分のためには何もできない。才能もなければ力もない。まだ何ものでもないのだ。その子のすべては人形の中にあって、そこにありったけの媚《こび》を詰め込んでいる。しかしいつまでもそんなことにかかりきりにはなるまい。自分で自分のお人形になる時を待っているのだ。

こうして、最初の趣味がはっきり決まるのである。(OCⅣ-706~707)

自分のためにこそ女性は優しくあれ

従順さは女性が生涯必要とするものだが、女性が優しくするのは自分のためになることで、早晩、女性はその優しさによって男性を征服する、男女の混同があってはならない、と説きます。

この習慣となった強制から、女性が生涯必要とする従順さが出来上がる。なぜなら女性は、あるひとりの男性に、あるいは人々の判断に、服従しなくて済む時はないのだし、人々の判断に超然としていることもけっして許されないからだ。女性の第一の最も重要な美点は、優しさということである。男性という不完全な存在、しばしば悪徳に満ちており、常に欠陥だらけの存在に服従するように作られている女性は、夫の不正をさえ耐え忍び、その過ちを不平も言わずに我慢することを早くから学ばなければならない。女性が優しくしなければならないのは、夫のためではなく、自分のためなのだ。女性の恨み言と片意地は自分の不幸を募らせ、夫のよくない振る舞いを助長するだけである。夫は女性が自分を打ち負かすのはそんな武器によるのでないことを感じている。天が女性を人に取り入るのが上手で説得力に富んだ者にしたのは、口やかましい女になるようにするためではない。弱い者にしたのは、高圧的になるようにするためではない。あれほど優しい声を与えたのは、悪口雑言を言わせるためではない。あれほど繊細な容貌《ようぼう》を作ったのは、怒りに顔を醜くゆがめさせるためではない。女性は腹を立てると我を忘れてしまう。女性が不平を言うのもしばしばもっともだ。しかし口やかましく言うのはいつでも間違っている。誰もが自分の性にふさわしい態度を保ち続けなければならない。あまりに優しい夫は妻を生意気にするかもしれない。しかし男性が怪物ででもない限り、女性の優しさは男性を反省させ、遅かれ早かれ男性を征服することになるのだ。（OCⅣ-710〜711）

女性特有の才覚が女性を男性の支配者とする

食卓で六歳の少女が機転を利かせて、言いつけを守らないといって叱られることもなく、自分が忘れられたのに気づいてもらったエピソードを紹介したあとで、女性特有の才覚が平和な家庭生活の維持に貢献すると述べています。

現実に存在しているものはよいものであり、いかなる一般的な法則も悪いものではない。女性に与えられているこうした特有の才覚は、女性に欠けている力のきわめて公正な償いとなっている。それがなかったなら、女性は男性の伴侶とはならずに、奴隷となってしまうだろう。女性が男性と対等な地位を保ち、男性に服従しながら男性を治めているのは、こうした卓越した才能によってなのだ。女性には何もかもが不利にできている。我々の欠点、女性の内気さや弱さ。女性に有利なものとしては、その技巧と美しさだけだ。だから女性がこの二つのものを磨くのは正しいことだ。けれども、美しさは一般的なものではない。無数の偶発事によって失われ、歳月と共に消え去る。また、習慣がその効果を損なう。才気だけが、女性の本当の武器なのだ。といっても、社交界であれほどもてはやされているような、そして人生を幸福なものとするには何の役にも立たないあの馬鹿げた才気のことではない。そうではなく、女性の立場にふさわしい才気、我々の立場を利用し、我々自身の優位を逆手に取る技術のことだ。女性のこういう才覚が我々にとってどんなに有益なものか、またそれが男女の交際にどれほど多くの魅力を添えるものであるか、元気旺盛《おうせい》な子供を鎮めるのにどんなに役立つか、乱暴な夫をどんなに抑え、それがなければ不和のためにかき乱されることになりかねない穏やかな家庭生活をどんなに維持しているか、それを人は知らない。悪賢くてたちのよくない女はそれを悪用している。それは私も知っている。しかし悪徳が悪用しないものがいったいあるだろうか。悪人が時に有害なことに使うか

らといって、幸福を生み出す道具をぶち壊したりしないようにしよう。（OCW-712〜713）

女性が家庭の幸せの鍵を握っている

人に気に入られる感じのいい才能が幸せな家庭をもたらすと論じます。

しかしこうした才能〔人に気に入られる才能〕を身に付けた愛らしく貞淑な妻が夫の楽しみのためにそれを捧《ささ》げるならば、彼女は夫の生活をより幸福にすることにならないであろうか。疲れた頭を抱えて仕事部屋から出てきた夫が、家庭の外へ娯楽を探し求めに行くのをやめさせないだろうか。こんな風に寄り集った幸せな家庭、各人が自分のものを共通の楽しみのために提供することを心得た幸せな家庭を見たことのない人がいようか。そういう家庭に必ず見られる信頼と親しみ、必ずやそこで味わわれる穢《けが》れのない甘美な楽しみは、外の楽しみのはなはだしい騒々しさを十分に償うことになるであろう。（OCW-716〜717）

それぞれが服従し、両者ともに主人

男女の相互依存について、再び論じています。

女性の理性は実践的理性であって、ある既知の目的に到達する手段ならきわめて巧妙に見出させてくれるが、その目的自体を見出させてはくれない。男女の社会的関係は讃嘆《さんたん》に値する。このような結合から一個の人為的人格が結果し、女性はその目となり男性はその腕となるのであるが、しかし両者は密接な依存関係にあって、女性は男性から何を見るべきかを学び、男性は女性から何をなすべきかを学ぶ。もしも女性が男性と同じように事物の根源まで遡ることができ、またもしも男性が女性と同じように細部に気づく精神を持っていたとしたら、男女は常に互いに独立していて、永遠の不和のうちに生きることになるだろう。そして両者の作る社会は存続できないだろう。しかし〔私が思い描く男女の場合には〕両者の間に支配している調和のうちに、すべてが共通の目的に向かって行く。どちらが一層多く自分のものを提供しているのかわからない。それぞれが相手の衝動に従っている。それぞれが服従しながら、両者ともに主人なのだ。（OCⅣ-720）

女性にも理性と才気が必要

女性は推論の能力を持つことができるのか、理性を育てることは女性の役に立つのか——こうした問いに、次のように答えます。

女性が女性の仕事だけをさせられ、その他の一切について深い無知の状態に置かれるのを、私は一概に非難しようとは思わない。しかしそのためには〔女性が女性の仕事をするだけでよしとするには〕、公共の習俗が非常に素朴で非常に健全であるか、あるいは非常に引き籠《こも》った生活を送るか、いずれかが必要であろう。大都会では、そして堕落した人々の間では、そういう女性はいとも容易に誘惑されてしまうだろう。そういう女性の美徳は、しばしば、時の運次第でどうにでもなるだろう。この哲学の世紀においては、試練に耐える力が女性には必要なのだ。女性は、人から何を言われそうか、また、人から言われることをどう考えるべきかを、あらかじめ知っていなければならない。

その上にまた、女性は男性の判断に委《ゆだ》ねられているのだから、彼らの尊敬に値しなければならない。とりわけ、夫の尊敬を勝ち得なければならない。夫に自分の身を愛させるだけではなく、自分の行動を是認させなければならない。世間を前にして、夫の選択が正しかったことを認めさせ、妻に寄せられる尊敬で夫を尊敬させなければならない。ところで、もし彼女が我々の諸制度について無知であるとしたら、また我々の慣習や礼節をまったく心得ていないとしたら、また、人間の判断の淵源《えんげん》も、その判断を決定する情念も知らないとしたら、そういったことのために、どうして適切に振る舞うことができよう。女性は自分の良心と人々の意見との双方に依存しているのだから、この二つの規範を比較してそれらを一致させること、両者が対立する場合に限って前者を選ぶことを学ばなければならない。女性は自分の判定者たちの判定者となり、彼らに従うべき場合と彼らを忌避すべき場合を、決定する。彼らの偏見を退けるか認めるかする前に、彼女はそれらの偏見を吟味する。その淵源まで遡り、それを予防し、それを自分に都合のよいものにすることを学ぶ。他人の非難を避けても義務に反しない場合には、けっして非難を招き寄せないように配慮する。こういうことはみな、自分の才気と理性を養わなければ立派にやり通せるものではない。(OCⅣ-731~732)

女性教育のまとめ

どういう精神においてソフィーは教育されたのか、女性教育について「私」は次のようにまとめています。

　そこで、若い女性たちに素行のよさに対する愛を抱かせたいと思うなら、絶えず「貞淑であれ」などと言わずに、貞淑であることに大きな利益があるように仕向けるがよい。貞節の価値をよく感じさせるがよい。そうすればそれを愛するようになるだろう。この利益を遠い将来に見出させるのでは十分ではない。現在時において、彼女たちの年齢に付随するいろいろな関係の中で、恋人の性格のうちに、貞淑であることの利益を示してやるがよい。立派な男性、優れた男性を描いてみせるがよい。そういう男性を見分け、愛することを、しかも自分自身のために愛することを教えてやるがよい。そういう男性だけが、友達としても、妻としても、愛人としても、女性を幸福にすることができるのだということを、証明してやるがよい。理性によって美徳を導き出すがよい。女性の支配力とそのすべての利点は、単によい行動、よい素行に起因するのではなく、男性の行動、素行にも起因するのだということ、女性は卑しい低俗な人々に対してはほとんど力を持たないこと、そして人は美徳に仕えることをどこまで心得ているか、その程度に応じてしか恋人に仕えることはできないのだということを、彼女たちに感じさせるがよい。その場合、現代の習俗を描いてみせれば、そういう習俗に対する心からの嫌悪の情を彼女たちに抱かせることになるのは確かだと思っていい。世間でもてはやされている連中を見せてやれば、彼らを軽蔑させることになるだろうし、彼らの格率にはただよそよそしさを、彼らの感情にはただ反発を、彼らの空しいご機嫌取りにはただ軽蔑を感じさせるだけだろうし、もっと高貴な野心、偉大で力強い魂を支配したいという野心、男性に命令するという、スパルタの女たちの野心を生まれさせるだろう。媚を売らなければ恋人たちを惹《ひ》きつけることができず、好意を見せつけなければ彼らをつなぎとめておくこともできないような、厚かましくて恥知らずで陰謀家の女性は、卑しいありふれたことでは恋人たちを下僕のように服従させるが、大切で重大なことになると彼らに対して何の権威も持たない。ところが、誠実で愛らしい、貞淑でもある女性、恋人たちに自分を尊敬させずにはおかない女性、慎み深く控え目な女性、一言でいえば、愛を敬意によって支えている女性は、ひとつ合図をするだけで恋人たちを世界の果てへ、戦闘へ、栄光へ、死へ、どこへでも彼女の好きなところに赴かせる。こういう支配力は美しいものだし、骨を折って勝ち取るだけの値打ちは確かに十分にあると、私には思われる。(OCⅣ-745)

第五編（二）

第五編（二）の部分の流れ

女性論と女性の形成論が終わると、ソフィーの人柄の紹介に移ります（OCⅣ-746〜754）。「私」がエミールに描いてみせた肖像によって、そしてエミール自身が想像したとおりに述べると断っています。ここではソフィーの性格、外見、装い、才能、食の好み、感受性、宗教、判断力などが多面的に紹介され、続いて、十五歳のソフィーに向かって父親が話す言葉が登場します（OCⅣ-754〜758）。このあたりから小説的な趣きがぐっと強く出てきます。

ソフィーの父は、よい夫を選び幸福な結婚をするにはどうしたらよいかと問題を提起し、その実例として父と母が結ばれる物語を語ってきかせ、母を模範とするようにと諭し、夫を選ぶのはソフィーだがその選択の可否を判断するのは両親とする取り決めをソフィーに提案します。ソフィーの両親がエミールとソフィーという未来の夫婦のモデルとなることが、ここで読者に予告されるかのようです。そのあと、「ソフィーは架空の存在ではない、その名前だけが私の創作なのだ、その教育、品行、性格、姿さえも現実に存在したのだ」

という「私」の驚くべき言葉が登場し、「ソフィーそっくりの娘の物語」が始まります（その娘もソフィーと呼ばれます、OCIV-759〜763）。娘は叔母《おば》の住む都会でひと冬を過ごして夫となるべき男を探すことになるのですが、予定より早く家に戻ってきてしまいます。寂しげに夢想に耽《ふけ》り隠れて泣いている娘を見て心配した母親が心の秘密を打ち明けるよう促したところ、ソフィーはフェヌロンの『テレマックの冒険』を愛読し、その主人公テレマックを密《ひそ》かに愛していることを白状するのです。あまりにもロマネスクな展開ですが、このもうひとつの物語は、著者である「私」の「私自身道に迷ってしまった。あとへ引き返すことにしよう」という言葉で突然打ち切りとなります。しかしこの唐突に現れるエピソードは、エミールのソフィー探しの物語の裏にはソフィーのテレマック探しの物語が隠されており、またエミールがテレマックに擬せられテレマックがエミールのモデルとなることを示唆しているという点で重要です。

脱線から戻ると、パートナー同士の身分や財産の不釣り合いの問題が論じられます。また、ソフィー探しは自分にふさわしい妻の価値を感じ取らせるためにまず女性というものをエミールに認識させるための見せかけの探索に過ぎず、ずっと前からソフィーは見つかっているのだ、多分もうエミールも彼女に会っているはずだ、という謎めいた記述があり（OCIV-765）、いよいよソフィー探しが始まります（OCIV-770〜777）。

ソフィー探しはまるでロードムービーか道行きの文学のように進行します。パリから徒歩で旅立った二人は（どちらの方角へ向かったのか、何日間さ迷うのか何の記述もありません）、野を越え丘を越え、遍歴の騎士さながらに歩き続けるうち、大雨にあってずぶ濡《ぬ》れになりながら、とある村の一軒の家にたどり着き、一夜の宿を恵まれますが、それこそソフィーが暮らす両親の家だったのです。夕食の席で父親は初対面の二人の来客に身の上を語って聞かせ、エミールを感動させます（OCⅣ-775）。自分の生涯の様々な不幸、妻の貞節、妻との出会いで見出《みいだ》した数々の慰め、今の隠れ家で送っている安らかな生活などがその内容です。ソフィーの両親との出会いは、エミールがソフィーと結婚したあと築く家庭のモデルをあらかじめ提示する機能を果たしているという意味で、注目すべきです。夕食時に初めて姿を現した娘がソフィーと呼ばれているのを知ってエミールは震えおののき、ソフィーの心は「テレマックが見つかった」と囁《ささや》きます。こうして二人の「純真な恋の、あまりにも無邪気で、そしておそらくあまりにも単純な物語」が始まります（OCⅣ-777〜826）。

「私」とエミールがソフィーの家にたどり着いたのはおそらく五月の初め頃、二人は翌日、家から二里ほど離れた町に宿を取って、週に一、二度この家に徒歩で通ってきます。ソフィーの家で過ごせるのは半日足らず。五か月近く通います。二十歳を過ぎたエミールの肖像も描かれます（OCⅣ-781〜782）。ソフィーの庭園も紹介されます（この庭園はのちに黄金郷に譬《たと》えられます）。エミールはソフィーにさまざまなことを教え、また「私」は二人の心の打ち明け相手となります。ソフィーが財産の不釣り合いで浮かない顔をしている時（ソフィーはエミールに比べてずっと貧乏です）、「私」がひと肌脱ぎます。ソフィーのわだかまりをエミールに理解させ、そのわだかまりを解く方法を伝授するのです。嫉妬《しっと》に関する思索もあります（OCⅣ-796〜799）。エミールとソフィーが駆けっこをするほほえましいエピソードも登場します。ソフィーの家を訪ねない時エミールがどう過ごしているか、またソフィーが母と一緒にエミールの仕事場を訪問するエピソードなども語られます。こうして二人は愛を育み、結婚を約束します。ソフィーは十七歳、エミールは二十二歳になったばかりです。

ところがここで「私」はエミールにひとつの試練を、新しい修行を与えます。まだ結婚するには若すぎる、夫となり父となる前に国家の構成員としてまだまだ知るべきことがあるはずだと諭し、一時的にソフィーと別れるようにと提案します。夏が終わり、冬が近づいてくる頃のことです。二年後に戻ったら結婚する約束を交わして、二人は本の交換をして別れます。悲しい別れの日の描写で恋の物語は幕を閉じます。

ソフィーの人となり

ソフィーについては様々な観点から紹介されています。たとえば、人柄と外見については以下の通りです。

ソフィーは生まれがよく、気立てがいい。たいへん感じやすい心を持っていて、その極度に鋭い感受性のために、時には想像力の活動を押さえるのが難しいほどだ。彼女の精神は正確であるというより洞察力に富んでおり、気質は穏やかであるがそれでもむらがあり、容姿は普通だが好感を与え、嘘偽りのない思いやりのある人柄がにじみ出た顔立ちをしている。人は彼女に近づく時は無関心でいられるかもしれないが、感動せずに離れることはできない。彼女に欠けている優れた資質を持つ女性はいるし、彼女の持っている資質をもっと豊かに備えている女性もいる。しかし彼女ほどにいろいろな資質がうまく組み合わさって、恵まれた性格を作り上げている女性はひとりもいない。自分の欠点さえもうまく利用するすべを心得ている。だから、もし彼女がもっと完全な女性だったら、人に気に入られることはもっとずっと少なくなっていただろう。

ソフィーは美人ではない。けれども彼女のそばにいると、男たちは美しい女性のことを忘れてしまう。そして美しい女性たちも自分のことに不満を感じてしまう。一目見た時にはきれいとも言えないほどだが、見れば見るほど美しくなってくる。他の多くの女性が損をするところで彼女は点を稼いでいる。そして稼いだものは二度と失わないのだ。もっと美しい眼差《まなざ》し、もっと美しい口、もっと堂々たる容姿を持つ人もいるかもしれない。しかしもっと均斉のとれた体つき、もっと白い手、もっとかわいらしい足、もっと心を打つ容貌《ようぼう》の人はいないだろう。幻惑しはしないが、人の興味を呼び覚まし、魅惑する。しかもそれがなぜかは言えないだろう。（OCIV-746）

ソフィーへの父の話

成熟した判断力を備え、あらゆる点で二十歳の娘のように形成されている十五歳のソフィーに青春の悩みの兆しを認めると、両親は彼女の年齢と性格にふさわしい話をするはずだ、父親はこんな風に話すのではないか、という「私」の前置きがあって、ソフィーへの父の話が始まります。結婚によって幸福になる必要があるが、よい夫を選ぶのは難しいことだと述べたあと、次のように続けます。

結婚によって得られるこの上ない幸福は、男女の間の実に多くの一致点にかかっているので、そのすべてを寄せ集めようとするのは、常軌を逸したことだ。まず一番重要な一致を確かめる必要がある。他の点でも一致しているなら、喜ばしいことだ。そうでなくても、それはそれでいい。完全な幸福などこの世にはないのだから。しかし不幸の中でも最大のもの、いつでも避けることができる不幸がある。自分の過ちによってなる不幸である。

自然の一致というものがあり、制度による一致というものもあり、また人々の意見だけに基づく一致もある。両親はあとの二種類の一致の判定者だが、最初の一致の判定者になれるのは子供だけだ。父親の権威によって行われる結婚の場合、もっぱら制度と人々の意見に基づいてことが運ばれる。結婚させられるのは人ではなく、身分と財産なのだ。しかしそういうものはすべて変わりうるものだ。人だけがいつまでも元のままで、どこへ行ってもついてまわる。運命がどうあろうと、結婚が幸福にもなり不幸にもなるのは、ひとえに個人と個人の関係次第なのだ。

あなたのお母さんは身分の高い家の出だった。私は金持ちだった。そういうことだけを考慮に入れて私たちの両親は私たちを一緒にした。私は財産を失った。お母さんは家名を失った。一族の人たちから忘れられている今では、お母さんにとってお嬢様として生まれたことが何の役に立っているだろうか。災難に遭った時、私たちの心の結び付きがあらゆることで私たちを慰めてくれた。私たちの趣味の一致が私たちのこの隠れ家を選ばせた。私たちはここで貧しいながらも幸福に暮らしている。私たちは互いにあらゆるものに代わるものとなっている。ソフィーは私たちの共通の宝物だ。この宝物を私たちに与えて、他のすべてを取り上げてしまった天に私たちは感謝の祈りを捧《ささ》げている。ねえ、見てごらん、神の摂理が私たちをどこに導いたかを。私たちを結婚させたいろいろな一致点は消えうせている。私たちが今幸せなのは、ひとえに、まったく物の数にも入れられなかった最初の一致点のおかげなのだ。

夫婦こそ互いに釣り合うべきなのだ。互いの好意が最初の絆《きずな》となるべきだ。二人の眼、心が、最初の案内役でなければならない。というのも、結ばれた時の最初の義務は互いに愛し合うことだし、また愛するまたは愛さないということは我々次第でどうにでもなることでは絶対ないのだから、この義務、つまり互いに愛し合うという結ばれた時の最初の義務は、必然的にもうひとつの義務、すなわち、結ばれる前に互いに愛し合うことから始めるという義務を必然的に伴っているからだ。これは自然の掟《おきて》であって、何ものもこれを廃棄することはできないのだ。市民間の関係を規定する多くの法律によってこの掟を妨害した人たちは、結婚による幸福や市民の習俗より見かけの秩序をより重く見たのだ。ソフィー、私たちがあなたに難しい道徳を説いているのではないことが、あなたにはわかるね。その道徳は、ただあなたのことはあなたが決めるようにと、そしてあなたの夫の選択はあなたに任せるようにと、そう勧めているだけなのだ。

あなたに完全な自由を与える私たちの理由を述べたあとで、今度はその自由をあなたが賢明に用いるべき理由をあなたに話しておかなければならない。娘よ、あなたは善良で分別のある人だ。あなたにはまっすぐな心と敬虔《けいけん》な気持ちがある。品行の正しい女性にふさわしい才能がある。魅力に欠けているわけでもない。けれどもあなたは貧しい。あなたは最も高く評価されてしかるべき財産を持っているが、人が最も高く評価する財産は持っていない。だから手に入れることのできるものしか願ってはならないし、野心をあなたの判断や私たちの判断に基づいてではなく、人々の意見に基づいて抑えるがよい。取り柄の対等ということだけが重要ならば、あなたの希望をどこに限定すべきか私にはわからない。とにかくあなたは自分の境遇以上のものを望んではいけない。しかもその境遇が最も低い所にあることも、忘れてはいけない。あなたにふさわしい男はそんな不釣り合いを障害とはみなさないだろうが、あなたはその場合その人がしないことをしなければならないことがある。あなたはお母さんを見習って、あなたを迎えることを名誉だと思う家庭にしか入らないようにしないといけない。あなたは私たちの裕福な生活を見たことがない。私たちが貧乏暮らしをするようになってから生まれたからだ。あなたはその貧乏を心地よいものにしてくれているし、辛《つら》いとも思わずに貧乏を共にしてくれている。ソフィー、私の言うことを信じるがいい。財産を求めてはいけない。そんなものから私たちを解放してくれた天に私たちは感謝の祈りを捧げている。私たちは富を失って初めて幸福を味わっているのだ。

（OCIV-755〜757）

このあと父親はソフィーに世間一般のしきたりとは正反対の取り決めを提案します。ソフィーにふさわしい夫はソフィーが選び、自分たちは相談を受けることにする、ソフィーが思い違いをしていないかチェックするのは両親の役目、というわけです。

私はあなたにひとつの取り決めを提案する。それはあなたに対する私たちの尊敬を表すとともに、私たちの間に自然の秩序を再構築するものだ。両親が娘の夫を選び、娘には形式的に相談するだけ、というのが世間の習わしだ。私たちはお互いの間でそれとはまったく反対のことをしよう。あなたが選んで、私たちは相談を受けるのだ。ソフィー、あなたの権利を用いなさい。自由に、賢明に用いなさい。あなたにふさわしい夫は私たちが選んだ人ではなく、あなたが選んだ人でなくてはならない。しかし一致点についてあなたが思い違いをしていないかどうか、またそれとは知らずにあなたが自分の望んでいることとは別のことをしてはいないかどうか、それを判断するのは私たちにしよう。生まれとか、財産とか、身分とか、世間の意見といったものは、まったく私たちの理由にはならないだろう。立派な男性で、その人柄があなたの気に入り、その性格があなたにふさわしい人を選びなさい。その他の点がどうであろうと、私たちはその人を婿として受け入れよう。その人に腕があり、品行が正しく、自分の家族を愛するなら、その人の財産はいつでも申し分のないものということになるだろう。その人が美徳によって自分の身分を高貴なものとしているなら、その身分はいつでも十分に輝かしいものとなるだろう。たとえこの世の全員が私たちを非難したとしても、それが何だろう。私たちは世間の承認を求めているのではない。あなたの幸福だけで、私たちには十分なのだ。（OCⅣ-757〜758）

ソフィーそっくりの娘の物語

ソフィーは架空の人物ではなく、実在のモデルがあるのだという「私」の突然の宣言で、ソフィーそっくりの娘の物語が始まります。都会の叔母の家で結婚相手を探すはずが、浮かない顔で家に戻って来てしまい、ふさぎ込んでいるソフィーに向かって、母親が心の秘密を打ち明けるようにと迫ったのに対して、ソフィーはこんな風に述べます。

あたしはなんて不幸な女なのでしょう、と彼女は母親に言うのだった。私は愛する必要があるのに、あたしの気に入るようなものは何ひとつ見当たりません。私の心は、私の持っている官能的なものが引き寄せる人たちをみんなはねつけるのです。あたしの欲望を掻《か》き立てない人はひとりもいないのに、その欲望を萎《な》えさせない人はひとりもいないのです。尊敬の伴わない好みは長続きできません。ああ、あなたのソフィーに必要なのは、そんな男性ではありません。その魅力的なモデルはあまりにも深くソフィーの魂に刻み込まれています。ソフィーはその人しか愛することはできません。その人しか幸福にすることはできません。その人と一緒でなければ、幸福にはなれないのです。愛してもいない男性、その人自身を不幸にしている男性の傍らで絶望しているくらいなら、絶えず憔悴《しょうすい》して戦っている方がましだし、不幸でも自由なまま死んでしまう方がましです。ただ苦しむために生き長らえるなら、もう生きていないほうがいいのです。（OCⅣ-761）

娘のこの意外な言葉に驚いた母親は、何か秘密があるに違いないと考えてなおも問い詰めると、何も言わずに部屋を出て行った娘は一冊の本を持って戻ってきます。母親が本を手に取って開いてみると、フェヌロン作の『テレマックの冒険』でした。ソフィーは作中人物のテレマックを愛していたのです。

彼女はこう言うのだった。あたしの格率が頭にしみこんでいる男性か、それともそれに従わせることができる男性を私にください。そうすれば、あたしはその人と結婚します。でもそれまでは、なぜ私をお叱りになるのでしょう。あたしを憐《あわ》れんでください。あたしは不幸な女です。でも気が違っているわけではありません。心は意志次第でどうにでもなるものでしょうか。お父様自らそうおっしゃったではありませんか。存在しないものを愛しているからといって、それが私のあやまちでしょうか。あたしは幻想家ではまったくありません。あたしは王子様を欲しがっているのではありません。テレマックを探しているのではありません。それが架空の人物にすぎないことは承知しています。テレマックに似ている誰かを探しているのです。そして、その誰かが存在し得ないことがどうしてありましょうか。なぜなら、テレマックの心にこんなにも似ている心を自分に感じているあたしが存在しているのですから。だから、そんな風に人類の名誉を傷つけることはしないようにしましょう。愛するに値する、徳高い男性が幻影にすぎないなどとは考えないようにしましょう。その人は存在しています。生きています。多分あたしを探しています。その人を愛することのできる魂を探しているのです。でも、どんな人でしょう。どこにいるのでしょう。あたしにはわかりません。あたしの会った人たちの中の誰でもありません。これから会う人たちの中にもきっといないでしょう。ああ、お母さま、なぜあなたは美徳をあたしにとってこんなにも好ましいものになさったのですか。あたしが美徳しか愛せないのは、それはあなたのせいです。（OCⅣ-762〜763）

幸福な結婚をさせるなら

ここからまた「私」が読者に語りかけます。結婚においても、偏見や制度を退け、自然に相談すべきだと「私」は説きます。

弊害を防止して、幸福な結婚をさせたいと思うなら、偏見の息の根をとめ、人間の諸制度を忘れて、自然に相談するがよい。所与の条件においてだけ釣り合っていて、その条件がたまたま変化するようなことがあればもう釣り合わなくなるような人たちを結び付けてはいけない。どんな状況に置かれても、どんな国に住んでも、どんな身分に落ちようとも、釣り合っているような人たちを結び付けるがよい。因習的な関係が結婚においてどうでもいい、と言うのではない。ただ、自然の関係の影響は因習的な関係の影響にあまりにも勝るので、人生の運命を決定するのは自然の関係の影響だけだと言うのだ。そして、趣味、気質、感情、性格の一致ということについては、賢明な父親なら、たとえそれが王侯であろうと君主であろうと、そういう一致点をすべて持っている娘を、たとえそれが卑しい家庭の生まれであろうと、首切り役人の娘であろうと、ためらうことなく自分の息子に与えずにはいられないだろう。私は主張する。固く結ばれた夫婦の上にたとえ想像し得る限りの不幸が降りかかってきたとしても、二人は、地上のあらゆる幸運――心が離れ離れになったために毒された幸運――に恵まれた場合よりも、ともに涙を流すことによってずっと真実の幸福を享受することになるだろう、と。（OCⅣ-764〜765）

エミールの妻を決めるのは自然なのだ

自然が行った選択を「私」は見つけるだけだと主張します。

だから、私のエミールに子供のころから妻をあらかじめ決めておくようなことはしないで、彼にふさわしい人が分かるまで私は待っていた。その人を決めるのは私ではない、自然なのだ。私の仕事は、自然の行った選択を見つけることだ。私の仕事、私は私の仕事と言って、父親の仕事とは言わない。というのも、父親は息子を私に委《ゆだ》ねることによって、その立場を私に譲り渡しているからだ。彼はその権利を私の権利に置き換えているからだ。私こそエミールの本当の父親なのだ。もしも私が彼の選択によって、ということはつまり私の選択によって、彼を結婚させることが自由にできなかったとしたら、私は彼を育てることを拒絶していたことだろう。ひとりの人間を幸福になれるようにしてやるためになされた労苦に報いることができるのは、幸福な人

間を作り上げた喜び以外にはない。（OCⅣ-765）

もうソフィーに会っている！

エミールはもうソフィーに会っているかも知れないという、謎めいた言葉が登場します。

しかしエミールの妻を見つけるために、私はただ待っていて、エミールが自分で探さなければならないようにしたのだなどと思わないでいただきたい。これは見せかけの探求であり、女性というものを彼にわからせるための口実にすぎない。それは、自分にふさわしい女性の価値をエミールが感じ取れるようにするためなのだ。ずっと前から、ソフィーは見つかっているのだ。もしかしたらエミールはもう彼女に会っているかもしれない。しかしその時期が来なければ、彼女だとはわからないだろう。（OCⅣ-765）

ソフィーの人柄のまとめ

「ソフィーを選ぶにあたって私の考えを決めさせた考察は以上のとおりだ」と述べた上で、

次のようにソフィーの人物像をまとめています。

エミールと同じように自然の教え子である彼女は、他のどんな女性よりも彼にふさわしく作られている。彼女は人の妻となるだろう。彼女は生まれと才能の点でエミールと対等であり、財産の点ではエミールより劣っている。彼女は一目見ただけでは人を魅了することはないが、日ごとに人をより喜ばせるようになる。彼女の魅力の最大のものは徐々に働きかける。それは親しい交わりの中でしか発揮されない。そして彼女の夫がそれをこの世の誰よりもよく感じるだろう。彼女の教育は輝かしいものではないが、なおざりにもされていない。彼女には、学問がなくても趣味があり、技芸はなくても才能があり、知識がなくても判断力がある。彼女の精神は何も知らないが、何でも学べるように育てられている。それは、収穫をもたらすために種子を待つばかりの、よく耕された土地だ。本といえば、バレーム〔フランスの数学者〕と偶然手に入った『テレマック』の他には何も読んだことがない。しかしテレマックに夢中になれるような娘が、感情のない心、繊細さのない精神を持っているだろうか。おお、愛するに値する無知な娘よ！　彼女を教えることになる者はどんなに幸せなことか。彼女は夫の先生ではなく、弟子になるだろう。夫を自分の趣味に従わせたいとは思わず、夫の趣味を自分の趣味にするだろう。博識だった場合より、夫にとってはずっとよいだろう。夫は何でも彼女に教えられるという喜びを持つだろう。いよいよ二人が顔を合わせる時だ。二人を近づけることにしよう。(OCIV-769~770)

ソフィーを探して

こうして「私」とエミールはパリから徒歩でソフィー探しの旅へと出発します。しかし二人はなぜパリから出発するのでしょうか。そもそもエミールはどこで生まれて、「私」に導かれながらどこで育ったのでしょうか。

エミールの出生地に関しては第一編でモンテスキュー流の風土論に基づいて次のように示唆されていました。人間は温和な風土においてのみそのなり得る限りのものになれるのだから、「もし私が自分の生徒に地球の住民であってほしいと望むなら、私は私の生徒を温和な地方、たとえば他のどこよりもフランスに求めるだろう」(OCIV-266~267、本書五十七頁)。育った場所に関しては第三編で地理学の勉強に触れてパリ近郊モンモランシーが言及されていました。「私たちは森の位置がモンモランシーの北の方にあると観測していた」(OCIV-448、本書百三十八頁)。これは妥当な設定です。というのも、ルソーが『エミール』を執筆するのはパリを離れて近郊のレルミタージュに移った一七五六年四月よりあとに違いないからです。したがってエミールはフランス生まれで、パリまたはその近郊に育つものと仮定されていると考えることができます。

エミールと師によるソフィー探しが続けられます。ある日のこと、谷間《たにあい》や山中にいつも以上に迷い込み、道が分からなくなり空腹を感じていたとき、ひとりの農夫に出会い、丘の向こうのとても親切で慈愛に満ちた人たち、昔は今よりずっと裕福だった人たちのことを教えてもらいます。森の中をさまよい、途中大雨に襲われながらも、二人は夕方、教えられた家にたどり着きます。まわりの村落の中でこの家だけが、簡素ながらもいくらか家らしく見えます。これこそソフィーが両親と暮らしている家なのです。不意に訪れたずぶ濡《ぬ》れの二人は歓待され、着替えの衣服を与えられ、一夜の宿も提供され、夕食のときになって初めてソフィーが姿を現します。二人は翌日以降も二里ほど離れた町に宿を取って、以後五か月近く、週に一、二度の割合で、このひっそりとした家を訪ねることになります。こうしてエミールはその家の娘ソフィーこそ自分が探し求めていた女性だと確信し、交際を重ね、愛を育むこととなるのですが、ここで注目すべきは、ソフィーの父親が初対面の二人の来客に夕食の席で物語る身の上話です。

夕食の席での父の話

我々のために急いで夕食が用意される。食堂に入っていくと、五人分の食器が目に入る。我々が席につくと、ひとつ空いた席が残る。ひとりの若い女性が入って来て丁寧に挨拶《あいさつ》し、何も言わずに控え目に席につく。エミールはおなかもすいているし、応答に忙しいので、彼女に会釈しただけで、話したり、食べたりしている。旅行の主目的は、今はまだ目的地から遠く離れていると思っているだけに、まったく彼の念頭にはない。話題は、旅行者が道に迷う話が中心となっている。この家の主人はエミールに言う。あなたは好感の持てる賢明な青年とお見受けします。ですから、あなたの先生とあなたは、カリュプソの島に着いたテレマックとメントールのように、疲れ果ててびしょぬれになってここにお着きになったのではないかと思ってしまうのです。エミールは答える。本当に、私たちはここでカリュプソのもてなしを受けております。彼のメントールが付け加える。それにエウカリスの魅力も。しかしエミールは『オデュッセイア』は知っているが『テレマック』は読んだことがない。エウカリスが何のことだかわからない。若い女性の方はといえば、彼女は耳まで赤くなり、皿の上に眼を伏せて、息もできないでいるのが見える。母親は娘の困惑に気づいて、父親に目《め》配《くば》せをする。そこで父親は話題を変える。自分のわび住まいのことを話しているうちに、そこに彼を閉じ込めることになった様々な事件の物語を、いつの間にか語り始めている。生涯の不幸、妻の貞節、二人がその生活の中に見出した数々の慰め、この隠れ家で送っている穏やかで平和な生活。しかし若い女性のことは終始一言も触れない。こういったことはすべて、興味を持たずには聞くことができない、感じのよい感動的な話となる。エミールは心を動かされ、ほろりとして、食べるのをやめて耳を傾ける。しまいには、この上なく誠実な男性がこの上なく立派な女性の愛情についてより以前にも増して大きな喜びをもってみんなに語り聞かせる場面になると、若い旅人は我を忘れてその夫の手を取って握りしめ、もう一方の手で妻の手も取り、無我夢中でその上にかがみ込んで、その手を涙で濡らしている。青年のこの飾らない感激ぶりは一座のみんなを魅了する。しかし誰よりもこの善良な心のしるしに敏感な娘は、フィロクテーテスの不幸に心を動かされたテレマックを眼にしている気がする。彼女はこっそり彼に眼を向けて、その姿をもっとよく見極めようとする。そこには、テレマックと比較する気持ちを裏切るようなものは何も見つからない。そのくつろいだ様子には自由さがあって、しかも尊大なところはない。その立ち居振る舞いは生き生きとしていて、しかも粗忽《そこつ》なところはない。その感受性は眼差しを一層優し気にし、その容貌を一層心に触れるものにしている。娘は青年が涙を流しているのを見て、今にも一緒に泣きそうになる。泣いてもよい立派な口実があるのに、密かな恥じらいが彼女を押しとどめる。自分の家族のために涙を流すのがまるで悪いことでもあるかのように、今にも目から流れ出そうな涙をすでに自分に咎《とが》めているのだ。(OCⅣ-774~775)

ソフィー発見

娘が困っている様子を見かねて母親が用事をいいつけます。戻ってきた娘はまだ取り乱した様子です。母親が言います。「ソフィー、心を落ち着けるのです」娘の名はソフィーだったのです。

あなた方がもしその場に居合わせたら、このソフィーという名前を聞いて、エミールが身震いするのを見たであろう。こんなにも慕わしい名前に驚いて、彼は突然目が覚めた思いがする。そしてよりによってこんな名前を持っている人に、むさぼるような視線を投げる。ソフィー、おお、ソフィー! 私の心が求めているのはあなたなのか。私の心が愛しているのはあなたなのか。彼は彼女をじっと見つめる。ある種の恐れと不信の念をもって彼女を眺める。彼には思い描いていた姿そのままには見えない。今見えている姿の方がいいのか、悪いのか、わからない。目鼻立ちをひとつひとつ調べてみる。ひとつひとつの動作を、ひとつひとつの身振りをうかがう。何を見ても、無数の混乱した解釈が浮かぶ。彼女がたった一言でも口をきいてくれる気になるなら、彼は命の半分でも投げ出すことだろう。彼は不安で混乱した様子で私を見つめる。彼の眼は私に向かって同時に百の質問、百の非難を浴びせかけている。その眼差しが私にこう言っているようだ。まだ間に合ううちに私を導いてください。私の心がこんなにもあっけなく彼女の魅力の軍門に降《くだ》り、しかももしそれが間違いで、彼女が私の理想のソフィーでなかったとしたら、私は一生立ち戻れないでしょう。

エミールは世界で一番自分の心を偽ることのできない人間だ。生涯の最も大きな動揺に見舞われている時に、どうして自分の心を偽ることができよう。しかも四人の観察者がじっと彼を見守り、その中で見かけは一番ぼんやりしているように見える人が、実際には一番注意を払っているのだ。彼の取り乱した様子はソフィーの鋭い視線を逃れることはできない。それにエミールの眼は、ソフィーがエミールの狼狽《ろうばい》の元であることを彼女に教えている。彼女には、エミールのこうした不安な気持ちがまだ恋ではないことがわかっている。でもそれが何なのだ。彼は彼女のことで心が一杯だ。それで十分だ。ソフィーのことで心が一杯なのに彼が平然としていられるとしたら、彼女は本当に不幸な女だろう。

母親というものは、自分の娘と同じ目を持っているもので、おまけに経験を積んでいる。ソフィーの母親は、我々の計画がうまくいったのを見て微笑んでいる。彼女は二人の若者の心を読み取っている。今こそ新しいテレマックの心を捉《とら》える時だとわかっている。彼女は娘に話をさせる。娘は生来の優しさを込めておずおずと返事をするが、それはさらに効果を大きくするばかりだ。その声の最初の響きを耳にしただけで、エミールは負けてしまう。ソフィーだ、彼はもうそれを疑わない。たとえソフィーでなかったとしても、遅すぎる。もうそうではないとは言えないのだ。

この時にいたって、このうっとりするような娘の魔法が奔流のように彼の心に流れ込み、なみなみと彼女が注ぎこむ、心を酔わせる美酒を彼は飲み込み始めるのだ。彼はもう何も話さない、何も答えない、ソフィーしか目に入らず、ソフィーの姿しか目に入らない。彼女が一言口をきけば、彼も口を開く。彼女が目を伏せれば、彼も目を伏せる。彼女が息をするのを見れば、彼はため息をつく。まるでソフィーの魂が彼を動かしているように見える。彼の魂は、わずかの間に何と変わってしまったことだろう！　もうソフィーが震えている番ではない。エミールの番だ。自由よ、無邪気さよ、率直さよ、さらば！　うろたえ、困惑し、臆病《おくびょう》になった彼は、もう自分のまわりを見回す勇気がない。人から見られているのを知るのがこわいのだ。心の底を見透かされるのが恥ずかしくて、誰にも見られずに心行くまで彼女を眺めるために、みんなから見えなくなりたいと思うほどだ。反対にソフィーはエミールが臆病になったのを見て安心する。自分の勝利を知って、それを楽しんでいる。

彼女は心の中では喜んでいるが、それを面《おもて》には現さない。〔タッソーの詩句〕

彼女は態度を変えてはいない。けれどもその控えめな様子と伏せた目にもかかわらず、その優しい心は喜びに震え、テレマックが見つかったと告げている。（OCⅣ-776〜777）

コラム④『テレマックの冒険』

『テレマックの冒険』（一六九九年刊）はルイ十四世の孫ブルゴーニュ公の教育がかりを務めていたフェヌロン（一六五一〜一七一五）の教育小説で、ホメロスの『オデュッセイア』に題材を仰いでいます。オデュッセウスの息子テレマコス（テレマック）がオデュッセウスの友人の賢者メントールの姿をかりた女神アテナ（ラテン名ミネルヴァ）に導かれて、父の行方を尋ねながら諸国を遍歴する物語の形を取っています。オデュッセウスが去ったあとの女神カリュプソの島に漂着するところから始まります。作中にルイ十四世の統治を間接的に批判する箇所があるため王の怒りを買い、著者は宮廷への出入りを禁止されました。

エウカリスはテレマックが最初にたどり着いたカリュプソの島の、女神に仕えるニンフのひとりで、テレマックと恋に落ちます（『テレマックの冒険』第七巻）。

フィロクテーテスはトロイア遠征に加わったギリシアの将軍。途中で毒蛇にかまれ、毒のため体がひどい臭気を発散するので、オデュッセウスの意見を入れたギリシア人たちによってレムノス島に置き去りにされますが、十年後、トロイア攻略のために彼の持っているヘラクレスの弓矢が必要なことがわかり、ギリシア軍に再び迎えられました（同、第十二巻）。

エミールとソフィーの純真な恋

二人の恋の物語の冒頭で、「私」は、これから描く物語が「人間の本性を描いた小説」となることを次のように予告しています。

もし私がここで、二人の純真な恋の、あまりにも無邪気で、そしておそらくあまりにも単純な物語を始めたら、読者は恋心の進展の細部を語ることを軽薄な遊びとみなすだろう。だがそれは間違いだ。人は、ひとりの男性とひとりの女性との最初の結び付きが双方の一生の流れの中で持つことになる影響を、十分に考慮しないのだ。最初に受けた印象が、恋あるいは恋に似た心の動きが生む印象のように生き生きとしたものである場合、その影響が長く尾を引くことがわかっていない。その影響の連鎖は歳月の進展の中で気付かれないのだが、死に至るまでそれはたえず働きかけているのである。我々は教育論の中で、子供の現実離れした義務に関する何の役にも立たない、衒学的《げんがく》な饒舌《じょうぜつ》を聞かされるが、教育全体の中で最も重要で最も難しい部分、すなわち子供時代から大人への移行期にあたる危機の時代に関しては一言も聞かされない。もし私がこれらの試み〔『エミール』という本のことか〕を何らかの点で有益なものとすることができたとしたら、それはとりわけ、他のすべての人が省いてしまったこの肝要な部分を長々と扱ったためであり、その企てにおいて、誤った繊細さから尻込《しりご》みしたり、言葉遣いの難しさに恐れをなしたりしなかったためであろう。私はなすべきことをした。言わなければならないことを言ったのだ。一編の小説を書いたことになったとしても、私は一向にかまわない。人間の本性を描いた小説は、十分美しい小説なのだ。たとえそれがこの書き物の中にしか見いだされないとしても、それは私のせいではない。これは本来なら人間の本性を描いた人類の物語となるべきなのかもしれない。なのに私のこの本が一編の小説にしかなっていないとすれば、それはあなた方が人類を堕落させたからだ。（OCⅣ-777）

二十歳を過ぎたエミール

恋するエミールの肖像が描かれます。

私のエミールをよく見ていただきたい。二十歳を過ぎたエミールは、申し分なくできあがっている。精神も身体も申し分なく作られている。強壮で、健康で、生き生きとしていて、器用で、頑健で、分別と理性と善良さと人間愛にあふれ、品行方正で、よい趣味を持ち、美を愛し、善を行い、残酷な情念の支配を免れ、世論のくびきにとらわれず、知恵の掟に従い、友情の声に従順で、あらゆる有用な才能といくつもの人を喜ばす才能を持っており、富などほとんど気にかけず、腕の先に生活の手段を持ち、何が起ころうとパンに事欠く心配はない。その彼が、今や生まれたばかりの情念に酔い痴《し》れて、心は恋の最初の炎に向かって開かれている。その甘美な幻想は、歓喜と享楽の新しい世界を彼に描いてみせる。彼はひとりの愛するに値する人を、その体より性格によっていっそう愛するに値する人を愛している。彼は与えられてしかるべきだと感じている愛の報いを望み、期待している。心と心のつながりから、誠実な感情の協力から、二人の最初の好意は生まれた。この好意は長く続くにちがいない。彼は自信をもって、分別さえもって、この上なく魅力的な錯乱に身を委ね、恐れも、後悔も、悔恨も感じていない。幸福感と切り離すことのできないあの不安の他には、何の不安も感じていない。彼の幸福に何が欠けているというのか。この上彼に必要なもの、彼が今持っているものに付け足すことのできるものがあるかどうか、見るがよい、探すがよい、想像してみるがよい。彼は人が同時に手に入れることのできるよいものをすべて手にしている。その上に何か付け加えようとすれば、他の何かを犠牲にすることになる。彼は人間が幸福になり得る限り幸福なのだ。この時に当たって私はこんなにも甘美な運命を短縮していいものだろうか。こんなにも純粋な逸楽をかき乱していいものだろうか。ああ、人生の価値は彼が今味わっている至福のうちにすっかり入っているのだ。もし私が彼から何か取り上げたとしたら、それに匹敵するどんなものを彼に返すことができるだろう。たとえ彼の幸福を完全なものとしたところで、私はその最大の魅力を壊してしまうことになるだろう。この無上の幸福は、手に入れた時より希望している時の方が百倍も甘美なものなのだ。それを味わう時より、期待している時の方が、一層よく楽しめるのだ。ああ、善良なエミールよ、愛するのだ。そして愛されるのだ。自分のものにする前に、長いこと楽しむがよい。愛と無垢《むく》を同時に楽しむがよい。あの世の楽園を待っている間に、この地上に君の楽園を作るがよい。私は君の人生のこの幸福な時期を短縮したりはしないだろう。君のために魔法の糸を紡いであげよう。それをできるだけ長く引き延ばしてあげよう。悲しいことに、それは必ず終わらねばならない。しかもわずかの間に終わりを告げることになる。けれどもせめて、それがいつまでも君の記憶の中で続くように、そしてそれを味わったことを君がけっして後悔しないようにしてあげよう。（OCⅣ-781～782）

二人の散歩

貸してもらった衣服を返しに「私」とエミールが再びソフィーの家を訪ねると、家の人たちの態度は前よりずっと率直で好意的でした。菜園や果樹園、花畑や小川のあるソフィーの家の庭園――ホメロスの『オデュッセイア』に描かれる庭園を思わせる庭園――を散歩します。エミールとソフィーの散歩時の様子を見て「私」は苦労が報われた気がします。

この愛すべき子供たちの顔に現れている晴れ晴れとした表情を見ると、こうして話し合ったことが、二人の若い心から大きな重荷を取り除いたことがわかる。二人はお互いに前より遠慮がなくなったわけではないが、その遠慮には今までのような当惑した様子は見られない。それはエミールの持っている尊敬の気持ち、ソフィーの慎み深さ、そして二人の誠実さからしか生まれないものなのだ。エミールは思い切っていくつか言葉をかける。時には彼女も思い切って答えてくれるが、そのために口を開く時には、母親の眼に自分の眼を向けずにはいられない。彼女のうちで最も顕著に見える変化は、私に対するものだ。私に対して今までより一層熱意のこもった敬意を示し、興味を持って私を見つめ、情愛をこめて私に話しかけ、私の気に入りそうなことに気を使っている。彼女が私に敬意を払ってくれていること、また私から敬意を払われることが彼女にとって大事なことであることが、私にはわかる。エミールが私のことを彼女に話したことがわかる。二人が共謀して私の心をつかもうとしたかのようだ。しかしそんなことはまったくない。ソフィー自身、それ程あっけなく彼の魅力に打ち負かされはしない。エミールの方はと言えば、彼女に好かれるために私を好きになってもらうより、まず私に彼女のことを好きになってもらおうとするだろう。チャーミングなカップルよ！……私の若い友人の感じやすい心が、恋人との初めての会話の中で私のことを大いに話題にしてくれたのだと考えて、私は苦労が報われたのを嬉《うれ》しく思う。彼の友情が完全に私に報いてくれたのだ。（OCⅣ–785）

富が人に及ぼす影響

ソフィーは浮かない顔をしています。エミールが結婚の話を持ち出すと断固としてエミールに沈黙を命じるほどです。ソフィーのこうした態度に不可解な思いを募らせるエミールを見て、「私」が直接ソフィーから聞き出したのは、裕福なエミールに比べて貧乏なソフィーが、財産の不釣り合いを気に病んでのことだとわかります。これを知ったエミールは、それなら自分はすべてを捨ててソフィーと同じくらい貧乏になる、と叫びます。こんな青臭い考えに呆《あき》れた「私」はこうたしなめます。

大きな財産が彼女を怖がらせているとか、彼女の抵抗はまさしく富に由来するなどと、あなたは本当に思っているのですか。いいや、エミール、それは違う。彼女にはもっと強固でもっと深刻な理由があるのだ。それはこうした富が、それを所有している人の魂に及ぼす影響を考えてのことなのだ。幸運から得られた財産がそれを持っている人には常に何よりも大切なものに思われるということを、彼女は知っている。金持ちはみんな、人間の価値より黄金を重く見る。資本家が金を、労働者が労働を提供する場合、彼ら金持ちはいつも、労働者の労働は自分が出した金の額に見合う価値を生み出さないと考え、私たちが一生彼らに奉仕したとしても、彼らのパンを食べている限り、私たちはまだ彼らに借りがあると彼らは考えるのだ。ああ、エミール、彼女が恐れていることについて彼女を安心させるために、あなたがしなければならないのは何か。あなたというものをあの人によくわからせるのだ。これは一日でできることではない。あなたの高貴な魂が持つ宝物のうちで、あなたが不幸にして与えられている宝物〔エミールが親から受け継いだ財産〕の償いとなるに足るものを、あの人に見せてやるのだ。変わらぬ心と時には力によって、あの人の抵抗を克服するのだ。偉大で高潔な感情によって、あの人にあなたの富を忘れさせるのだ。あの人を愛し、あの人に尽くしなさい。あの人の尊敬すべき両親に尽くしなさい。こうした心遣いは、狂った一時的な情熱の結果ではなく、あなたの心の奥底に刻まれた消すことのできない原則の結果であるということを、あの人に証明してみせるがよい。運命に侮辱された美点〔ソフィーの家の人たちの美点〕に立派に敬意を表するがよい。それがそういう美点と、運命に恵まれた美点〔エミールの美点〕とを和解させる唯一の方法なのだ。

（OCⅣ-788）

エミールの仕事

エミールと「私」は毎日ソフィーの家を訪ねるわけではありません。週に一、二度の訪問しかソフィーは許していません。ソフィーと会えない時、エミールはどうして過ごすのでしょうか。

彼女に会わない日は、彼は手持無沙汰《ぶさた》にじっと座り込んでいるわけではない。そういう日にも、彼はやはりエミールなのだ。全然変わっていない。たいていは、近所の野原を駆けまわっている。博物学の勉強を続けている。土地を、その産物を、耕作状態を、観察し、調査している。そこで見られる農作業を自分が知っている農作業と比較している。その違いの理由を調べてみる。その土地のやり方より別のやり方のほうがよいと判断すると、それを農夫たちに教えてやる。もっとよい形の鋤《すき》を薦めるなら、自分で図面を引いてそれを作らせる。泥炭地を見つければ、その地方では知られていないその使用法を教えてやる。しばしば彼は自分で仕事をしてみせる。農夫たちは、彼が自分たちの道具を彼ら自身が扱うよりも楽々と使いこなし、彼らよりももっと深くてまっすぐな畝《うね》を作り、もっと均等に種子を播《ま》き、もっと上手に床土《とこつち》を盛り上げるのを見て、びっくり仰天している。彼らは彼のことを口だけ達者な農学者だといって馬鹿にしたりはしない。彼が実際に農業を知っているのがわかるのだ。一言で言えば、彼はその熱意と心遣いを基本的で一般的な有益性のあるあらゆることに広げている。しかもそれだけにはとどまらない。農民たちの家を訪ね、彼らの状態、家族のこと、子供たちの数、土地の広さ、生産物の性質、販路、資力、負担、負債などについて情報を得る。金を与えることはほとんどない。通常、お金は悪用されることを知っているからだ。けれども自分で金の使い方を指導し、彼らの意に反しても金が彼らの役に立つようにしてやる。彼らに日雇い労働者を提供してやり、しばしば、彼らが必要としている仕事をさせて、その日当を払ってやる。ある者には半ば傾いた藁葺《わらぶき》の家を建て直させ、屋根を葺きかえさせる。ある者には、資力がないため放っておいた土地を開墾させ、また別の者には、なくしてしまった家畜の代わりに牝牛《めうし》や馬やあらゆる種類の家畜を提供してやる。二人の隣人が訴訟を起こそうとしていれば、二人をなだめて、仲直りさせる。ある農民が病に倒れれば看病させ、別の農民が近くの有力者に悩まされていれば守ってやり、彼のために口利きをしてやる。貧しい若い男女が互いに相手を求めていれば、結婚できるように力添えをする。おばあさんがいとしい子供を亡くしたとすれば、訪ねて行って、慰めてやる。家に入ってすぐ出て来るようなことはしない。彼は貧乏人を軽蔑《けいべつ》したりはしない。不幸な人たちのそばを急いで立ち去ったりはしない。援助している農民の家でしばしば食事をする。彼を必要としていない人たちの家でも食事をする。ある人たちには恩人となり、別の人たちには友人となりながら、彼らと対等の人間であることをけっしてやめない。要するに彼はいつも自分のお金を使っていろいろな善行をしているが、それと同じくらいのことを自分の体を使ってもしているのだ。（OCⅣ-804～805）

八面六臂《ろっぴ》の働き振りですね。社会に生きる自然人エミールの面目躍如といったところです。それにしてもこの一文には、どこか宮沢賢治《みやざわけんじ》の「雨ニモマケズ風ニモマケズ」の詩を思い出させるところがありますね。ひょっとして『エミール』のこの箇所は、賢治の念頭にあったのでしょうか。

ソフィーの勝ち！

以下はエミールがソフィーと駆けくらべを行うエピソードです。第二編に出て来る、視覚を鍛える訓練の実例としてのエピソードを踏まえているようですが、第二編の駆けくらべにはエミールは登場しません（本書百十五〜百十七頁）。作者の勘違いのようです。エミールは、ソフィーを訪問する前日には散歩コースの農家に果物やお菓子やクリームなどのおやつをこっそり頼んでおくようにしていました。

お菓子と言えば、私は昔エミールがよくやっていた駆けっこのことを彼に話してやる。その駆けっことはどんなことかとみんなが知りたがる。私が説明すると、みんなは笑って、今でも走れるかと彼に尋ねる。昔よりずっと上手ですよ、と彼は答える。走るのを忘れてしまったとしたら、まったくもって残念なことです。一座の誰かがエミールが走っているところを見たいらしいのだが、それを言い出す勇気がない。すると別の誰かがその提案を引き受ける。彼は承知する。近所の若者が二、三人集められる。褒美が与えられることになり、なるべく昔の遊びに似たものにするために、ゴールにお菓子がひとつ置かれる。各自スタートの用意ができる。ソフィーの父親が手をたたいて合図する。敏捷《びんしょう》なエミールは風を切って走り、のろまな三人がスタートするかしないうちに、競走路の終点にいる。エミールはソフィーの手から褒美を受け取るが、アエネアス〔古代トロイアの英雄、ローマの建国者〕に劣らず気前のいい彼は、負けた者みんなにそれを分けてやる。

勝利を讃《たた》える拍手喝采《かっさい》の最中《さなか》に、ソフィーは勇敢にも勝利者に挑戦し、エミールと同じくらい上手に走れると自慢する。彼はソフィーと一緒に競技するのを拒まない。そして、彼女が競走路に入る準備をし、両側からスカートの裾《すそ》を持ち上げて、エミールをこの競走で負かすことよりもエミールの眼に自分のほっそりした脚を見せることにより気を使ってスカートが十分短くなっているかどうかを見ている間に、エミールは母親の耳元で一言囁く。彼女はにっこりして、承諾のしるしを見せる。そこで彼は自分の競走相手と並んで位置につく。合図が聞こえるやいなや、すぐさま駆け出し小鳥のように飛んでいく彼女が見える。

女性は走るためには生まれついていない。女性が逃げる時は、捕まえてもらうためなのだ。走ることだけが女性の不得手なことではないが、女性が見苦しい様子を見せるのは走る時だけだ。肘《ひじ》を引いて体にぴったりつけているのでおかしな姿勢になるし、踵《かかと》の高い靴を履いているので、跳びはねないで走ろうとしているバッタのように見える。

エミールは、まさかソフィーが他の女性より上手に走るとは想像もしていないので、自分の位置から動き出そうともしないで、馬鹿にしたような微笑を浮かべて彼女が走り出すのを見ている。けれどもソフィーは身軽で、しかも踵の低い靴を履いている。足を小さく見せるために細工する必要はないのだ。前方をものすごい速さで走っているので、この新しいアタランテ〔ギリシア神話の快速の娘〕に追いつくためには、遥《はる》か先にいる彼女に気づいたエミールにはぎりぎりの余裕しかない。そこで彼も、獲物に襲いかかる鷲《わし》のように飛び出す。彼女を追いかけ、すぐ後ろまで迫り、ついに息せき切って追いつくと、左の腕を優しく彼女の体に回し、彼女を羽のように軽々と抱き上げる。そしてその心地よい荷物を胸に押し当てながら走り続けて、彼女を先にゴールに触れさせ、それから「ソフィーの勝ち！」と叫ぶと、彼女の前に片膝《かたひざ》をついて、自分が敗者であることを認める。（OCⅣ-806〜807）

仕事場のエミール

エミールと「私」は少なくとも週に一度は指物師の親方の仕事場に働きに出かけています。本物の職人として働いている姿を見て感心したソフィーの父親の勧めに従って、ある日突然ソフィーと母親が馬車に乗って町にやって来て、仕事場を訪ねます。

仕事場に入ると、ソフィーは向こうの隅にひとりの若者の姿を眼にとめる。短い上着を着て、髪を無造作にたばね、仕事に夢中になっていて彼女の姿がまったく目に入らない。ソフィーは立ち止まって、母親に合図する。エミールは片手にのみを持ち、もう一方の手に金槌《かなづち》を持ってほぞ穴を仕上げている。それから、一枚の板をのこぎりで切り、切った一枚を板止めで止めて、磨き上げる。この光景はソフィーを笑わせたりはしない。それは彼女を感動させる。尊敬の念を起こさせる光景なのだ。女性よ、君の主人を尊敬するがよい。君のために働き、君のパンを稼ぎ、君を養っているのは、彼なのだ。これが男なのだ。（OCⅣ-808）

ソフィーの高貴な自負心

馬車で一緒に戻ろうという母親の誘いに応じなかったエミールに対して気を悪くした母親は、親方には金を渡せばそれで済んだのにとお冠ですが、それとは対照的に、ソフィーはエミールの気持ちを弁護します。親方との約束を守り自分の義務を果たすエミールは、ソフィーのために残ってくれたのだとまで言います。その直後の「私」のコメントが次のように続きます。

だからと言ってソフィーは愛というものの複雑で繊細極まりない機微について寛《ひろ》いこころを持ち合わせているというわけではない。それどころか、彼女は高圧的で、気難しい。ほどほどに愛されるくらいなら、全然愛されない方がましなのだ。彼女には、おのずと感じられ、評価され、そして誇らしく思ってもらいたい、さらには敬意を払ってもらいたいと思っている美点についての、高貴な自負心がある。彼女の心の価値を完全に感じてくれないような心の持ち主、彼女の魅力ゆえに、いやそれ以上に、彼女の美徳ゆえに彼女を愛してくれないような心の持ち主、彼女よりも自分自身の義務を大切に思わないような、またその他のどんなものよりも彼女のことを大切に思ってくれないような心の持ち主を、彼女は軽蔑するだろう。彼女の掟以外に掟というものを知らないような恋人など、彼女は欲しいと思わなかった。彼女のために心を歪《ゆが》められるようなことのなかった男性を、彼女は支配したいのだ。こんな風にしてキルケー〔ギリシア神話に登場する魔女。オデュッセウスの愛人となり、のちにテレマコスの妻となる〕は、オデュッセウスの仲間たちを卑しい動物に変えてしまったあと、この

連中を軽蔑し、ただひとり動物に変えることのできなかったオデュッセウスだけに身を任せるのだ。（OCⅣ-809～810）

ソフィー、エミールとの結婚を約束

ある晩、事件が起こります。訪問する約束をしていた「私」とエミールがいつまで待ってもソフィー一家の前に現れないのです。ソフィーは悲嘆に暮れ、苦悩に沈み、泣きながら一夜を明かします。翌朝二人は姿を現して事件の顚末《てんまつ》が明らかになります。訪問の途中で、落馬して脚を骨折した農夫を見つけたのです。ソフィーの家を最初に訪ねた時に親切にしてくれたあの農夫でした。彼を家に送り届けたところ、家では農夫の妻が産気づいて今にも子供を産まんばかりで、医者を迎えに行ったりして、大変な目に遭います。無事出産し、夜明け前にいったん宿に戻ったあと、目覚めの時刻を待って出直してきたのだと、「私」は一部始終を説明しました。

あとは何も言わずに私は黙っている。しかし誰も口を開かないうちに、エミールは恋人に近づき、声を高めて、私が期待していた以上にしっかりした口調で、彼女にこう言う。ソフィー、あなたは私の運命を決める人だ。あなたもそれはよく知っている。

あなたは私を苦悩のあまり死んでしまうような目に遭わせることもできる。けれども、人間愛が主張する諸権利を私に忘れさせることができると思ってはいけない。それは私にとってはあなたが持っている諸権利よりももっと神聖な権利なのだ。あなたのためにそれを放棄するようなことは、私はけっしてしないつもりだ。

この言葉を聞くと、ソフィーは返事をする代わりに立ち上がって、腕を彼の首のまわりに回し、彼の頬に接吻《せっぷん》する。それから、たとえようもない優雅な物腰で手を差し伸べながら、彼にこう言う。エミール、この手をお取りになって。これはあなたのものです。あなたの好きな時に、あたしの夫、あたしの主人になってください。あたしはその名誉にふさわしい者となるよう努めます。(OCⅣ-813)

ソフィーと別れなければならない

こうしてエミールとソフィーは相思相愛となり、結婚を待つばかりとなるのですが、ここに至って「私」は突然エミールに試練を与えます。ソフィーと一時的に別れろと言うのです。エミールにとってはあまりにも理不尽な提案で、到底納得できるものではありませんが、説得のための「私」の論理は次の通りです。エミールは初めての情念に支配され、欲望の奴隷となって、自由を失っている。エミールは善良な人間だが、有徳な人間になるには自分の情念を支配できなければいけない。そのためには新たな修行が必要だ。要するにどうすればいいのかと問うエミールに、「私」は「しなければならないこと、それはソフィーと別れることだ」と通告します。なぜ別れなければならないのでしょうか。その理由を「私」はこう説明します。エミールはソフィーと付き合ってまだ五か月にもならない。ソフィーの性格や気質もまだ完全にはわかっていない。二か月の不在でエミールもソフィーも心変わりしないとも限らないではないか。こうして試練を受ける必要を強調するのです。さらにこう続けます。

　ソフィーは十八歳にもなっていない。あなたはやっと二十二歳になったばかりだ。そういう年齢は恋愛の時期で、結婚の時期ではない。何という一家の父と母！　子供を育てられるようになるためには、まあ、せめて、自分が子供でなくなるまで待つがいい。まだその年齢にならないのに耐え忍んだ妊娠の疲れが、どんなに多くの若い女性の体質を弱め、健康を損ね、寿命を縮めたか、あなたは知っているだろうか。十分出来上がった体の中で育てられなかったために、どんなに多くの子供が虚弱でやつれたままとなったか、あなたは知っているだろうか。母親と子供が同時に成長し、そのどちらの成長にも必要な栄養が二人に分配される時、どちらも自然が定めたものをもらえない。二人ともそれで苦しまないということがどうしてあり得よう。エミールのことを私がまったく見損なってでもいない限り、母親と子供たちの命と健康を犠牲にまでしてはやる気持ちを満足させるより、丈夫な妻と子供たちを持ったほうがいいと、彼は考えるはずだ。

あなたのことを話そう。夫となり父となることを熱望しているあなたは、その義務をよく考えたことがあるだろうか。一家の主人となることによって、あなたは国家の構成員となろうとしている。だが、国家の構成員であるとはどういうことか、あなたは知っているだろうか。政府、法律、祖国とは何かを知っているだろうか。どういう代価を払えば生きていくことが許されるのか、また、誰のために死ななければならないのか、知っているだろうか。あなたは何もかも学んだつもりでいるが、実はまだ何も知らないのだ。政治秩序（l'ordre civil）のうちにひとつの場所を占める前に、その秩序を知り、その中でのどんな地位が自分にふさわしいかを知ることを学ぶがいい。

エミールよ、ソフィーと別れなければならない。私は彼女を捨てろと言っているのではない。もしあなたにそんなことができるなら、あの人はあなたの妻にならないほうがよっぽど幸せだろう。あの人にふさわしい者になって帰って来るために、あの人と別れなければならないのだ。もうあの人にふさわしい者になっていると思い込むほどうぬぼれてはいけない。ああ、あなたにはまだなすべきことが何とたくさんあることか！　さあ、その高貴な務めを果たすがよい。別れに耐えることを学ぶがよい。忠実な心への褒賞を手に入れるがよい。帰って来た時、あの人に対して何事かを誇れるようになるために、そして、恩恵としてではなく、褒美としてあの人の手を求めることができるようになるために。（OCⅣ-822〜823）

最後に「私」がエミールと約束した師としての権利を行使して、「あなたは私とした約束をまさか忘れてはいまいね。エミール、ソフィーと別れなければならない。私はそれを望んでいる」と言うに及んで、エミールはちょっと考え込んだあと、自信に満ちた態度で「いつ出かけましょう?」と応じ、「一週間後に」と「私」が答えて幕となります。ソフィーの説得にも「私」が当たり、二年後にはエミールはあなたの夫となるだろうと断言します。二人は『テレマック』と「スペクテイター」紙（英国のアディソンらが一七一一年に創刊した評論・随筆新聞）を交換して別れます。こうしてエミールとソフィーの恋の物語は終わるのです。

しかしソフィーと一時的に別れるとしても、二年後に再会するまでエミールはいったいどこで何をして過ごすのでしょうか。それが明らかになるのは、「旅について」と題された論考を読んだあとのことです。

第五編　（三）

第五編（三）の部分の流れ

「旅について」と題された独立した論考（OCⅣ-826～833）から始まります。一国民しか見ない人は人間を知ることにはならないと旅の重要性を指摘しながらも、旅の仕方については、見る目を持つこと・考える技術を持つことの必要性、特に国を見るより国民を見ること、事物を観察するより人間を観察することの大切さを説き、明確な目標を設定して知識の獲得を目指す旅である必要を力説します。

そのあと、エミールの修行の内容が「私」とエミールのかなり長いやり取りを通して明らかになります（OCⅣ-833～836）。ソフィーとの別離の二年間を、家族と一緒に幸福に暮らせる安住の地をヨーロッパのどこかに探すことに捧《ささ》げよう、というのです。ここに、社会に生きる自然人たるエミールは一体どこに住むのか、という重大な問題が出来《しゅったい》することになります。どこに住むべきかを知るには各国の統治の現実を比較検討する必要がありまず。とりわけ、自分の生まれた国の統治形態の下に生きることが自分にとって適当かどうかを知ること、これがエミールのヨーロッパ視察旅行の主たる目的なのです。

こうした文脈の中で、国制法の諸原理に関する『社会契約論』の要約が登場します（OCⅣ-836〜849）。ただし国家宗教については省略され、代わりに国家間関係の問題が付け加えられています。「旅について」という論考にエミールが眼を通した、あるいは聞いたかどうかは明らかではありませんが、『社会契約論』を中心とした政治哲学の概説の方は「私」とエミールが一緒に勉強したという形になっています。

エミールはソフィーから借りた『テレマックの冒険』を読みながら旅を続けますが、このヨーロッパ諸国歴訪の旅が具体的にどんな経過をたどったのかについて詳細は語られず、読者の想像に任されています。ヨーロッパのいくつかの大国と多くの小国を見て回り、二、三の主要な言語を習得したとある程度です。

二年近くが経過して、「私」が旅の目的について「あなたはどういう覚悟を決めたのですか」とエミールに尋ねて、エミールはこれからどうするのか（具体的には、どこに住むのか）という問題が、二人の長いやり取りで検討されます（OCⅣ-855〜860）。ヨーロッパ諸国の統治の現実に失望したエミールは「私はどこにいようと構わない」といささか開き直った返事をしますが、祖国を持たない者にも少なくとも国はあるのだから、どこにいても構わないなどと言ってはいけない、同国人のところに戻って近隣の人の役に立ちながら暮らすがいい、有徳の士・賢者として黙々と自分の義務を果たすのだ、と「私」は諭します。祖国を持たない者とは、エミールは君主制のフランス生まれと考えられるので、祖国の名に値する祖国がないため、主権者たる市民としての公教育を受けることはできずに、家庭教育で育てられることになったいきさつがあるからです（本書四十五〜四十七頁）。二人はフランスの田園で、もしかしたらソフィーの両親の家のすぐ近くに住まって、古代の黄金時代を彷彿《ほうふつ》とさせる家庭を築くでしょう。

エミールが旅から戻った日のことは省略し、夫婦愛の始まりがスケッチされます。「エミールの人生の最も魅力のある日、私の人生の最も幸福な日」である結婚当日のこと（結婚生活における愛の冷却を防ぐ方法を伝授、夫婦になっても恋人のままでいるべきこと）、その晩のこと、翌日、翌々日のことが描かれます。そして「私」が教導者としての権威を放棄し、代わってソフィーがエミールの新しい教導者（gouverneur）となることが告げられ（OCIV-867）、最後に（何か月かのちのこと）、ソフィーの妊娠をエミールが「私」に報告する、喜びに弾んだ言葉で『エミール』全編の完結となります。

ひとつの国民しか見たことのない人は……

「旅について」と題された論考の最初の方で、人間というものを知るための旅の意義と、旅の仕方を心得る必要について、次のように述べています。

ひとつの国民しか見たことのない人は誰しも、人間というものを知ることにならず、一緒に暮らしてきた人たちを知っているだけだということを、私は異論の余地のない格率と考えている。そこで、例の旅行の問題のもうひとつ別の提起の仕方があるわけだ。立派に育てられた人間が自分の同国人しか知らなくてもよいのか、それとも人間一般を知ることが大切か、ということだ。こう言えば、もう論争の余地も疑問の余地もなくなる。こうして、難しい問題の解決は時として問題提起の仕方にかかっていることがよくわかる。

しかし人間というものを知るためには、地球全体を歩き回らなければならないのだろうか。ヨーロッパ人を観察するために、日本まで行く必要があるのだろうか。人類を知るために、すべての個人を知る必要があるのだろうか。そんなことはない。ある人々は互いによく似ているのだから、彼らを別々に研究するまでもない。十人のフランス人を見た人はすべてのフランス人を見たのだ。イギリス人や他のいくつかの国民については同じように言えないにしても、それでもそれぞれの国民には、構成員のひとりの観察ではなく幾人もの観察から帰納的に引き出される固有の、独特な性格があるのも確かである。十か国の国民を比較した人は、十人のフランス人を見た人がフランス人というものを知っているのと同じように、人間というものを知っているのだ。

知識を得るためには、諸国を歩き回るだけでは十分ではない。旅行の仕方を心得ている必要がある。観察するためには、見る目を持っていなければならないし、自分の知りたいと思っている対象に目を向けなければならない。旅行が書物ほど新たな知見をもたらさない人がたくさんいる。考える技術を知らないからだ。読書においては少なくとも著者によって導かれるが、旅行においては自分で見ることをまったく知らないからだ。またある人たちは、そもそも知りたいという気持ちがないのだから何かを知ることもない。旅の目的がまったく別のことにあるので、知るということは問題にもならない。見ようという気持ちがまったくない事物がもしも正確に見えるとしたら、それはまったくの偶然にすぎない。（OCIV-827〜828）

同国人との社会的な関係から自分を考察する

エミールは今や同国人との社会的な関係から自分を考察する段階に達しています。

ところで、他の存在との物理的な関係において、次いで他の人間との精神的〔道徳的〕関係において、自分を考察したあとで、彼に残されていることは、自分の同国人との社会的〔政治的〕関係において自分を考察することである。そのためには、政府一般の性質を、政府のさまざまな形態を、そして自分が生まれた国の政府を研究して、その政府の下に暮らすことが自分にふさわしいかどうかを知ることから始めなければならない。というのも、何ものによっても廃棄されないひとつの権利によって、各人は、成人に達して自分自身の主人になれば、自分を共同体に結び付けている契約を破棄して、その共同体が属している国を去ることもまた自由にできるからだ。彼は理性の時期に達したあとでもその国にとどまっている限り、父祖たちの取り決めた約束を暗黙のうちに承認しているとみなされる。相続権を放棄できるのと同じように、祖国を捨てる権利を彼は獲得する。さらに、出生地は自然に与えられたもののひとつだから、出生地を見捨てるということは自分の一部を捨てることになる。権利というものを厳密に考えれば、人はどこに生まれようと自分の責任で自由でいられる。ただ、自分の自由な意志で故国の法律に服すれば、その法律によって保護される権利は得られる。（OCⅣ−833）

どんな人間になりたいのか、何をして一生を送るつもりか

こうしたいくつかの話題のあとで、ソフィーと一時的に別れて試練を受ける必要から一歩を踏み出し、新たな修行の具体的な内容へと話が進みます。「私」はエミールにこう尋ねます。

そこで私は、彼にたとえばこう言ってやるだろう。今まであなたは私の指導の下に暮らしてきた。あなたは自分で自分を治めることができる状態にはなかった。けれども今やあなたは、法律が自分の財産の処理を許し、あなたをあなた自身の主人とする年齢に近づいている。あなたは自分が社会にあって独立して暮らしていることを、すべてに、あなたの資産に至る様々なことに負っていることに気づくだろう。あなたは一家を構えようと考えている。その考えは称賛されるべきだ。それは人間の義務のひとつだ。けれども結婚する前にあなたは次のことを知らなければならない。あなたはどんな人間になりたいのか、どんなことをして一生を送るつもりか、あなたとあなたの家族にパンを確保するために、どんな手段を講じたいのか。というのも、そういう将来への配慮が日々の最も重要な仕事であってはならないにしても、それでも一度はそういうことを考えてみなければならないからだ。あなたは自分が軽蔑《けいべつ》している人たちに依存する状態に入りたいと思うだろうか。たえず他人の意のままにさせ、ペテン師たちの手を逃れるためにあなた自らがペテン師になることを強いるさまざまな社会的関係によって財産を築き、身分を固めたいと思うだろうか。(OCⅣ-833~834)

どこか世界の片隅で少しばかりの畑を

こうして「私」はエミールの趣味には合わないような、商業や官職、金融事業や軍職の話をします。エミールはこう答えるでしょう。

とんでもない！　私が子供の頃の遊びを忘れてしまったというのですか。私が腕をなくしてしまったというのですか。私の力は尽きてしまったというのですか。私がもう働く術《すべ》を知らないというのですか。あなたのおっしゃる立派な仕事や、人々の愚かしい意見が私に何の関係があるのでしょう。私は、親切で正しい人間であることの他には栄光というものを知りません。毎日自分の労働によって食欲と健康を増進させながら、愛する者と一緒に独立して暮らす以外に、幸福というものを知りません。あなたが話してくださるそうした厄介ごとはほとんど私の心を動かしません。どこか世界の片隅にある少しばかりの畑、それが私の欲しい財産のすべてです。私はせいぜい貪《どん》欲《よく》にその畑の有効利用を心がけます。そして何の不安もなく暮らすのです。ソフィーと自分の畑さえあれば、それで私は裕福なのです。（OCⅣ-834～835）

独立して自由に暮らせるのはどこか

エミールのこの返事に対して「私」は次のように反論します。

そうとも、我が友よ、賢者の幸福には自分のものとなっているひとりの女性とひとつの畑で十分なのだ。しかしこれらの宝物は慎《つつ》ましいものではあるけれども、あなたが考えているほどありふれたものではない。稀《まれ》な方の宝物、理想の伴侶《はんりょ》をあなたはすでに見つけた。もうひとつの宝物について話すことにしよう。

あなたのものになっている畑、ねえ、エミール、あなたはそれをどこに選ぶのだろう。大地のどこの片隅で、あなたはこう言えるのだろうか、ここでは私は私の主人であり、私の土地の主人だ、と。どんな場所に行けば容易に金持ちになれるかは知られている。だが、どこなら金持ちにならずに済ませることができるかは、誰が知っていよう。どこなら誰にも害を与える必要がなく、害を受ける心配もなく、独立して自由に暮らせるか、誰が知っていよう。人間がいつも誠実でいることができるような国、これはそう簡単に見つかるものではない。策謀も、騒ぎ立てることも、人に依存することもなしに生きてゆける、正当で確実な手段がもしあるとすれば、それは自分の土地を耕しながら自分の腕で働いて暮らすことだ。私もそう確信している。しかし、私が踏みしめている土地は私のものだと自分に言える、そんな国がどこにあるのだろう。安住の地を決める前に、あなたの求める平和な生活がそこで得られるかどうか、よく確かめてみなければならない。（OCⅣ-835）

安住の地をヨーロッパのどこかに

さらに、乱暴な政府、迫害を加える宗教、堕落した習俗、苛酷《かこく》な税金、果てしない訴訟などあらゆる種類の危険を指摘したあと、「私」はこう提案します。

ねえ、エミール、私はあなたよりも経験を積んでいる。私にはあなたの計画の困難なことがよくわかるのだ。とはいえ、それは素晴らしい、立派な計画だ。それは実際あなたを幸福にするだろう。だからそれを実現させるように努力することにしよう。私はあなたにひとつ提案しよう。あなたが戻ってくるまでの二年間を、今私が話したようなあらゆる危険から逃れてあなたが家族と一緒に幸せに暮らせるような安住の地を、ヨーロッパのどこかに選ぶことに捧げようではないか。もし我々が成功すれば、あなたは、あれほど多くの人が空しく探し求めた真の幸福を見つけたことになるだろう。そうなれば、費やした時間を後悔しなくて済むだろう。たとえ成功しなくても、あなたはひとつの妄想から覚めて、避けがたい不幸を自ら慰め、必然の掟《おきて》に従うことになるだろう。

私はこの探求の旅をこのようなものにしようと提案したが、その旅の結果がどうなるものか、それを想像できる読者が多くいるかどうか、それは私にはわからない。しかし、こういう目的で始められ続けられた旅から戻ってきた時、必ずやエミールは統治や、公共の習俗や、あらゆる種類の国家の格率といった問題のすべてに精通しているであろう。もしそうならなかったとしたら、エミールはよほど知性に欠け、私はよほど判断力に欠けていたということになる。それは確かだ。（OCⅣ-836）

こうしてエミールのヨーロッパ諸国歴訪の旅が決まるのですが、この旅は、エミールがソフィーと結婚したあとどこに住むべきかを見極めるのが主たる目的であることが明らかになりました。ここに至ってエミールのすみかの問題が現実味を帯びて現前することとなります。エミールがどこに住むかは、国制や統治の問題と切り離すことができないのです。

グロティウス、ホッブズ、モンテスキュー

『社会契約論』の要約的紹介は冒頭、こう始まっています。

国制法はまだこれから生まれるべきものではあるが、それはけっして生まれることがあるまいとも思われる。この分野における現代のすべての学者の師であるグロティウスは、子供にすぎない。しかもなお困ったことに、不正直な子供である。皆がグロティウスを雲の上に祭り上げ、ホッブズに呪詛《じゅそ》の声を浴びせているのを聞くと、私には、この二人の著者を読み、あるいは理解している良識ある人が、数えるほどもいないことがよくわかる。事実は、二人の原理はまったく同じであって、表現と方法が異なるだけなのだ。ホッブズは詭弁《きべん》に、グロティウスは詩人たちに頼っている。他のすべては二人に共通している。

この偉大でしかも無益な学問を創造する力のあった唯一の近代人は、あの高名なモンテスキューである。しかし彼は国制法の諸原理を論じようとはしなかった。既成の統治体の実定法を論じるだけで満足したのである。ところで、この二つの研究ほど異なるものは世にない。

とはいえ、現に存在しているような政府について健全に判断しようとする人は、この二つの研究を併せて行わざるを得ない。現に存在するものを正しく判断するには、存在すべきものを知らねばならない。この重要な問題に光を当てようとする際の最大の困難は、人にそれを論じる興味を持たせた上で、自分にそれが何の関係があるのか？　と、そして自分に何ができるのか？　という二つの疑問に答えることである。私はエミールをこの二つの問題に答えることができるようにしてやった。（OCⅣ-836～837）

ルソーの『社会契約論』は副題を「国制法の諸原理」と言います。この作品を中心としたルソーの政治哲学は、一方ではオランダのグロティウス（主著『戦争と平和の法』一六二五年）やドイツのプッフェンドルフ（主著『自然法と万民法』一六七二年）に代表される自然法・万民法学者と呼ばれる法学者たちを、他方では英国のホッブズ（主著『市民論』一六四二年）を、ともに批判の対象として、絶対王政を正当化する彼らの法理論の克服を目指して形成されました。理論家としてのホッブズをルソーは高く評価しています。またルソーは同時代のモンテスキュー（主著『法の精神』一七四八年）からも大きな刺激を受けましたが、この引用に見られるとおり、二人の方法的立場が異なることを強調しています。

どういう覚悟を決めたのか

英国風グランド・ツアーにも似たエミールのヨーロッパ旅行もそろそろ切り上げる時を迎えます。

ほとんど二年近くをかけてヨーロッパの大国のいくつかと多くの小国を見て回り、そのうちの二、三の主要な言語を習得し、博物誌のことであれ、統治のことであれ、芸術のことであれ、人間のことであれ、ほんとうに興味深いことをそれらの国で見てしまうと、エミールは帰りたくてじりじりしながら、我々の旅の期限が近付いていることを私に注意する。そこで私は彼にこう言ってやる。それでは、我が友よ、我々の旅行の主な目的を覚えているだろうね。あなたは見物し、観察した。あなたの観察の結果は結局どういうものになったのか。あなたはどういう覚悟を決めたのですか、と。（OCⅣ-855）

私はどこにいようと構わない

我々の旅行の主目的とは、先に見た通り（本書三百四十七〜三百四十八頁）、ヨーロッパのどこかに安住の地を見つけることです。はたしてエミールは真の幸福の地を見つけたのでしょうか。それとも、ひとつの妄想、すなわち、ヨーロッパ諸国の統治の現実に対して抱いていた妄想から覚めて、必然の掟に従う決意をするのでしょうか。

結論から言えば、安住の地は見つかりません。エミールは悲しい現実に失望して戻ってくるのです。しかもこうした結果は、旅を具体的に立案しその目的を定めた「私」にはあらかじめわかっていたことでした。つまり、旅の本当の目的は——換言すればエミールに旅をさせる「私」の隠された意図は——、ヨーロッパの統治の現状が取るに足らないものであることをエミールに気づかせることだったのです。そうした現実を批判的に捉《とら》え返すことだったと言ってもよいでしょう。そのことはエミールの結果報告に対する師の返答で明らかになります。その前にまず、「あなたはどういう覚悟を決めたのですか」と問う師に対するエミールの返事を見てみましょう。おおよそこんな風に報告します。

　私はあなたが育ててくれたような人間として生きてゆくつもりだ。自然と法の束縛以外にどんな束縛も自分から付け加えはしない。人間の諸制度を観察した結果、人間は自由になりたいと思って事物の束縛に抵抗して、かえって自由を喪失したのがわかった。私は旅行のあいだ「自分が完全に自分のものであり得るようなところがどこか地上の片隅にあるかどうか探してみた」が、それは見つからなかった。たとえ見つかったとしても、その土地に縛られることになるだろう。人間の束縛から解放されても自然の束縛に陥らざるを得ないのだ。だとすればじたばたしないで自分の場所にしっかりと踏みとどまるつもりだ。両親が残してくれた財産に執着するつもりはない（OCⅣ-855~856）。さらにこう続けます。

> 金持ちになっても貧乏になっても、私は自由でいるでしょう。ただこれこれの国、

これこれの地方で自由であるというだけではなく、地上のあらゆるところで自由でいるでしょう。私にとっては、人々の意見という鎖はすべて断ち切られています。私は必然の鎖しか知らないのです。私は生まれた時からこの鎖をつけることを学んできましたし、死ぬまでそれをつけるつもりです。だって、私は人間だからです。それに、どうして自由な時にそれをつけていられないわけがあるでしょう。奴隷にでもなって奴隷の鎖をつけられたとしても、必然の鎖はもともとつけられていたわけですから。

地上における私の境遇など私にはどうでもいいのです。私はどこにいようと構わないのです。人間のいるところならどこでも、私は自分の兄弟のところにいるのです。人から離れて誰もいないところに行ったとしても、やはり私は自分の家にいることに変わりはないのです。独立していてしかも金持ちでいられる限り、私には生きていくための財産がある、だから私は生きていくでしょう。財産が私を支配するようになったら、私は何の苦もなく財産を棄《す》てるでしょう。私には働くための腕がある。だから私は生きていくでしょう。もう腕が利かなくなったら、誰かが養ってくれれば生きていくし、見捨てられれば死ぬだけのことです。見捨てられなくても、やっぱり私は死ぬのです。だって死は貧しさが与える苦役ではなくて、自然の掟なのですから。死がいつやってこようと、私はびくともしません。真に人間らしく生きる準備ができている私を死が襲うことがあろうとも、それはけっして不意打ちではないでしょう。私が生きたという事実を、死はどうすることもできないのです。

お父さん、私はこんな風に覚悟を決めているのです。もしも私に情念というものがなかったなら、私は人間の身分にありながら、神そのもののように独立しているでしょう。現にあるものしか欲していないのですから、私は運命に抗《あらが》う必要はないのです。とにかく、私にはたったひとつの鎖しかありません。それだけを、私はつけ続けるでしょう。そしてそれを私は誇りとすることができるのです。さあ、だから私にソフィーを返してください。そうすれば私は自由なのです。（OCⅣ-856〜857）

ソフィーと共に自由で幸福に暮らせるどこか理想の場所が見つかったというのではありません。人間が作った制度は所詮《しょせん》信用するに足りない。だから、自分はどんな境遇に陥ろうとも、どこに身を落ち着けようとも、構わない。必然の掟にしか従うつもりはない。だからどうなろうと、どこにいようと、自分は自由でいられる、というのです。投げやりとは言わないまでも、どこか開き直った態度というか、醒《さ》めた自信のようなものが奥に潜んでいるような答え方です。これはもしかしてエミールのコスモポリタン志向を表現したものでしょうか。いやいや、そんなはずはありません。第二論文『人間不平等起源論』ではコスモポリタンを称賛したルソーでしたが（OCⅢ-178）、『社会契約論』の「ジュネーヴ草稿」では次のように明確に否定的な立場に転換しています。「私たちは自分たちの特殊社会に基づいて一般社会を思いつく。いくつもの小さな共和国の設立が私たちに大きな共和国を考えさせる。だから私たちは市民になって初めて固有な意味で人間になるのだ。あのいわゆるコスモポリタンたちについてどう考えるべきかがこのことからわかる。コスモポリタンとは、祖国への自分たちの愛を人類への愛によって根拠づけ、すべての人を愛すると誇らしげに言うことで誰も愛さない権利を得ようとしている人のことだ」（OCⅢ-287）。

『エミール』第一編でも次のように舌鋒《ぜっぽう》鋭い「私」の世界市民批判が見られます。「書物の中で遠大な義務を説きながら、身の回りにいる人たちに対しては義務を怠るようなあのコスモポリタンを信用してはならない。そんな哲学者は、隣人を愛する義務を免れようとして韃靼《だったん》人を愛しているのだ」（OCⅣ-249）。

こんなルソーがエミールをコスモポリタンに仕立てるわけがありません。弟子の師に対する返事（OCⅣ-855〜857）は、何よりも、師が自説を展開して弟子を諫《いさ》めるまたとない機会を得るための巧妙な仕掛けのように見えます。「私」がどのようにエミールをたしなめるかを次に見ることにしましょう。師はエミールにどう諭し、何を助言し、どうするようにと勧めるのでしょうか。エミールがどこに住んだらよいかがいよいよ明らかにされます。

祖国を持たない者にも、少なくとも国はあるからだ

「私」はまずもってエミールの言葉に満足の意を表明し、人為の諸制度に不信を抱いたことを褒めます。

君が旅行に出る前から、その結果がどうなるかは私にはわかっていた。我々の諸制度をつぶさに見て、君がそれらに対して不当な信頼を寄せるはずがないことは、わかっていた。法律の保護のもとに自由を熱望しても、それはむなしい。法律! どこに法律があるのか。またどこで法律が尊重されているのか。いたるところで、法の名のもとに、特殊利益と人間の情念しか支配していないことを君は見た。(OCIV-857)

さらに続けて、賢者は自然と秩序の永遠の掟に従って自由となる、それは良心と理性によって賢者の心の奥底に刻まれており、実定法の代わりとなっている、自由はいかなる統治形態の中にもない、それは自由な人間の心の中にある、と「私」は説いていますす(OCIV-857)。

身をどこに落ち着けるかをめぐって「私」がエミールに反論するのはこの先です。

もし私が市民の義務について君に語るとしたら、君はおそらく祖国はどこにあるのかと私に尋ねるだろう。そして私をやり込めたつもりになるだろう。けれども、エミール、君が間違っていることになろう。というのも、祖国を持たない者にも、少なくとも国はあるからだ。（OCⅣ-858）

「私」は続けます。国があれば政府があり、一応法律らしきものもあって、そのもとで人々は平和に暮らしてきた。たとえ社会契約が守られなくとも、特殊利益が一般意志と同じように人々を保護してくれるなら、我々の諸制度そのものがそれら制度の不正なることを人々に認識させるなら、それでよいではないか。

ああ、エミール、自分の国に何のおかげもこうむっていないような有徳の士が、どこにいよう。たとえどんな国であろうと、彼はその国のおかげで、人間にとって最も大切なもの、自己の行為の道徳性と美徳に対する愛を得ているのだ。どこかの森の奥にでも生まれていたなら、彼はもっと幸せに、もっと自由に生きていたかもしれない。しかし自分の心の傾きに従うのに、何かと戦う必要が少しもないのであれば、彼は善良である以外に何の取り柄もないことになっていただろう。徳高い人間にはなれなかっただろう。森の奥でひとりで暮らしているのではない彼は、様々な情念にもかかわらず、徳高い人間になることができるのだ。見せかけだけの秩序でも、彼にその秩序を認識させ、それを愛するようにさせる。公共善は、他の人たちにとっては自分の利益を追求する口実となるだけだが、ただひとり彼にとっては、現実の動機となる。彼は自分と闘い、自分を克服し、共同の利益のために自分の利益を犠牲にすることを学ぶ。彼が法律から何の利益も引き出さないというのは正しくない。法律は彼に、たとえ周りじゅうが悪人ばかりであったとしても、その中で正しい人間であろうとする勇気を与える。法律が彼を自由にしなかったというのは正しくない。法律は彼に、自らを支配することを教えたのだ。

だから、私はどこにいようとかまわない、などと言ってはならない。君にとって、君のすべての義務を果たせるところにいることが大切なのだ。そしてその義務のひとつは君の生まれた土地に対する愛着だ。君の同国人たちは、子供の時の君を保護してくれた。だから大人になったら君は、その人たちを愛さなければならない。君はその人たちと一緒に暮らさなければならない。あるいは少なくとも、自分でできる限り、その人たちに役立つことのできるようなところ、彼らが君を必要とする場合にはどこに行けば君の手が借りられるかが分かるようなところで暮らさなければならない。……君は君の同国人のところに行って暮らすがよい。心地よい交わりのうちに友情を培うがよい。彼らに親切を施し、彼らのお手本になるがよい。君のお手本の方が、彼らにとっては我々の本全部よりもっと役に立つことだろう。そして君が善行を施すのを見て、我々の空しいお説教を全部聞くより、彼らはもっと心を動かされることだろう。（OCⅣ-858～859）

祖国（une patrie）はなくとも国（un pays）はあると「私」が述べる時、国とは、生まれ育ったところ、すなわち出生地（「君の生まれた土地」le lieu de ta naissance）もしくはそれに準じるところということでしょう。厳密な意味での祖国を持たないエミールは、現状では主権者の一員としての市民となることは語の定義からして論理的に不可能です。だからといって、どこかで生きなければなりませんし、生まれ育った場所、そこに住む同胞たちに恩義がないわけでもありません。正しい社会契約によって誕生する真正の共同体、構成員全員が主権者となるような政治体である共和国を祖国とすることができなくても、どんな国制であれ、いかなる統治形態をとっていようと、生まれ育った国は誰にもあるはずなのだから、そうした国に住んで近隣の人たちの役に立つのが、これまでこうむった様々な恩恵に対する恩返しになるはずだ、というのです。第一編でコスモポリタン批判の文脈で登場する、次の一文にここで注目しましょう。「肝心なのは、一緒に暮らしている人たちに親切であることだ（L'essentiel est d'être bon aux gens avec qui l'on vit.）」（OCⅣ-249）。

エミールの住むべきところは決まりました。エミールがフランス生まれなら、彼はソフィーと一緒に絶対王政下のフランスに暮らすことになるでしょう。しかし、フランスならどこでもいいのでしょうか。そんなはずはありません。「私」はすぐ続けてこう述べます。

だからといって私は、大都会に行って暮らすようにと君に勧めはしない。それどころか、善良な人たちが他の人たちに示さなければならない実例のひとつは、田園の家長中心の生活、人間の原初の生活、この上なく平和で、この上なく自然な生活、そして堕落した心を持たない者にとってはこの上なく穏やかな生活だ。若い友よ、人の住まないところにまで平和を捜し求めに行く必要のない国は、なんと幸運な国だろう。だが、そんな国がどこにあろう。都会のまん中にいては、親切な人も十分に自分の心の傾きを満足させることはできない。都会では、熱意を示そうにも陰謀家や詐欺師以外の相手はほとんど見つからないのだ。ひと儲《もう》けしようと集まって来るぐうたらどもを都会では歓迎するので、地方はいよいよ荒廃してしまう。むしろ反対に、地方こそ都会を犠牲にして人口を増やさなければならないのに。大都会から身を引く人はすべて、身を引くということだけで有益なことをしているのだ。なぜなら大都会の悪徳はすべて、そこにあまりにたくさんの人が集まることから生まれるからだ。その人たちは、人間に見捨てられている土地に生活と農耕と、そして人間の原初の状態に対する愛を持ち帰ることができる時、さらに有益なことをしているのだ。エミールとソフィーはその質素な隠れ家からどれほど多くの親切を周囲の人たちに施すことができるか、どれほど田園に活気を与え、恵まれない村人の消えた熱意をよみがえらせることができるかを考えると、私は感動を覚えずにはいられない。人口が増え、田畑が豊饒《ほうじょう》になり、大地が新しい装いをつけ、大勢の人間と豊饒が労働を祝祭に変え、田園の遊びごとのさなかに、そうした遊びごとを復活させた愛すべきカップルのまわりに、歓喜の叫びと祝福の声が上がる、そういう光景を私は目の当たりに見る思いがする。（OCⅣ-859）

さらに、黄金時代を幻想とみなす人は心も趣味も損なわれた人だ、黄金時代を復活させるには、ただひとつ、それを愛するだけでよい、と続けます。

黄金時代はもうソフィーのすみかをめぐって復活しつつあるように思われる。君たちは一緒になって、ソフィーの尊敬すべき両親が始めたことをただ完成しさえすればよいのだ。しかし、愛するエミールよ、いつか辛《つら》い義務が君に課せられることがあっても、そういう心和む生活のためにその義務が嫌になってしまうようであってはいけない。ローマ人は鋤《すき》を手にしていたはずなのにいつの間にか執政官になってしまったことを、思い出すがよい。もしも君主あるいは国家が、祖国のために働くことを君に求めるなら、すべてを捨てて割り当てられた部署につき、市民としての名誉ある職務を果たすがよい。もしもその職務が君にとって重荷となるなら、それから解放される誠実で確実な方法がひとつある。それはその職務をできるだけ公明正大に果たして、それがあまり長い間君に任せられないようにすることだ。もっとも、そういう仕事を任せられはしないかとそんなに心配するには及ばない。今のような時代の人間がいる限り、国家のために働くことを君に頼みに来る者などいないだろう。（OCⅣ-859～860）

事態はもはや明瞭《めいりよう》でしょう。エミールはフランスの田園で、もしかしたらソフィーの両親の家かそのすぐ近くに住まって、純朴で自由で幸福な、古代の黄金時代をも彷彿とさせる家庭を築くでしょう。祖国の名に値する国に住むのではありません、主権者としての共和国市民となるのでもありません、ただ自然と秩序の掟に従う賢者として、有徳の士として、ひたすら黙々と自らの義務と信ずることを果たしながら、同胞の模範となるような生活を送ることでしょう。そうなってほしいというのが、すっかり形成された人間、社会に生きる自然人エミールに贈る、師からの言葉なのです。

ところで、ここまで見てきた師弟の間に交わされる長い感動的なやり取りは（OCⅣ-

855〜860）、第一編に入ってほどなく、エミールの教育方針を決定する際に述べられた「私」の言葉と遥《はる》かに響き合っていることを確認しておきましょう（本書四十六頁）。「最後に残るのが家庭の教育、あるいは自然の教育である。しかし自分のためにだけ育てられた人は他の人たちにとってどうなるのだろうか」（OCⅣ-251）。祖国のための市民を形成するのが問題ではない、祖国なくして市民はないのだから、エミールの場合それは不可能だ、そこでもっぱら自分のために育てられる人間、社会人ではなく自然人の形成に携わることになるが、そうはいってもエミールは、社会に生きる自然人にならなければならない、その時最大の懸念は、他者との関係がどうなるのかである……。第五編末尾近くの師弟の対話は、第一編冒頭で「私」が抱いたこのような懸念に対する、作者ルソー自身の答えのように思えるのです。

大団円

『エミール』第五編の最後の二つの段落は次のように書かれています。

少しずつ初めの頃の興奮はおさまって、二人は自分たちの新しい境遇の魅力を静かに味わうようになる。幸せな恋人たちよ、立派な夫婦よ！　二人の美徳を讃《たた》えようとすれば、二人の幸福を描こうとすれば、二人の生涯の物語を書かなければなるまい。何度私は、彼らのうちに自分の作品を眺めながら恍惚《こうこつ》にとらえられ、胸の高鳴るのを感じることだろう！　何度私は、二人の手を私の手の中に握りしめて、摂理に祝福を捧げ、熱い溜息《ためいき》をもらすことだろう！　握り合っている二人の手に、どれほど多くの接吻《せっぷん》をすることだろう！　どれほど多くの歓喜の涙にその手が濡《ぬ》れるのを、彼らは感じることだろう！　彼らもまた感動して私の陶酔を共にする。二人の尊敬すべき両親は、我が子の青春のうちにもう一度自分たちの青春を楽しむ。彼らはいわば子供たちのうちに再び生き始める、というより、初めて人生の価値を知る。子供たちの年頃に、こんなに魅力ある運命を味わうことを妨げた昔の富を、彼らは呪わしく思うだろう。地上に幸福というものがあるのなら、我々が暮らしている隠れ家の中にこそ、それを求めなければならない。

何か月か経って、ある朝エミールが私の部屋に入って来ると、私を抱擁しながらこう言う。先生、あなたの子を祝福してください。もうじき父親となる名誉をさずかりそうです。私たちの子育てのための熱意に、細心の注意と気遣いが求められることでしょう、そして私たちにはどんなにあなたが必要となることでしょう！　父親を育てたあとで、また息子まであなたに育ててもらうようなことはしたくない。私のために選んでくれた人と同じような人をたとえ息子のために私が選ばなければならないとしても、そういう神聖で心地よい義務が私以外の人によって果たされることのないようにしたいものです。でも、あなたは若い教師たちの先生でいてください。私たちに助言を与えてください。私たちを指導してください。私たちは素直にあなたの言葉に従うでしょう。生きている限り、私はあなたを必要とすることでしょう。今、一人前の人間としての務めが始まる時、私は以前にも増してあなたを必要としています。あなたはあなたの務めを果たしました。あなたを見習うために、私を導いてください。そして休息してください。もうその時が来たのです。（OCⅣ-867〜868）

コラム⑤どこに住むかの問題

どこに住むかはルソーの実人生において切実な問題でした。出生地にとどまって同郷の人たちのために尽力するようエミールに勧め、出生地への愛着は義務でさえあると主張する「私」＝ルソーは、それにもかかわらず祖国に住む場合より国外にいる方が同胞により役立つ（plus utile à ses concitoyens）場合もあるのだと述べて、暗に自分の境遇に言及しています。

そんなときには、ただひたすら自分の熱意に耳を傾け、不平も言わずに追放生活に耐えなければならない。この追放生活それ自体がその人の義務のひとつなのだ。しかし善良なエミール、君はそういう忌まわしい犠牲を強いられてはいない。君は人々に真実を語るという辛い役割を引き受けてはいないのだから、君の同国人に囲まれて暮らしに行ったらよい。（OCIV-858〜859）

『エミール』よりあとに書かれた「マルゼルブへの第四の手紙」（一七六二年一月二十八日付）でも次のように自分の選択を正当化していますが、エミールが口にする言葉とよく似た表現を用いているのは意味深長です。「私は世間から引き籠《こも》って暮らしているので、いざという時同国人の役に立てないかもしれませんが、同国人の間で暮らしていればずっと役に立たないことでしょう。行動すべきときに行動するなら、どんなところに住んでいようと、かまわないのです（Qu'importe en quel lieu j'habite）」（OCI-1143　強調は筆者）。

　このことはよほど気がかりだったと見えて、『告白』第九巻でも、外国人としてフランスに住む方がジュネーヴ共和国にいるより真実を語るにはずっと好都合だと述べています。「『エミール』の中で私の述べた通り、書物を祖国の真の幸福のために捧げたいと願う場合、策士にでもならない限り、けっしてそれをその国内で著してはならない」（OCI-406）。

　祖国の名に値する祖国を持ちながらそこから遠く離れて暮らさざるを得なかったルソーが、いとしいわが子エミールを出生地にとどまらせ、理想の伴侶ソフィーを得させて、黄金時代の再現を夢見たのは、ひとつの大きな逆説ではないでしょうか。人間となるか市民となるか、このジレンマを直ちに解決できなくとも、正当な政治体の誕生が直ちに実現しなくとも、人はともかく不平を言わずにどこかで生きて行かねばならないのです。「人はみな生きなければならない（Il faut que tout homme vive）」（第三編、OCIV-467）。エミールがどこに住むことになるのかに着目する時、『エミール』という作品は、祖国がないために語の厳密な意味での市民となり得ない人が、それならどこでどう生きたらよいのかを例示する物語のようにも見えてきます。

参考文献

Jean-Jacques Rousseau, *Œuvres Complètes de Jean-Jacques Rousseau*, Sous la direction de Bernard Gagnebin et Marcel Raymond, Paris, Gallimard, Bibliothèque de la Pléiade, 1959–1995, 5 tomes.

Correspondance complète de Jean-Jacques Rousseau, éd. critique établie et annotée par Ralph Alexander Leigh, Genéve et Oxford, 1965–1998.

Jean-Jacques Rousseau, *Œuvres complètes*, sous la direction de Jacques Berchtold, François Jacob, Christophe Martin et Yannick Séité, Tome XI A 1758-1759 *Émile, Premières versions* (manuscrits Favre), Paris, Classiques Garnier, 2021

岩波文庫『エミール』（上）（中）（下）（今野一雄訳、一九六二〜一九六四年）

河出書房新社『ルソー　エミール』（「世界の大思想17」、平岡昇訳、一九六六年）

『世界の名著30　ルソー』（中央公論社、一九六六年）に収められた「エミール」（抜粋、戸部松実訳）

ルソー『ルソーの戦争／平和論』（永見文雄・三浦信孝訳、勁草書房、二〇二〇年）

川合清隆「ヴォルテール、ルソーと理神論の諸問題」（『甲南大学紀要』文学編42、一九八一年。同氏の『ルソーの啓蒙哲学　自然・社会・神』名古屋大学出版会、二〇〇二年に所収）

戸部松実『『エミール』談論』（国書刊行会、二〇〇七年）
永見文雄『ジャン＝ジャック・ルソー　自己充足の哲学』（勁草書房、二〇一二年）
永見文雄「共和主義的人間像と孤独な散歩者の形象―ルソーの場合―」（中央大学仏語仏文学研究会『仏語仏文学研究』第50号、二〇一八年）
永見文雄『ルソーは植民地の現実を知っていたのか』（中央大学人文科学研究所、人文研ブックレット36、二〇一八年）
永見文雄「エミールはどこに住むのか？」（永見文雄・小野潮・鳴子博子編『ルソー論集　ルソーを知る、ルソーから知る』、中央大学出版部、二〇二一年）
ベルナルディ『ジャン＝ジャック・ルソーの政治哲学　一般意志・人民主権・共和国』（三浦信孝編・永見文雄他訳、勁草書房、二〇一四年）
『ルソーと近代　ルソーの回帰・ルソーへの回帰』（永見文雄・三浦信孝・川出良枝編、風行社、二〇一四年）

ルソー著作関連年表

西暦	年齢	著作・生涯	備考
一七一二	○	ジャン＝ジャック、ジュネーヴで時計師イザアークの次男として生まれる（六月二八日）。母シュザンヌ死去（七月七日）。以後、叔母シュザンヌに育てられる。	
一七一三	一		ユトレヒト条約締結 ディドロ誕生（～一七八四年） アベ・ド・サン＝ピエール『永久平和論』（～一七一七年）
一七一七	五	下町に転居（六月一九日）。読書をはじめる。	ダランベール誕生（～一七八三年）
一七二二	一〇	父イザアーク、ジュネーヴ出奔。	
一七二八	一五	ジュネーヴ出奔（三月一四日）。 アヌシーでヴァランス夫人に出会う（三月二一日）。 トリノでカトリックに改宗。	
一七三一	一九	夏、初めてパリへ。シャンベリーのヴァランス夫人の新居へ（九月末）。	
一七三五	二三	この頃から数年間、シャンベリーの「レ・シャルメッ	

		ト」で、ヴァランス夫人と生涯で最も幸せな時期を過ごす。	
一七三九	二七	書簡詩『ヴァランス男爵夫人の果樹園』を刊行。	ヒューム『人間本性論』
一七四〇	二八	リヨンのマブリ家で家庭教師となる（四月）。『ご子息の教育に関するド・マブリ氏への覚え書』執筆。『サント＝マリ氏のための教育案』もこの頃執筆か。	オーストリア、マリア＝テレジア即位（〜一七八〇年）、オーストリア継承戦争（〜一七四八年） プロイセン、フリードリヒ二世即位（〜一七八六年）
一七四一	二九	『ボルド氏への書簡詩』を執筆（七月〜一二月）。	
一七四二	三〇	『パリゾ氏への書簡詩』など数編の詩の小品を執筆。パリへ（八月）。	神聖ローマ帝国、カール七世即位（〜一七四五年）
一七四三	三一	『近代音楽論究』を執筆・刊行（一月）。 『ボルド氏への書簡詩』を「ヴェルダン新聞」に掲載（三月）。 ヴェネツィアに出発（七月一〇日）。	
一七四四	三二	『国家学概論』（『政治学概論』）の構想が芽生える。 フランス大使の秘書をやめてヴェネツィアを去り（八月二二日）、パリに戻る（一〇月初め）。	
一七四五	三三	オペラ・バレエ『優美な詩の女神たち』完成（七月九日）。	神聖ローマ帝国、フランツ一世即位（〜一七六五年）
一七四六	三四	この頃から五三年頃にかけてテレーズ・ルヴァスールとの間に五人の子どもをもうけるが、孤児院に預	ディドロ『哲学断想』 コンディヤック『人間認識起源

		けてしまう。	論』
一七四七	三五	この頃『化学概論』（生前未刊）を執筆か。	
一七四八	三六		ラ・メトリ『人間機械論』 モンテスキュー『法の精神』 ヒューム『人間知性論』 ヴォルテール『ザディーグ』
一七四九	三七	『百科全書』の音楽関係の項目（約四二〇項目）を執筆（一月〜三月）。	ディドロ『盲人書簡』
一七五〇	三八	ディジョンのアカデミーの懸賞論文「諸学と技芸の復興は習俗を純化するのに寄与したか」に当選、『学問芸術論』（第一論文）として刊行。	ラモー『和声の原理の論証』 ビュフォン『博物誌』第一巻（〜一七八九年）
一七五一	三九	写譜で生計を立てはじめる（「自己改革」）。『メルキュール・ド・フランス』に『レナル師への手紙』、『スタニスラス王への回答』を掲載。『グリム氏への手紙』を刊行。	『百科全書』（全二八巻）刊行開始（〜一七七二年） ヴォルテール『ルイ十四世の世紀』 ヒューム『道徳原理研究』 デュクロ『当世習俗論』 リンネ『植物哲学』
一七五二	四〇	『ボルド氏への最後の回答』を発表（四月）。『ルカへの手紙』（『ディジョンのアカデミー会員の「学問芸術論」についての新しい反論に対する手紙』）を発表（五月）。オペラ『村の占い師』をフォンテーヌブロー宮にてル	

一七五三	四一	イ十五世の御前で上演（一〇月一八日）。コメディ・フランセーズで『ナルシス』を上演（一二月一八日、二〇日）。翌年『ナルシス』「序文」を付して刊行。 『ボルド氏への第二の手紙の序文』を執筆（九月）。 『フランス音楽に関する手紙』を刊行。	大英博物館創設 フランスでブフォン論争が激化 リンネ『植物の種』
一七五四	四二	『人間不平等起源論』の「献辞」を仕上げる（六月）。 新教に再改宗、ジュネーヴ市民権を回復。	コンディヤック『感覚論』 ヒューム『政治論集』仏訳刊行
一七五五	四三	『人間不平等起源論』（『第二論文』）を刊行（六月）。 『フィロポリス氏への手紙』を執筆。 『百科全書』第五巻に「エコノミー」の項目を執筆（春から一一月、単独では『エコノミー・ポリティック論』として一七五八年に刊行）。 『戦争法の諸原理』の下書き断片を執筆（生前未刊）。 この頃『社会契約論』初稿『ジュネーヴ草稿』を執筆か（一七五五年夏から一七五六年春の間）。	アメリカでフレンチ・アンド・インディアン戦争（～一七六三年） リスボン大地震（一一月一日） モレリ『自然の法典』
一七五六	四四	パリからモンモランシーのレルミタージュへ転居（四月九日）。 『サン＝ピエール師の永久平和論抜粋』（一七六一年刊）と『ポリシノディ論抜粋』および『サン＝ピエール師の永久平和論批判』と『ポリシノディ論批判』を執筆（冬から夏の初め、一七八二年刊）。	ヨーロッパで七年戦争（～一七六三年） ヴォルテール『リスボンの災厄に関する詩』

		『摂理に関するヴォルテール氏への手紙』をヴォルテールに送る（八月）。	
一七五七	四五	『ジュリー』（『新エロイーズ』）最初の二部脱稿。モンモランシーのモン・ルイへ転居（一二月一五日）。『道徳書簡、あるいはソフィーへの手紙』（ドゥードト夫人に宛てた六通の手紙）の執筆をはじめる（夏の初めから一一月）。	ディドロ『私生児』 バーク『崇高と美の観念の起源』
一七五八	四六	『演劇に関するダランベール氏への手紙』（『百科全書』第七巻の項目「ジュネーヴ」に対する反論）を刊行。	ケネー『経済表』 エルヴェシウス『精神論』
一七五九	四七	リュクサンブール元帥邸の「プチ・シャトー」で『エミール』を執筆。	スペイン、カルロス三世即位（〜一七八八年） ヴォルテール『カンディード』 ディドロ『サロン評』（〜一七八一年） ダランベール『哲学要諦』
一七六〇	四八	『ジュリー、あるいは新エロイーズ』ロンドンで出回る（一二月末）。	イギリス、ジョージ三世即位（〜一八二〇年） ディドロ『修道女』
一七六一	四九	『ジュリー、あるいは新エロイーズ』を刊行（一月）、大ベストセラーに。『言語起源論』の原稿をマルゼルブに委ねる（九月）。	
一七六二	五〇	『マルゼルブ租税院長官への四通の手紙』を執筆（一	ロシア、エカテリーナ二世即位

		月)。 『社会契約論』刊行（四月）。 『エミール』刊行（五月）。六月にパリ高等法院で有罪判決を受け、ルソーに逮捕状がでる。スイスへ逃亡（六月九日）、モティエに落ち着く（七月一〇日）。 『エフライムのレヴィ人』を執筆。 『エミール』がパリで焚書に（六月）。 ジュネーヴ政府が『エミール』と『社会契約論』を焚書にし、ルソーに逮捕状がでる（六月）。 パリ大司教クリストフ・ド・ボーモンが『エミール』を断罪（八月）。 『エミールとソフィ、または孤独に生きる人たち』（『エミール』続編）を執筆。	（〜一七九六年） トゥールーズでカラス事件 ディドロ『ラモーの甥』脱稿か
一七六三	五一	『ボーモン氏への手紙』を執筆。 『告白』の執筆をはじめる。 ジュネーヴ市民権を放棄（五月）。 ジュネーヴ検事総長トロンシャン、匿名で『野からの手紙』を公表、ド・リュックらのルソー擁護に反駁（九、一〇月）。	七年戦争終結、パリ条約締結 ヴォルテール『寛容論』
一七六四	五二	『演劇的模倣、プラトンの対話篇からとった試論』を刊行。 コルシカから国制案起草の依頼を受ける。	ポーランド、スタニスワフ二世即位（最後の王） ヴォルテール『哲学辞典』

一七六五	五三	ルソーを誹謗するパンフレット『市民の見解』が匿名（実はヴォルテール執筆）で出、子どもを孤児院に預けた事実が暴露される。 『山からの手紙』（『野からの手紙』への反駁）を刊行。 『山からの手紙』がパリ高等法院で焚書処分に。 モティエの村民による投石事件、サン＝ピエール島に移住（九月）。 『コルシカ国制案』を執筆。 サン＝ピエール島から退去命令（一〇月一六日）、ビエンヌ、ストラスブールを経てパリ着（一二月一六日）。	カント『美と崇高の感情に関する考察』 ヴィンケルマン『古代美術史』
一七六六	五四	ヒュームとともにロンドンへ（一月）。『告白』第一部の執筆。 ヒュームと決別。	ディドロ『絵画論』（一七九六年刊） レッシング『ラオコーン』 ブーガンヴィルの世界周航
一七六七	五五	フランスへ（五月）、偽名ルヌーを名乗る。 『音楽辞典』、好評を博す（一一月）。	
一七六八	五六	ブルグワンでテレーズ・ルヴァスールと正式に結婚（八月三〇日）。	ヴォルテール『アンジェニュ』 『エンサイクロペディア・ブリタニカ』全三巻（～一七七一年） クックの第一次探検（～一七七一年）

一七六九	五七	『ド・フランキエール氏への手紙』を執筆（一月）。 『告白』第二部に着手（一一月）。	コルシカ独立戦争が終結 ナポレオン、コルシカで誕生（〜一八二一年） ワット、蒸気機関を改良（イギリスで産業革命が進む）
一七七〇	五八	リヨンを経てパリへ戻る（六月末）。 小劇『ピュグマリオン』リヨンで上演（四月）。 『告白』完成、パリで朗読会を行う。	サン＝ランベール『四季』 マブリ『ポーランド統治についての考察』脱稿（〜一七七一年）
一七七一	五九	『ポーランド統治論』脱稿。 『植物学についての手紙』第一、第二を執筆。	メルシエ『二四四〇年』 ブーガンヴィル『世界周航記』
一七七二	六〇	『植物学についての手紙』第三、第四、第五を執筆。 『ルソー、ジャン＝ジャックを裁く——対話』に着手。	エルヴェシウス『人間論』 ディドロ『ブーガンヴィル航海記補遺』（一七九六年刊） カゾット『悪魔の恋』 レナル／ディドロ『両インド史』初版刊行（〜一七八〇年） 第一次ポーランド分割 クックの第二次探検（〜一七七五年）
一七七三	六一	『植物学についての手紙』第八、第六を執筆。	ドルバック『社会の体系』

			ディドロ『運命論者ジャックとその主人』脱稿か（一七九六年刊） ディドロ『俳優に関する逆説』に着手（一八三〇年刊）
一七七四	六二	『植物学についての手紙』第七を執筆。	ルイ一六世即位 テュルゴーの財政改革（～一七七六年） ゲーテ『若きウェルテルの悩み』
一七七五	六三		アメリカ独立戦争（～一七八三年）
一七七六	六四	『ルソー、ジャン＝ジャックを裁く——対話』の原稿をノートルダム寺院の大祭壇に寄託しようとして失敗（二月）。 庇護者コンティ公の死（八月）。 デンマーク犬との衝突事故、全身に傷を負う。ルソー死亡説が流れる（一〇月）。 「さきの著作のてんまつ」執筆。 『孤独な散歩者の夢想』「第一の散歩」に着手。	アメリカ独立宣言（七月四日） ギボン『ローマ帝国衰亡史』（～一七八八年） トマス・ペイン『コモン・センス』 アダム・スミス『国富論』 クックの第三次探検（～一七七九年）
一七七七	六五	『孤独な散歩者の夢想』「第九の散歩」を執筆。	ネッケルの財政改革（～一七八一年） マルモンテル『インカ帝国の滅

一七七八	六六	『孤独な散歩者の夢想』「第一〇の散歩」（未完）の執筆に着手（四月）。 ジラルダン侯爵に招かれ、エルムノンヴィルの館に移り住む（五月二〇日）。 脳卒中の発作により死去（七月二日）。 遺言にもとづき、エルムノンヴィル庭園内のポプラ島に埋葬される（七月四日）。	亡』 ヴォルテール死去（五月三〇日）
一七八一		『言語起源論』出版。	カント『純粋理性批判』
一七八二		『告白』第一部、『対話』、「さきの著作のてんまつ」、『孤独な散歩者の夢想』がジュネーヴで出版される。	
一七八四			ディドロ死去（七月三一日）
一七八九		『告白』第二部、刊行。	シィエス『第三身分とは何か』（一月） パリの民衆、バスティーユ牢獄を襲撃（七月一四日） 球戯場の誓い（六月二〇日） 憲法制定国民議会、「人権宣言」を採択（八月二六日）
一七九一			九一年「人権宣言」起草、フランス最初の憲法制定（九月）
一七九二			テュイルリー宮殿襲撃（八月一〇日）

一七九三			国民公会、王政廃止と共和政樹立を宣言（九月二一日） 国王の処刑をめぐる投票、ルイ一六世処刑（一月） ロベスピエール率いる山岳派の権力掌握（五月） 共和暦一年憲法（ジャコバン憲法）制定（六月、不施行）
一七九四		ルソーのパンテオン入りが国民公会で決定され（四月一四日）、遺骸がポプラ島からパリに移送されてヴォルテールの墓の向かいに安置される（一〇月九日〜一一日）。	恐怖政治の絶頂期（六、七月） テルミドール九日のクーデタ（ロベスピエールの失墜）（七月二七日）
一七九五			共和歴三年憲法、総裁政府成立 カント『永遠平和のために』
一七九九			ブリュメール一八日のクーデタ（ナポレオンの権力掌握）（一一月九日）

あとがき

本書は最初角川選書の「ビギナーズ・クラシックス」中の「シリーズ西洋の思想」の一冊として執筆を依頼されたものです。高校生やお年寄りにもわかりやすく読める本を目指して、『エミール』の抜粋本を作ってほしいということでした。読み終わったら文庫で全編を読んでみたくなるような本を、というお話もあったように記憶しています。その後名称が変わって、「シリーズ世界の思想」の一冊ということになったようですが、私の執筆の方針は最初にお引き受けした時と変わっていません。『エミール』を読んだことのない方も気楽に楽しく頁を繰ることができるような、やさしい『エミール』入門書を作ってみようということでした。

最初は半年ほどで片付けてしまうつもりだったのですが、とんでもない考え違いであることをすぐに思い知らされました。プレイアッド版で六百二十四頁もある作品のどこをどう抜粋したらよいのか、抜粋箇所をどうつないでゆくのか、またその日本語訳はどうするのかなど、面食らうことばかりでした。手探り状態で試行錯誤を重ねるうちに、以前から手掛けていた翻訳の仕上げの仕事を優先しなければならなくなるなどして、完成稿ができるまでにかなりの時間がかかってしまいました。かけた時間に見合った出来栄えかどうか、今となっては読者の判断にお任せするしかありません。

今回自分の著書・論文以外で本書の執筆のために特に参照した本と論文をあげれば、次の二つです。戸部松実さんの『「エミール」談論』（国書刊行会、二〇〇七年）は、ルソーに対する深い洞察と熱い共感に裏打ちされた独創的な『エミール』論で、今回の執筆にとって大きな刺激となりました。また、第四編の「サヴォワの助任司祭の信仰告白」に関連してルソーの宗教哲学を説明するに際し、若い頃読んだ川合清隆氏の論文「ヴォルテール、ルソーと理神論の諸問題」（『甲南大学紀要』文学編42、一九八一年）を思い出し、改めて参照したところ、多くの教示を得ました。ここに記して両先生にお礼を申し上げます。

抜粋個所などのフランス語からの翻訳に当たっては、岩波文庫『エミール』（上）（中）（下）（今野一雄訳、一九六二〜六四年）と河出書房新社『ルソー　エミール』（「世界の大思想17」、平岡昇訳、一九六六年）、そして『世界の名著30　ルソー』（中央公論社、一九六六年）に収められた「エミール」（戸部松実抄訳）をたえず参照しました。先学のご努力に対して深甚の敬意を表する次第です。

原稿のチェックはフローベールを愛する畏友中條屋進《ちゅうじょうやすすむ》氏が引き受けてくれました。日本語としておかしな表現がないかどうかを原稿すべてにわたって懇切丁寧に見てくれたのです。氏の友情に心からの感謝を捧げます。

株式会社ＫＡＤＯＫＡＷＡの麻田江里子さんには、企画段階から出版にたどり着くまでの長期間にわたってたえず細やかな心遣いを頂戴しました。編集サイドの的確な工夫と貴重なアドヴァイスをいただいたことも忘れられません。図版や年表の作成にも協力していただきました。末筆ながら篤《あつ》くお礼を申し上げます。

二〇二一年六月　新型コロナウイルスの災禍が続く中で

永見　文雄

永見文雄（ながみ・ふみお）
1947年生まれ、中央大学名誉教授。専門は18世紀フランス文学・思想史、ルソー論。著書に『菩提樹の香り パリ日本館の15カ月』（中央大学出版部）、『ジャン=ジャック・ルソー 自己充足の哲学』（勁草書房）、『ルソーは植民地の現実を知っていたのか』（中央大学人文科学研究所、人文研ブックレット36）、共編著に『ルソー論集 ルソーを知る、ルソーから知る』（中央大学出版部）、訳書にジャン=ジャック・ルソー『ポーランド統治論』（『ルソー・コレクション 政治』白水社所収）、同『ド・フランキエール氏への手紙』（『ルソー全集 第8巻』白水社所収）、シャップ『シベリア旅行記』、アベ・プレヴォー『ブリッジの物語』（『ユートピア旅行記叢書 第11巻』岩波書店所収）、リュスタン・ド・サン=ジョリ『女戦士』、テラソン『セトス』、コワイエ『軽薄島の発見』（以上すべて『ユートピア旅行記叢書 第10巻』岩波書店所収）などがある。

角川選書 1005

ルソー エミール

シリーズ世界《せかい》の思想《しそう》

令和3年8月26日 初版発行

著 者 永見文雄《ながみふみお》

発行者 青柳昌行

発 行 式会社 KADOKAWA
東 都千代田区富士見 2-13-3 〒102-8177
電話 0-002-301（ナビダイヤル）

装 丁 片岡忠 帯デザイン Zapp!

印刷所 横山印刷 会社 製本所 本間製本株式会社

ISBN978-4-04-703630-7 C0310